AF315721

VOYAGE

A

ERMENONVILLE.

SE TROUVE A PARIS,

Chez l'AUTEUR, rue des Saints-Pères, n° 46 ;

DEBAUSSEAUX, Libraire, quai Malaquais, n° 15 ;

GALLAY, Libraire, rue d'Erfurth, n° 1 ;

ET A ERMENONVILLE,

A l'*Hôtel Jean-Jacques Rousseau.*

VOYAGE

A

ERMENONVILLE,

CONTENANT

DES DÉTAILS SUR LA VIE ET LA MORT DE J.-J. ROUSSEAU,
LE PLAN DU PAYS ET LA FLORE D'ERMENONVILLE ;
PRÉCÉDÉS D'UNE DESCRIPTION DE LA VALLÉE DE MONTMORENCY,
ET SUIVIS DE CELLE DES JARDINS DE MORTEFONTAINE ;

PAR ARSENNE THIÉBAUT DE BERNEAUD,

Secrétaire perpétuel de la Société Linnéenne de Paris, etc., etc.

𝕿𝖗𝖔𝖎𝖘𝖎𝖊̀𝖒𝖊 𝖊́𝖉𝖎𝖙𝖎𝖔𝖓.

PARIS,

IMPRIMERIE DE DECOURCHANT,

SUCCESSEUR DE LEBEL,
Rue d'Erfurt, n° 1, près l'Abbaye.

De l'Élysée, où tout est volupté,
Je regardais le favorable asile
Comme un beau rêve à plaisir inventé ;
Mais je l'ai vu ce séjour enchanté,
Oui, je l'ai vu, je viens d'Ermenonville.

MANCINI, duc de Nivernais.

PRÉFACE.

Sensible à l'accueil généreux que le public a daigné faire à cet ouvrage, fruit de quelques mois écoulés dans les plus douces sensations et au sein des plus pénibles souvenirs, j'ai dû, par reconnaissance, chercher à donner tous mes soins à la nouvelle édition que je publie aujourd'hui, afin de lui mériter l'indulgence de mes lecteurs, et la rendre digne de la faveur toute particulière qu'ils ont accordée à ses deux sœurs aînées.

La première édition date de 1798 : elle

est sortie d'une plume bien jeune, enthousiaste des beautés de la nature, pénétrée d'admiration pour les OEuvres de JEAN-JACQUES ROUSSEAU, et embrasée d'un feu encore incertain dans son choix, mais qui devait plus tard, et sous le beau ciel de l'Italie, lui faire goûter la parfaite félicité, hélas! pour trop peu de temps.

Publiée en 1819, la seconde édition fut comme une sorte de soulagement à la douleur d'un époux, accablé par la perte récente d'une femme, la meilleure des amies, le modèle des mères, qui porta le sentiment de la pitié, l'amour et la force d'âme jusqu'à l'héroïsme.

La troisième édition (1826) est le testament d'un père s'appuyant sur sa fille, et profitant de toutes les circonstances offertes par la succession des tableaux qui se déroulent aux yeux dans les voyages, pour parler sans cesse à son cœur, à son esprit, et lui donner à chaque pas des conseils pour l'utile emploi de la vie et pour l'embellir par des actions honorables.

Ermenonville est un cadre heureux pour l'une comme pour l'autre de ces situations de l'âme. Chacun y trouve ce qu'il peut désirer, ce qui doit le consoler. C'est le jardin paysager le mieux entendu et le plus convenable aux amans, aux époux, aux philosophes, et à tous ceux qui s'adonnent aux beaux-arts, à la poésie, aux études sérieuses et de haute spéculation. Aussi a-t-il inspiré plus d'un écrivain (1).

____

(1) Je fais connaître tout ce qui a été publié sur Ermenonville dans l'Appendice à ce volume, page 245 et suivantes.

Pour attester la fidélité de mes descriptions, et faciliter au lecteur les moyens de me suivre pas à pas, je joins à ce volume la carte itinéraire de mon voyage et le plan topographique d'Ermenonville (1). L'un et l'autre ont été dressés par mon ami M. ALEXIS DONNET, ingénieur-géographe du cadastre et de la Société Linnéenne de Paris; l'un et l'autre ont été exécutés par le burin de JACQUES-ANTOINE-ETIENNE ORGIAZZI, graveur du dépôt de la guerre, qu'une mort prématurée (2) vient d'enlever aux arts qu'il cul-

---

(1) Celui donné dans ma seconde édition n'était qu'une ébauche tracée sur le terrain par une main inexpérimentée.

(2) Il est mort à Paris le 29 avril 1826, âgé de quarante-neuf ans et quatre mois. Il était né à Varallo, dans la Lombardie, le 26 décembre 1776.

tivait avec succès, à l'amitié dont il sui-
vait avec délices les devoirs, et à sa famille
qu'il honorait par son bon cœur, ses vertus et un talent des plus remarquables.
Mes deux cartes sont le dernier ouvrage
sorti des mains de cet habile graveur, de
ce véritable homme de bien.

Je rends toujours le même hommage
à Rousseau : comme le disait Montesquieu, j'ai du plaisir à louer devant les
envieux et les imposteurs celui qui les
fait pâlir. A vingt ans, je parlai d'après
mon cœur; c'est encore d'après ses inspirations que j'écris aujourd'hui, que je
compte écrire jusqu'à la fin. En tout
temps, étranger à ce qu'on appelle co-
terie, esprit de parti, intrigue, ambition,
je n'ai jamais rien connu au-dessus de
la franchise, de la reconnaissance, de la
simplicité, des attachemens de l'âme. A

vingt ans, comme aujourd'hui, je le dis sans crainte, comme sans orgueil, j'ai toujours pu et voulu faire voir jusques au fond de ma pensée. Austère dans le serment, ami vrai des hommes, tendrement dévoué à ma patrie, j'ai toujours suivi la route de la droiture, ne transigeant point avec ma conscience ni avec mes devoirs, ne flattant personne aux dépens de la justice ni de la vérité.

A vingt ans, comme aujourd'hui, je me suis vu en butte à la méchanceté des hommes, trompé par de faux amis, dépouillé par des êtres qui font métier de la plus insigne mauvaise foi, déchiré, calomnié par ceux-là même que j'avais le plus obligés, que j'avais sauvés du désespoir, je dirai plus, que j'avais arrachés à la hache des bourreaux. Fort de ma conduite publique et privée, fort de mes sentimens

et de l'intégrité de mes intentions, je me
réfugiai dans les bras de l'étude, dans ceux
de la nature : elles m'ont consolé, ce sont
elles qui me consolent encore et qui me
consoleront toujours, parce que je ne quitterai jamais la route que je me suis frayée,
quel que soit l'écueil sur lequel la tempête me jette, parce que je ne démentirai
jamais l'honneur ni mes opinions.

Ce livre est écrit d'abondance; s'il m'a
rappelé d'heureuses journées, il m'a fait
aussi verser des larmes bien cruelles; il
est le dépôt de mes plus secrètes pensées, de mes plus chères affections, de mes
plaisirs et de mes longues peines. Je l'ai
écrit pour soulager mon cœur, pour remplir une obligation sacrée; je l'ai écrit pour
ma fille, pour mes vrais amis, pour ceux
qui, portant une âme droite et sensible,
s'intéressent à la gloire de J.-J. Rousseau,

aux confidences d'un père, d'un époux, d'un fils, d'un citoyen prêt à tout sacrifier pour la plus grande prospérité de sa patrie. Que les méchans s'interdisent la lecture de mon livre, ce n'est point à eux que je m'adresse, je n'ai rien à leur dire.

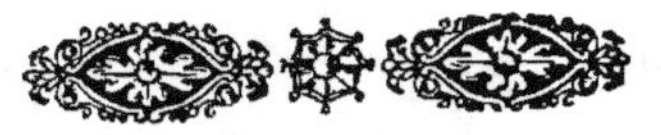

VOYAGE

A

ERMENONVILLE.

PREMIÈRE PROMENADE.

Vallée de Montmorency.

> *Sento l'aura mia antica, e i dolci colli*
> *veggio apparir (1).* PETRARCA.

LE printemps embellit la nature de mille charmes divers; les bocages reprennent leurs feuilles,
et les rameaux fleuris des vergers annoncent les
richesses futures de l'automne ; les blés couvrent

---

(1) Je sens renaître mes beaux jours; déjà je revois la
vallée chérie. *Sonnet* CCLXXIX.

1

les champs d'un léger duvet ; les troupeaux quit-
tent avec joie leur rustique retraite, et vont chercher l'herbe fraîche des prairies. Aux premiers
gages de l'aimable saison, tout se meut, tout
se renouvelle, tout parle d'amour ; les oiseaux
font leurs nids ; plaines, vallons et montagnes,
claires fontaines et sombres forêts, tout commence une autre vie; l'azur des cieux brille d'un
éclat plus pur ; les eaux murmurent plus délicieu-
sement; les plantes mêlent leurs suaves parfums
aux soupirs de la volupté, aux accens de la reconnaissance qui s'échappent de tous les êtres;
la terre exhale une odeur bienfaisante : tout
appelle l'homme sensible dans les champs, tout
offre à son âme un spectacle enchanteur, un spectacle vraiment sublime.

Viens, ô ma fille, viens prendre part à ce con-
cert ravissant; allons à Ermenonville, allons revoir le délicieux pays que ta mère aimait tant.
Ses mânes nous suivent sans cesse. La pensée de
notre bien-aimée répandra un charme nouveau
sur les riches productions de la nature, et ani-
mera toutes les scènes du pays que nous allons
parcourir.

Déjà l'enceinte de la capitale est franchie. Nous
voyons le toit où CHAPELLE reçut le jour, où cet
aimable ami de BACHAUMONT sut rimer et boire,
et mériter les suffrages de l'austère BOILEAU. Enfin
la fraîcheur bienfaisante du matin nous pénètre,

(3)

tandis que les accens de la vigilante alouette nous présagent une belle journée. Le passage du bruit de Paris à la paix des campagnes, du tumulte des passions orageuses, au calme des passions douces, surprend agréablement. Dans les champs, le bonheur pénètre par tous les sens. Au sein des grandes cités, la vie se consume dans une agitation perpétuelle; des soins frivoles retranchent chaque jour à notre liberté, aux goûts simples, et même, il faut le dire, à la vertu. Respirons l'air pur, savourons les sensations délicieuses qu'il produit en nous : la nature se plaira sans doute à verser un baume salutaire sur le cœur qu'elle a sillonné de profondes blessures.

Etudions, ma fille, étudions les objets qui se déroulent à nos yeux; considérons les travaux qu ont changé l'aspect de ce sol autrefois couvert par les ondes agitées de l'Océan; rendons-nous compte de tout ce que nous voyons : c'est le moyen d'agrandir le cadre de nos pensées.

Depuis le pied de Montmartre où s'élèvent les vignes de Clignancourt, fatales, en 1475 et en 1815, aux étrangers armés contre notre auguste patrie, jusqu'au canal où se rendent les eaux de la Thérouenne, de la Beuvrone et de l'Ourcq; depuis les buttes Saint-Chaumont, où l'Ecole polytechnique cueillit en 1814 d'honorables lauriers, jusqu'aux jardins d'Aubervilliers, la plaine est remarquable par sa fécondité. La terre calcaire qui la constitue est favorable aux graminées et aux légumes. En général, l'agriculture est très soignée aux environs de Paris; on n'y trouve point de terres condamnées à un inutile repos, à une stérilité périodique; aux céréales succèdent les plantes qui doivent nourrir les bestiaux. Le cultivateur montre beaucoup d'intelligence, une grande activité; on peut cependant lui reprocher d'avoir poussé trop loin les défrichemens. Partout l'œil ne découvre que des champs, que des plaines sans bornes; un trop petit nombre d'arbres isolés repose la vue; la cognée dévastatrice a fait tomber ici d'antiques forêts. La route de Paris à Saint-Denis est privée depuis plus d'un quart de siècle de ces ormeaux hospitaliers, de cette continuité d'ombrages frais qui garantissaient autrefois le voyageur des grosses pluies d'orage et des rayons d'un soleil brûlant.

Nous ne descendîmes à Saint-Denis que pour manger quelques *talmouses,* espèce particulière de pâtisserie, qui rend la bière ou le champagne plus pétillant, et pour visiter le lieu qui sert de sépulture à Du Guesclin et à Turenne. Plusieurs vieux militaires, couverts d'honorables cicatrices, étaient arrêtés devant leurs tombes. Dans leur profond silence, ils rendaient un plus bel hommage à ces deux grands capitaines, que ne l'aurait fait l'orateur le plus éloquent.

Nous nous dirigeâmes sur Epinay, petit village

(5)

dont on fait remonter la fondation au VIIe siècle, et nous nous rendîmes à Saint-Gratien pour y voir le modeste manoir où CATINAT, couronné de lauriers, termina sa noble carrière dans le mépris des honneurs, dans les plaisirs de la bienfaisance et de l'amitié. Ce manoir est aujourd'hui totalement dénaturé; les appartemens du grand homme sont transformés en cuisine, et sa petite écurie en un boudoir où le luxe étale son insolence et sa nullité.

Nous gagnons l'étang dont les eaux couvrent une étendue de plus de cent cinquante hectares. Sur ses rives on a bâti, depuis 1820, des bains pour profiter des eaux sulfureuses qui y sourdent abondamment. La première de ces sources, appelée *Fontaine de la Pêcherie*, s'échappe d'un sol argilo-siliceux, mélangé d'une grande quantité de terre végétale; son eau, absolument incolore, très-limpide, exhale l'hydrogène sulfuré; elle est onctueuse, surtout quelques heures après avoir été puisée; sa température est à 13 degrés centigrades par un temps nébuleux, et sous l'influence atmosphérique de 18. Sa pesanteur est à celle de l'eau distillée comme 927 sont à 1000.

Pour arriver à l'ancienne source, qui prend plus particulièrement le nom d'*eau minérale d'Enghien,* nous traversons l'étang, qui est très-poissonneux et offre une promenade fort agréable.

Les eaux de l'ancienne source sont limpides,

mais elles ne tardent pas à se troubler au contact de l'air ; elles contiennent plus de sulfate et de carbonate de chaux que la nouvelle source, et beaucoup moins de gaz hydrogène sulfuré : leur température, à la source même, marque quinze degrés au thermomètre centigrade. Soumises à l'action de la chaleur, elles s'échauffent très-promptement, dégagent beaucoup d'acide hydro-sulfurique, sans rien perdre de leurs vertus médicamenteuses.

Après avoir parcouru l'établissement, ses jardins et ses environs, naguère véritable désert, que fréquentaient seulement les troupeaux de la vallée et les canards sauvages, nous nous dirigeons par La Barre sur le château de la Chevrette, où une femme bel-esprit réunissait souvent les hommes les plus célèbres du XVIIIe siècle. Nous traversons Deuil, entouré de longues allées de cerisiers, et nous atteignons une colline, dont le large plateau domine toute la vallée. Il était autrefois ombragé par de vénérables châtaigniers, mutilés presque tous par la faux des siècles ; leurs troncs majestueux, tant de fois déchirés par la foudre, présentaient une vaste circonférence. Je m'assieds, je prends possession de l'espace que j'embrasse des yeux. Mais, comment peindre tout ce qui s'offre à moi ? Mes sens suffisent à peine pour tout voir ; les souvenirs se pressent en foule ; je m'égare avec délices.

Quelle aimable variété de tableaux ! Les agneaux bondissent sur la terre embaumée de thym et de serpolet ; le laboureur, penché sur le manche brillant de sa charrue, trace le fertile sillon en caressant d'un air joyeux l'oreille attentive de ses bœufs ; le papillon, bigarré de couleurs sans nombre, voltige de fleurs en fleurs, et l'abeille infatigable pompe dans le calice odorant du genêt et du chèvre-feuille, de la primevère et de l'aubépine, les principes de cette liqueur précieuse dont elle doit remplir ses rayons dorés. Des masses ondoyantes de seigle qui s'éloignent et se rapprochent au gré des vents ; de nombreuses touffes de cerisiers qui donneront, en juillet, un fruit excellent ; de belles prairies coupées par quelques villages, des palais et des chaumières, des vignes, des bouquets d'arbres fleuris et un vaste étang, occupent le premier plan du tableau que terminent Saint-Gratien et les moulins très-élevés de Sannois, derrière lesquels est Argenteuil, où la tendre HÉLOÏSE s'arrêta quelques jours avant d'aller mourir d'amour au Paraclet.

A droite, on voit la petite ville de Montmorency et sa belle forêt, ainsi que le village de Soisy qu'habita le vieux général KELLERMANN, célèbre par la bataille de Valmy, dont ses frères d'armes lui ont donné le nom, comme autrefois on donna celui d'*Africain* au vainqueur de Carthage. Plus loin, les bosquets enchanteurs d'Eaubonne fixent long-temps les yeux, l'esprit et le cœur : c'est sous leur ombrage que SAINT-LAMBERT, après avoir chanté les saisons dans des vers pleins de goût, quoiqu'un peu monotones, écrivit l'histoire des passions (1); c'est là que FRANKLIN, en plantant un chêne en l'honneur de la liberté, voulut éterniser son séjour dans cette France qu'il sut intéresser au sort de sa patrie ; c'est encore là que ROUSSEAU, assis sur un banc de gazon, au pied d'un robinier aux grappes odorantes, exprima, par ses enivrantes larmes, la passion qui le dévorait, à une femme étourdie, naïve, coquette, et dont le cœur était plein d'un autre amour. Au bas de ces monts s'élève Franconville, où TRESSAN chanta les preux chevaliers et leurs galantes aventures; où CASSINI, les yeux attachés à la voûte céleste, médita sur le système du monde. De toutes parts on remarque des mouvemens doux, on éprouve des souvenirs agréables; de toutes parts, se présentent des solitudes heureuses, des masses de lumière, de demi-teintes et d'ombres; ces images riantes donnent à la pensée plus de force et de vivacité, elles portent à l'âme une sérénité parfaite, une joie profonde et sans mélange.

Pénétré de ces douces émotions, que ma fille sut partager, nous suivîmes les sinuosités d'un

____

(1) Je veux parler du *Catéchisme universel.*

sentier qui longe des coteaux enchanteurs, et, protégés contre les rayons d'un soleil incommode par le feuillage frémissant des peupliers, nous arrivâmes à l'Ermitage que Mme D'Epinay fit bâtir pour Jean-Jacques. Cette retraite délicieuse fut d'abord isolée de toute habitation; placée à mi-côte, elle semble encore se perdre dans le massif de verdure qui la sépare du village de Groslai et d'une maison somptueuse improprement dite *le Chalet de la Nouvelle Héloïse* (1). L'habitation de l'Ermitage est petite et simple (2); un jardin garni d'arbres qui portent des fruits excellens, une jolie source dont les eaux limpides rajeunissent sans cesse les plantes qu'elles arrosent, une terrasse ombragée par de beaux tilleuls et des touffes de lilas de Perse, en font la richesse et l'ornement. Rousseau vint l'habiter le 9 avril 1758. Fixé par les attraits de ce lieu plutôt solitaire que sauvage, il y passa des jours

---

(1) Ce n'était d'abord qu'une humble chaumière élevée par Grétry, et où il reçut l'habile compositeur Boïeldieu et le petit-fils de Franklin; mais aujourd'hui qu'elle est métamorphosée en un petit palais, elle détruit entièrement le charme.

(2) Quoique l'Ermitage ait perdu de sa simplicité primitive, par les bâtisses qui l'environnent, quelques chambres ont encore la même distribution et le même ameublement qu'au temps de Jean-Jacques.

heureux; il y avait retrouvé ses chères Charmettes (1) et la douce vie qu'il y mena. Ce fut là que, cachant une existence consacrée à l'étude, il conçut le plan de l'*Émile*; il y composa ce livre admirable où il nous peint *Julie d'Étanges* un moment égarée, se relevant bientôt après par un repentir peut-être plus moral et plus touchant que l'innocence, pour offrir à son sexe le modèle des plus brillantes vertus (2).

Pourquoi faut-il qu'à ces souvenirs il s'en mêle un qui déshonore Mᵐᵉ D'EPINAY? A peine avait-elle dit à ROUSSEAU : « Mon ours, voilà votre » asile; c'est vous qui l'avez choisi, c'est l'ami-» tié qui vous l'offre, » que déjà elle lui ordonne de sortir de l'Ermitage, et cela pendant les plus froides journées d'un très-rude hiver, le 15 décembre 1757. Il était souffrant; cette injustice vint encore augmenter son mal. Cependant, il s'arme de courage, et se retire aussitôt à Montmorency; mais ce qui l'accable, c'est le malheur de s'être trompé dans le choix de ses amis, c'est le malheur non moins pénible de voir se dissiper une erreur qui lui était chère.

GRÉTRY, depuis la mort de ROUSSEAU, fit

---

(1) Jolie retraite auprès de Chambéry, en Savoie.

(2) L'éloge de la *Nouvelle Héloïse* est tout dans ce mot d'une femme excellente : « Je voudrais, au prix de l'erreur » de *Julie,* lui ressembler en tout point. »

l’acquisition de l’Ermitage, dont il se disait mo-
destement le *sacristain*. Lorsqu’en septembre 1808,
nous allâmes, mon épouse et moi, visiter cette
jolie retraite, il nous reçut avec cette cordialité
franche qui donne un nouveau prix au mérite.
Nous vîmes tout. Le portrait des trois filles qu’il
pleurait fixa long-temps notre attention. Il prenait plaisir à nous voir admirer sa *Jenny*, dont
la figure angélique annonçait un cœur excellent.
Elle s’éteignit à l’âge où la nature fait un nouvel
effort pour embellir la beauté ; elle s’endormit
pour jamais, assise sur les genoux d’un père que
ses tendres adieux brisaient de désespoir. L’aspect de cette image chère, le souvenir de ses deux
sœurs non moins aimées déchirèrent de nouveau
son âme inconsolable. Nos pleurs se mêlèrent aux
siens. Nous partageâmes, CHARLOTTE et moi, sa
douleur, qui nous rappelait la nôtre. Et nous aussi
nous venions de perdre un enfant chéri ! HERMANN,
gage premier de nos amours, n’était plus (1) !
La vie ne nous paraissait plus qu’un néant. Sans
enfant, plus de consolation, plus de vrai plaisir,
puisqu’il n’y a plus de point d’appui qui fasse
désirer un doux avenir. C’est l’espérance qui soutient et fait le charme du bonheur présent, et
tout espoir est détruit quand on ne s’entend plus
adresser le doux nom de père.

------

(1) Ce cher enfant, né à Livourne, en Étrurie, le 16 juin

Le souvenir de cette scène touchante revint à ma pensée. J'oubliai l'Ermitage et sa situation délicieuse, j'oubliai que j'étais dans la chambre qu'habita ROUSSEAU, et où GRÉTRY cessa de vivre (1), il ne me fut plus possible que de gémir sur la cruauté de mon sort. Je pleurai une épouse bien-aimée. J'allais t'oublier aussi, ma chère URANIE. — Pardonne, ô ma fille ! pardonne l'écart d'un moment à ton malheureux père.

Revenu de cette vive émotion, je descendis tout pensif dans le jardin. Au bas de la terrasse je vis le buste de ROUSSEAU placé sur un autel

---

1807, est mort à Paris le 16 mai 1808. Son corps est déposé dans le champ du repos à Montmartre. Sur sa tombe, détruite en 1814 par les Barbares, j'avais placé cette inscription :

O.

T. L. P. Æ. HERMANNI

Auroram. vitæ. vix. attingenti.

Paternæ. spei.

Erepti.

Quam. vitæ. non. potuerunt. nominis. longævitatem.

Marmore. donant.

ARSENNIUS. THIÉBAUT DE BERNEAUD.

Pater.

Et. M. T. CAROLA DE BERNEAUD.

Mater.

Vixit. XI *menses.* VIII *horas. Obiit Parisiis* XVI *mai.*

M. DCCC. VIII.

(1) Il y mourut le 24 septembre 1813.

dans une cavité du mur. J'appris que c'était un hommage rendu à sa mémoire par Mme D'EPINAY. Elle a écrit au-dessous du buste ces vers :

> O toi dont les brûlans écrits
> Furent créés dans cet humble Ermitage,
> Rousseau, plus éloquent que sage,
> Pourquoi quittas-tu mon pays?
> Toi-même avais choisi ma retraite paisible;
> Je t'offris le bonheur, et tu l'as dédaigné;
> Tu fus ingrat, mon cœur en a saigné;
> Mais qu'ai-je à retracer à mon âme sensible?
> Je te vois, je te lis, et tout est pardonné.

Sous un massif d'acacias, et auprès du petit bassin qu'alimente l'eau de la fontaine, est un cippe en marbre blanc, surmonté du buste de GRÉTRY. Son cœur est déposé au pied du cippe. Je demeurai là quelques instans.

Avant de sortir de l'Ermitage, nous voulûmes toucher le laurier qu'on dit avoir été planté par J.-J. ROUSSEAU, et ce rosier qui lui inspira la musique de ce morceau délicieux : *Je l'ai planté, je l'ai vu naître*, etc , que son ami DELEYRE (1) venait d'écrire sous la même influence.

Nous vîmes ensuite le lieu de la danse. C'est un espace entouré de gros marronniers, vieux témoins des fêtes du village, à l'ombre desquels

---

(1) *Voyez* à la fin du volume une notice sur ce philosophe estimable.

s'assemble toute la jeunesse du pays. De là, nous entrâmes à Montmorency; je demandai le *Petit-Mont-Louis;* l'on nous y conduisit. Je n'eus point à me louer du propriétaire actuel; ce ne fut qu'obsédé par mes vives instances qu'il consentit à me laisser voir cette maison célèbre, dont sa main profane va chaque jour effaçant les nobles souvenirs qui s'y rattachent.

Elle est petite, et placée dans une situation très-piquante au-dessus de la vallée, qu'elle domine presque entièrement. Le jardin est fort irrégulier; la terrasse où ROUSSEAU planta de ses propres mains quatre tilleuls est ombragée par deux rangs de beaux arbres, qui la couronnent de feuillages arrondis en voûte mobile; elle a pour terme du point de vue le joli village de Saint-Gratien et le gros orme planté par CATINAT: heureux rapprochement qui place en face l'une de l'autre la retraite du héros et celle de l'auteur d'*Émile*. Je me suis assis à cette table de pierre; j'ai respiré les suaves parfums des lilas, des chèvrefeuilles, des seringats, que JEAN-JACQUES fit ajouter à la terrasse qu'il appelait sa *salle de compagnie*. Une muse plus enthousiaste qu'habile a gravé sur la table les lignes suivantes :

C'est ici qu'un grand homme a passé ses beaux jours;
Vingt chefs-d'œuvre divers en ont marqué le cours.
C'est ici que sont nés et *Saint-Preux* et *Julie;*
Cette simple pierre fut l'autel du génie.

Le vieux donjon, qui se trouve à l'extrémité du jardin, a vu créer la *Lettre à* D'ALEMBERT *sur les spectacles :* il l'écrivit dans ce lieu exposé à tous les vents et à la neige, sans autre feu que celui de son cœur. C'est une remarque importante, ROUSSEAU ne travaillait jamais mieux qu'en plein air. Sa méditation était profonde et soutenue, ses idées s'enchaînaient et coulaient abondamment ; c'est ainsi que la belle prosopopée de FABRICIUS (1) lui fut inspirée au pied d'un orme de l'avenue de Vincennes.

Je revoyais avec une sorte de jouissance les lieux où tant de chefs-d'œuvre reçurent le jour, où la plume austère qui traça les pages du *Contrat social*, devint de feu pour terminer la *Nouvelle Héloïse.* Je visitai tout, et cherchai à démêler, dans les changemens faits depuis peu, les traces de l'ancienne demeure. Mais il fallut trop vite quitter le Petit-Mont-Louis ; en nous suivant pas à pas, l'Argus me prouvait que notre présence l'importunait. Nous sortîmes.

En face de la porte d'entrée de cette humble habitation, sur une grande pierre, j'ai lu l'inscription suivante :

« Cette maison, appelée ci-devant le *Petit-Mont-*» *Louis,* a été habitée par J.-J. ROUSSEAU, à sa sortie

---

(1) Dans le *Discours sur le rétablissement des sciences.*

» de l'Ermitage, depuis le 15 décembre 1757 jus-
» qu'au 9 juin 1762, qu'il en fut comme arraché, à
» deux heures après minuit, par ses amis le maré-
» chal DE LUXEMBOURG, propriétaire du château de
» Montmorency, et par le prince DE CONTI, qui vou-
» lurent le soustraire au décret de prise de corps lancé
» contre lui, le 8 du même mois, par le parlement de
» Paris, après la publication de l'*Emile*.

    » Il écrivit le 7 à l'un de ses amis en ces termes :
» *J'ai parlé pour le bien des hommes. Pour une si*
» *grande cause, je ne refuserai jamais de souffrir.*
» *C'est aujourd'hui que le parlement rentre; j'attends*
» *en paix ce qu'il lui plaira d'ordonner.* »

ROUSSEAU regardait comme sa maison de campagne un édifice isolé, dit le *Petit-Château*, situé
dans le parc de Montmorency, et appartenant
au maréchal de LUXEMBOURG. Il allait de temps
en temps y passer quelques journées ; ce lieu délicieux était pour lui le paradis terrestre. Il en a
donné la description dans ses mémoires. C'est là,
selon son expression, qu'au milieu des bois et
des eaux, aux concerts des oiseaux de toute
espèce, au parfum de la fleur d'orange, il composa, dans une continuelle extase, le cinquième
livre d'*Émile*, dont il dut en grande partie le
coloris à la vive impression du local où il l'é-
crivait (1). Je voulus visiter ce lieu charmant
que j'avais vu deux années avant mon départ, en

---

(1) *Confessions*, liv. X.

1799, pour l'Italie ; l'édifice est détruit depuis plus de vingt-cinq ans ; un bois touffu l'avait remplacé, et il n'en restait pas le moindre vestige. Le château de Montmorency lui-même, la porte près de l'abreuvoir, cette porte par où sortit ROUSSEAU pour s'exiler de la France (1), tout a disparu sous la hache du vandalisme (2).

La petite ville de Montmorency n'a rien d'attrayant que sa position. L'air y est pur, les fruits excellens, les cerises et les melons surtout ; mais on y manque d'eau : il faut l'aller chercher à une grande distance. La vallée elle-même n'est pas également partout exempte de ce fâcheux inconvénient. Sans doute elle mérite encore aujourd'hui les épithètes de *belle* et de *riche* qui lui ont été prodiguées ; mais il est à craindre que ce ne soit pas pour long-temps. Déjà les nombreuses sources qui descendent des coteaux situés au nord, taries en grande partie, n'alimentent plus les petits ruisseaux dont la vallée était

____

(1) *Confessions*, liv. XI.

(2) La belle habitation du maréchal DE LUXEMBOURG, après avoir souvent changé de maître depuis 1789, fut revendue, en 1816, à une compagnie de spéculateurs, nommée la *Bande noire*, qui l'a fait démolir. Les grands arbres sont aussi tombés sous ses coups. La charrue a passé sur tout le terrain, a renversé les bosquets et détruit jusqu'aux souvenirs d'un passé déjà bien loin de nous.

coupée en tous sens ; déjà les fontaines destinées
à la boisson des habitans suspendent leurs tributs par longs intervalles, et maintenant les bestiaux sont contraints d'aller loin de l'étable chercher l'eau qui naguère encore se trouvait partout
sous leurs pas. Les puits se dessèchent, et le cerisier, l'ornement de la vallée, qui ne demande
que l'eau pour engrais, ne jouira bientôt plus de
cette humidité bienfaisante à laquelle ne peut
suppléer l'industrie du propriétaire. L'étang
même, dont le volume et l'étendue étaient cités,
et donnait à l'ensemble de cette belle contrée un
aspect si brillant, voit chaque année son niveau
diminuer considérablement. Il n'est plus ali-
menté que par ses propres sources et par les
eaux qui viennent de la forêt de Montmorency,
des hauteurs de Montlignon, Saint-Prix, Saint-
Leu-Taverny, et de la belle fontaine d'Ermont.

On doit attribuer uniquement aux défrichemens mal entendus et à la destruction successive
des arbres, la diminution sensible des eaux versées dans le vaste bassin de l'étang. Ce triste
résultat de l'imprévoyance la plus déplorable en
amène lentement un autre plus funeste encore :
les sommités des monts, les coteaux, les terrains
en pente, aujourd'hui nus et arides, cessent
d'être les conducteurs pour les eaux qui entre-
tenaient les fontaines et les ruisseaux ; ceux-ci
diminuent, et par suite la masse des fleuves, des

étangs, dès lacs qu'ils alimentent ; les terrains auxquels les racines des arbres ont cessé de servir de lien et d'assemblage , se détrempent par les grandes pluies qu'ils ne peuvent plus absorber ; ils glissent à la longue , ou sont entraînés par des torrens subits. Un tel état de choses intervertit la marche des saisons et multiplie d'une manière effrayante les dégâts causés par les météores. Les champs , privés de l'humidité que fixent sur eux les grands végétaux, deviennent tôt ou tard stériles ; le chaume est sans cesse menacé par la foudre, les plaines se couvrent de terres éboulées, de sable et de pierres , et les monts ne portent plus aux cieux qu'un pic imperméable à l'eau, qu'une cime aride prête à condenser en glaces éternelles les nuages qui s'arrêtent autour d'elle.

J'ai fait entendre ces vérités aux habitans de la vallée de Montmorency ; je voudrais en pénétrer tous les Français, et les ramener aux vues sages des Gaulois, nos aïeux, qui regardaient les forêts comme le premier élément de l'abondance, du commerce et de l'agriculture. Je leur citai l'heureuse rivalité établie, depuis 1804, parmi les propriétaires, qui tous s'empressent de faire des plantations considérables d'arbres forestiers et d'agrément. Je les invitai à suivre cet exemple, et à soutenir ainsi les plus chers intérêts de notre patrie. Les vieillards ont applaudi à mes discours ; les jeunes gens m'ont paru vivement émus quand je leur ai fait entendre la voix de la patrie. Nom cher et auguste ! Aux sables brûlans de l'Afrique , comme sous les glaces du pôle, sur les steppes de l'Asie, sur les savanes de l'Amérique, où les familles sont nomades, comme dans nos campagnes fertiles, au sein de nos cités superbes , où tous les hommes se flattent d'être policés ; tout reconnaît, tout proclame l'empire de la patrie. A ce mot réellement magique, de pieuses larmes mouillent les yeux. Il retentit au fond des cœurs, et nous porte aux plus sublimes vertus, au plus noble dévoûment : partout la patrie est pour l'homme le mode essentiel, le complément nécessaire de son existence.

Arrivés dans la maison où nous devions passer la nuit, on nous servit un repas frugal, à la suite duquel nous employâmes le surplus de notre journée à un genre d'amusement fort en vogue à Montmorency. Je veux parler des cavalcades sur la plus patiente de toutes les bêtes de somme. L'âne est d'une allure lente et douce, précieux par sa grande sobriété et l'égalité de son tempérament ; il est très-utile dans les lieux escarpés, où sa marche est plus sûre que celle du cheval. Cet animal, qui semblait autrefois s'honorer de son esclavage en portant nos bons aïeux, leurs femmes et leurs enfans, sert aux promenades de l'Ermitage et autres endroits délicieux de ce pays enchanté.

Nous dirigeâmes notre course sur Taverny, en longeant les brillans coteaux d'Andilly.

Nous nous arrêtâmes un instant sur le Mont-Olympe, dont les antiques châtaigniers ont souvent été visités par Rousseau. Ce banc de gazon fut le confident de ses pensées, le témoin de ses promenades solitaires et de ses brûlantes amours. Ces pierres, maintenant éparses, faisaient partie du monument modeste que les habitans de la vallée lui avaient dédié le 25 septembre 1791, et que des mains fanatiques détruisirent presque aussitôt que la reconnaissance l'eut élevé, malgré cette sorte de prière tracée au bas : *Béni soit celui qui respectera ce monument.*

De là nous gagnâmes Saint-Leu, voyant successivement se rapprocher plus ou moins de nous Soisy et Eaubonne, Margency et le riche village d'Ermont, bâti sur des tombeaux (1), Montlignon, connu par ses eaux minérales ; Saint-Prix, où Ginguené commença l'histoire littéraire d'Italie, qu'acheva la plume savante de notre respectable ami Salfi; le Plessis-Bouchard et la petite forêt

---

(1) Ces tombeaux se trouvent accolés les uns aux autres, et remontent du XIIIe au XIVe siècle. Ils sont d'une seule pièce, en pierres de taille ou bien d'un mastic fait de plâtre et de cailloux, et ressemblent assez à une auge. Le couvercle est ordinairement chargé de blasons. Ils contenaient un seul individu.

de Boissy, où l'on découvre les restes d'un camp romain.

La bienfaisance d'une femme aimable et de son époux a laissé dans tous les cœurs des habitans de Saint-Leu les plus touchans souvenirs (1). Nous avons visité le parc qu'ils ont embelli; il est petit, mais sa situation est fort heureuse, et l'on a su tirer un brillant parti de la disposition du terrain. De là nos regards ont embrassé de nouveau toute la vallée, mais sur un plan plus vaste, mieux développé, et nous avons joui des plus beaux points de vue qu'elle puisse offrir.

Après avoir parcouru les allées du parc, examiné les beaux arbres qu'il renferme (2), suivi le cours de ses eaux, nous nous sommes trouvés dans un lieu retiré, planté d'ifs, au milieu desquels est une pierre tumulaire qui consacre le

---

(1) Le curé de Saint-Leu m'a montré les projets de plusieurs fondations qu'ils voulaient ajouter à celles déjà établies; mais la politique a repoussé la main qui présentait le bienfait, comme si une bonne action devait être soumise aux froids calculs de l'opinion, comme si l'utilité publique ne devait pas toujours être la première de toutes les lois.

(2) J'ai surtout remarqué de très-beaux épicéas, un superbe aylante faux vernis du Japon, de nombreuses tiges de rhododendron, et surtout des saules pleureurs d'une grande beauté.

souvenir de l'ancien cimetière du pays ; elle porte cette touchante inscription tracée, dit-on, par une main qui fut un instant condamnée à porter le sceptre (1).

> C'est à l'ombre de l'if, sous ce tertre stérile,
> Où la mousse se glisse autour des ossemens,
> Qu'enfermés pour jamais dans leur étroit asile,
> Les aïeux du hameau dorment depuis cent ans.
> Leurs yeux ne verront plus, au retour de l'aurore,
> Leurs amis et leurs champs ; et le cornet sonore,
> Les cris perçans du coq, la chanson du berger,
> Ne les salueront plus à leur humble lever.
> Passant, qui que tu sois, viens honorer leurs mânes,
> Une âme fut empreinte en ces tristes débris.
> Ah ! que le fer cruel et que les mains profanes
> De ce lieu consacré soient à jamais bannis !
> Songe que ton pouvoir, ton nom, ton opulence
> Te mènent à la mort en dépit de ton rang :
> Le monarque lui-même, au sein de la puissance,
> Est soumis à ses lois, ainsi que l'indigent.

Pendant que je lisais cette inscription, des larmes sillonnaient le visage de ma fille bien-aimée. Comprenant le motif de ses soupirs, je la pressai contre mon cœur et mêlai mes pleurs aux siens. Il est douloureux de voir le dernier asile des hommes abandonné de leurs descendans. Les restes précieux d'un père, d'une mère, d'une épouse, sont donc étrangers aux fils de celui qui

____

(1) Louis Bonaparte, roi de Hollande.

les a tant pleurés ; le simple monument que sa reconnaissance, que son amour leur avait consacré devient donc la proie des ans ; pas une main ne le relève, et le triste lieu où sont déposés leurs cendres, tombé dans des mains profanes, se change souvent en jardin de plaisance ! O vous que l'ambition égare, venez rêver ici ; venez y considérer les ravages du temps, et vous convaincre du néant de votre orgueil, de la vanité de vos espérances.

Nous entrâmes à Taverny : ce village, agréablement situé, paraît n'être qu'une continuité de celui de Saint-Leu ; des fontaines nombreuses et abondantes y fournissent uns très-belle eau. Le soir nous revînmes à Montmorency, par un fort-beau clair de lune, qui nous montra, sous un aspect nouveau, les points de vue que nous avions admirés sous l'influence brillante du soleil.

SECONDE PROMENADE.

> Je ne sache point meilleure eschole à
> façonner la vie, que de luy proposer in-
> cessamment la diversité de tant d'autres
> vies, fantaisies et usances.
>
> MONTAIGNE, *Essais*, III, 9.

LES voyages charment la vie en la tenant dans
une continuelle et utile agitation ; ils sont le
meilleur complément de l'éducation, et le plus
salutaire de tous les exercices ; l'âme en reçoit
plus d'énergie, l'esprit plus de ressources, le cœur
plus de jouissances ; ils font aimer l'étude, en
rendent les nombreux avantages plus sensibles et
en multiplient les délices ; ils aiguisent l'imagination, agrandissent les idées, apprennent à tout
voir et à bien voir. Mais il faut voyager à pied,
c'est le véritable moyen de le faire avec plus de

fruit et d'agrément. J'ai peine à concevoir comment on peut se résoudre à voyager autrement, et à se rendre ainsi étrangers aux richesses que la terre prodigue à la vue. Je parle d'après ma propre expérience : en voyageant à pied on saisit toutes les nuances du magique tableau de la nature ; on observe en détail ; on part et l'on s'arrête à volonté ; on quitte le dôme de verdure des forêts pour suivre les eaux murmurantes des fontaines ; du sommet des montagnes on descend dans les gras pâturages de la vallée. De jolies fleurs, des productions nouvelles viennent-elles fixer les regards, vous pouvez satisfaire votre curiosité, interroger les habitans, et recueillir des connaissances utiles. On obtient les mêmes résultats des petits comme des grands voyages. Dans les uns comme dans les autres, nos observations s'associent aux souvenirs des temps passés.

Avec le lever de l'aurore, ma fille et moi nous quittâmes Montmorency pour nous diriger sur Ermenonville. Nous voyons d'abord Groslai, village à mi-côte, dont le terroir, couvert de jolies maisons de campagne, donne des vins aussi bons que ceux de l'Orléanais. Paraît ensuite Saint-Brice, village assez considérable, situé sur la grande route de Paris à Bruxelles. L'air y est très-pur ; son sol renferme des terres bien cultivées, des vignes et de frais bocages. On y voit beaucoup de vieillards arriver à leur dix-huitième lustre, sans connaître les infirmités qui rendent toujours le poids des années si pénible. On m'a montré une maison célèbre par le séjour qu'y firent successivement Bossuet et Loyseau de Mauléon, le généreux défenseur des *Calas*.

A Sarcelles, dont la population est de 1,500 habitans, nous avons vu une jolie maison de plaisance, autour de laquelle sont jetées cà et là des masses d'arbres fruitiers que séparent des prairies artificielles et des champs ensemencés en grains. Après avoir découvert plusieurs sources d'eau très-abondantes, nous gravîmes la hauteur sur laquelle Écouen est bâti. Ce bourg, situé au nord de Paris, est malheureusement célèbre par l'édit de juin 1559, qui prononça l'arrêt de proscription des Protestans : ce souvenir me fit mal. En vain, on voudrait imputer aux passions ce forfait; il fut celui de l'intolérance, il fut celui du despotisme.

Ma fille, à qui je révélai toute l'horreur de ce grand crime politique, me fit faire ici quelques réflexions sur les passions. On est injuste à leur égard, disais-je : des philosophes assurent que pour rendre l'homme heureux, il faut toujours l'isoler de ses sens; je ne puis partager cette opinion. En effet, il serait difficile de disconvenir que les mœurs ne soient le reflet des passions, et que celles-ci ne concourent puissamment à l'harmonie sociale. Le législateur habile s'en

empare, les dirige et les rattache de toutes les manières à ses institutions. Par elles, il consolide ses
lois, et imprime aux volontés individuelles une
tendance unique, le bonheur commun. Ce sont les
passions qui font la puissance, le courage, le talent
et l'esprit, en exploitant, pour ainsi dire, le domaine de la sensibilité. Sans passions, l'homme
ne serait qu'un automate, inutile fardeau de la
terre. Le spectacle de la nature fixerait à peine
ses yeux ternes, n'irait point jusqu'à son âme sans
force et sans chaleur; un tel homme serait partout comme ces sauvages de l'Afrique, appelés
hommes des buissons, de la coutume qu'ils ont de se
faire des nids dans des touffes de broussailles (1),
ou comme ceux de l'Orénoque et du Méta, qui
dévorent des quantités prodigieuses d'argile (2).
A l'aide des passions, au contraire, le cœur double
sa puissance, le génie se crée des routes au sein
même des ténèbres; les arts naissent à sa voix, et

---

(1) Ce sont les Bojesmans ou Boschismans, nation de
l'intérieur de l'Afrique, connue par sa férocité; l'aridité
des cantons qu'elle habite et les persécutions des peuples
du voisinage contribuent à la réduire à l'état le plus misérable.

(2) Ils n'y mêlent absolument rien, ni graisse de croco-
dile, ni substance végétale. On évalue de sept à quatorze
hectogrammes d'argile la consommation journalière de
chaque individu.

par lui l'homme, heureux conquérant, se place
au premier rang de tous les êtres.

Les passions, je le sais, ont des écarts dangereux ; elles ont plus d'une fois ensanglanté la terre
et ravalé l'homme au-dessous de la brute ; mais
est-ce une raison suffisante pour les condamner ?
On veut que l'éducation et la philosophie em-
ploient toutes leurs ressources pour combattre et
vaincre les passions. Rien n'est moins juste. Vous
placez dans la même catégorie l'amour et l'amitié, qui font le bonheur de la vie ; l'espérance,
seul appui du malheureux ; le désir de la gloire
qui enfante les grands hommes, et l'enthousiasme
qui ne mesure rien ; l'aveugle jalousie, la crainte
servile et l'envie, pour qui rien n'est sacré ; vous
assimilez l'amour de la patrie, noble sentiment
des cœurs généreux, au fanatisme armé de poignards, à l'esprit de parti qui jette l'homme hors
de la sphère du juste. Il y a cependant ici deux
caractères distincts : l'un résulte de l'idée du bien,
l'autre agit dans la vue seule du mal ; l'un vient de
l'âme, l'autre des sens ; l'un porte l'homme à la
vertu, aux actions sublimes, l'autre le fixe aux petites choses. Les passions sont liées aux élémens
de l'âme : si la raison est le gouvernail propre à
nous conduire dans les orages de la vie, les passions sont les voiles qui font marcher le vaisseau.

Tout en me livrant à ces réflexions, j'étais
déjà loin d'Ecouen. Tout-à-coup je me trouve

sur une colline, au pied des grands marronniers plantés symétriquement par Malesherbes autour de la fontaine et de l'abreuvoir de Champlâtreux. Leur feuillage d'un vert foncé, leurs fleurs relevées en longs panaches roses, se balançaient sur le cristal des ondes et donnaient à ce coin de terre quelque chose de doux et d'attachant. Je m'arrêtai là comme par enchantement. La vue de Champlâtreux est une des plus riantes; on contemple avec délices le paysage qui s'y déroule aux regards, et l'on bénit la main amie qui a placé près de vous ce banc et cette nappe d'eau.

Nous descendîmes ensuite vers Luzarches, jouissant de tous les aspects variés qui naissaient à chaque pas. La vallée est entrecoupée de prairies, de vergers, d'arbres, de champs de blé et d'eaux limpides. De toutes parts les terres, fécondées par le travail, répondent à l'espérance du cultivateur, et les buissons, couverts de mille fleurs odorantes, offrent un abri protecteur aux petits oiseaux; ici, les yeux s'arrêtent sur des bosquets peuplés d'érables et de très-beaux hêtres; là, sur de jolies habitations rustiques; tantôt sur une rivière dont les ondes argentées roulent doucement et réfléchissent sans cesse la double rangée de cerisiers plantés sur ses bords, tantôt sur de nombreux troupeaux et sur des touffes de peupliers d'Italie jetées au hasard et à des distances inégales qui prolongent le tableau.

Cependant le plaisir que j'éprouvais fut interrompu. Une petite fille vint à moi ; en m'abordant elle me demanda l'aumône. Le son de sa voix, sa prière, le langage muet et compatissant d'Uranie qui s'y mêlait, allèrent jusqu'à mon cœur : je me sentis oppressé. L'enfant paraissait avoir quatre ans ; son vêtement était négligé, mais ses manières, ses traits délicats décelaient une autre condition ; ses longs cheveux châtains, suspendus en boucles naturelles, flottaient au gré des vents et donnaient à ses yeux vifs, à son visage une expression nouvelle, un mouvement qui rendaient sa situation plus touchante encore. Le malheur dans un enfant excite le plus tendre intérêt. Quoi, me disais-je, cet âge trop tôt passé, cet âge a donc aussi ses misères ! Ce n'est pas assez de priver une innocente créature des soins toujours attentifs de sa mère, faut-il encore l'arracher à son heureuse insouciance, l'exposer à toute la rigueur des besoins et la plonger dans un abîme d'adversités ! Je tirai de ma poche quelques pièces de monnaie et les donnai à l'enfant. Un sourire ingénu brilla sur sa bouche, elle me remercia très poliment et se mit aussitôt à courir de l'autre côté de la route. Entraîné par la curiosité, je m'élance sur ses traces ; j'arrive au pied d'une haie épaisse, je la tourne, et je vois une pauvre mère, appuyée contre un gros orme, allaitant un petit enfant qu'elle presse tendrement sur son cœur, et d'une main caressant sa fille qui couvre de baisers son jeune frère.

Ce spectacle d'amour et de misère me tenait immobile, quand cette infortunée porta ses regards de mon côté. Ma présence parut la remplir de crainte, mais ce ne fut qu'un instant. Alors j'osai l'interroger : elle m'apprit la cause de son malheur. L'inconduite de celui qu'elle avait choisi pour époux, la barbarie d'une femme à qui elle témoignait de l'amitié, l'ont précipitée dans l'abîme ouvert aujourd'hui sous ses pas. Je frémis encore des détails que j'entendis. Un père assez dénaturé pour abandonner ses enfans, pour sacrifier leur mère, et qui ajoute à une passion honteuse les fureurs d'une autre passion plus vile, plus méprisable encore... De pareils égaremens ne se renouvellent que trop souvent, ils soulèvent l'âme d'indignation et appellent toute la sévérité de la morale, puisque les lois ne peuvent les atteindre. Je mêlai mes larmes aux larmes qui mouillaient le visage de cette intéressante femme, et regrettai bien vivement de ne pouvoir adoucir son sort. Hélas ! les richesses ne sont pas au pouvoir de ceux qui sauraient en faire un bon usage. Je lui donnai quelque argent, j'embrassai ses deux enfans, et emmenai ma fille, demeurée immobile d'attendrissement : nous fuyons à travers champs.

En vain je voulus me distraire de cette scène ; la mère et ses enfans se présentaient toujours à

ma pensée, leur image me suit encore. Le spectacle du malheur porte à l'âme des sensations
que le temps ne peut effacer. O vous que la fortune a comblés de ses faveurs, secourez l'indigent, venez dans les hospices, cherchez le triste
réduit où l'infortuné dévore ses larmes, descendez
dans les cachots où trop souvent gémit l'innocence,
ouvrez vos mains, donnez, donnez sans cesse, et
vous connaîtrez la véritable jouissance, le plaisir
le plus durable ; ne faites jamais dépendre d'un
froid calcul le bonheur d'arracher votre sem—
blable au désespoir. « La joie de faire du bien est
» tout autrement douce et touchante que la joie
» de le recevoir : revenez-y, c'est un plaisir qui
» ne s'use point; plus on le goûte, plus on se
» rend digne de le goûter (1). »

URANIE avait tout vu, tout entendu; mais elle
ne revenait pas de sa surprise. Tous les pères ne
te ressemblent donc pas? me dit-elle en soupi-
rant. Je la serrai contre mon cœur ému, et
détournai sa pensée. Respectons les aimables
illusions du jeune âge, elles se dissiperont assez
d'elles-mêmes.

Nous entrons dans Luzarches. Cette petite
ville est située sur la pente d'une colline. Ses
environs sont charmans, ses prairies, entrecou-
pées d'arbres et de ruisseaux, offrent partout des

---

(1) MASSILLON, *Discours sur l'humanité des grands.*

points de vue délicieux. On se rappelle avec plaisir qu'elle servit de retraite aux Protestans dans les longues journées de leur proscription. Ils y furent accueillis avec cette hospitalité que l'on doit toujours à l'homme dans le malheur, quelle que soit son opinion politique ou religieuse.

Nous arrivons à Chantilly. Le patriarche de l'agriculture française, OLIVIER DE SERRES, nous apprend que ce nom lui vient de la quantité de tilleuls qui croissent sur son sol léger et profond. Tous les villages d'alentour cultivent cet arbre en taillis ; il est pour eux un objet considérable de commerce et d'industrie. Sa seconde écorce y est filée en cordes, qui se pourrissent difficilement et servent à tirer de l'eau des puits, à attacher les bateaux sur le bord des rivières, et à d'autres usages de même genre. On en fait aussi des chapeaux et des liens, que l'on nomme *tille,* qui sont employés à Gonesse à serrer les blés.

Chantilly est bâti sur les rives fraîches et verdoyantes de la Nonette. On y montre le palais illustré par HENRY DE MONTMORENCY, mort à Toulouse, en 1632, martyr de la liberté, victime de ce RICHELIEU qui fut l'ennemi des grands sans être l'ami du peuple. On y montre les jardins du grand CONDÉ, l'édifice somptueux destiné à contenir six cents chevaux, la manufacture de porcelaine, celle pour le laminage du cuivre, et plusieurs fabriques de blondes et de dentelles, qui rivalisent avec celles de Bruxelles. J'ai voulu connaître la maison long-temps habitée par VALMONT DE BOMARE, à qui la science doit le premier Dictionnaire d'histoire naturelle, publié dans notre langue, et le grand mouvement qui a poussé tant d'esprits vers cette belle partie des connaissances humaines, très-négligée de son temps, malgré les pages éloquentes du PLINE français, et depuis parvenue à un haut point de perfection, mais que de tristes novateurs cherchent à rétrécir dans son vaste domaine, et à en désenchanter l'étude si noble et si généralement utile. Je devais cet hommage à VALMONT DE BOMARE, à l'infatigable naturaliste, à l'excellent homme qui m'honora de son estime et de ses conseils.

Avant de quitter Chantilly, j'admirai la piquante position du hameau de Vineuil, qui s'élève en amphithéâtre et contraste singulièrement avec le sol stérile et agreste d'Aspremont. Nous entrons dans la forêt (1); elle est coupée par un grand nombre de routes. Nous arrivons au lieu spacieux appelé la *Table-Ronde,* où viennent aboutir douze avenues superbes. Là, mille plantes nouvelles semblent nous montrer à l'envi leurs brillantes couleurs, leurs formes variées. Déjà, je tenais dans mes mains la sylvie aux fleurs blanches (*anemone sylvatica*), la

---

(1) Elle a quinze mille hectares d'étendue.

teucride d'Allemagne (*veronica teucrium*), dont les corolles bleues sont striées de lignes rouges, le fragon à grappes (*ruscus racemosus*), originaire du Portugal, venu là par hasard, quand ma fille découvrit l'ophrys-mouche (*ophrys insectifera*), qu'elle n'osait toucher. Je lui montrai son erreur et lui appris pourquoi cette plante, qu'on prendrait pour un insecte végétal, me réjouit. Je racontai à URANIE pourquoi mon cœur, en la nommant, éprouve un charme secret, comment elle se lie à un doux souvenir de mon enfance, comment elle me rappelle et les montagnes des Vosges, où j'ai coulé de si belles journées, et cet endroit où la Moselle reçoit les eaux brillantes de la Vologne. C'est là, lui dis-je, que, voyant un de mes condisciples entraîné par le courant et près de se noyer, je m'élançai dans la rivière, moi qui ne sais point nager, et j'eus le bonheur de l'arracher à une mort certaine (1). Ma fille voulut connaître parfaitement cette plante. Je prenais plaisir à la voir de la racine bulbeuse passer aux fleurs qui sont disposées en petits épis terminaux, et de la tige herbacée à ces corolles singulières

______

(1) Cet événement eut lieu au village de Pouxeux, et date du mois de mai 1792, époque à laquelle visitant avec attention, pour la première fois, le département des Vosges, je m'arrêtai pour voir cette rivière qui donnait encore, il y a soixante-dix ans, des moules où l'on trouvait des perles d'une assez belle eau.

représentant, dans les diverses espèces du genre, tantôt un homme suspendu par la tête (*ophrys anthropophora*), tantôt une mouche d'un bleu très-remarquable (*ophrys muscaria*), et tantôt une araignée (*ophrys arachnites*), un gros bourdon, ou bien une abeille.

Le jour commençait à baisser; bientôt le crépuscule annonce la nuit. Elle règne, et avec elle le silence. Pour comble de malheur, nous avons perdu notre chemin; nous errons sans savoir où nous sommes, sans espoir de trouver un guide. Que faire? avancer, c'était nous exposer à d'inutiles fatigues; revenir sur nos pas, c'était peut-être augmenter encore plus notre embarras. Il faut s'arrêter, me dit ma fille. Nous nous asseyons au pied d'un vieux chêne. URANIE, lasse et harassée, s'endort bientôt. Seul avec moi-même, je me livre à tous les mouvemens d'un cœur ulcéré. Je pleurai notre cruelle séparation, ô mon épouse chérie! j'entendis encore tes dernières paroles, je reçus de nouveau tes derniers soupirs. Ah! s'il est un lieu réservé pour les mânes des justes, si leur destinée ne se termine pas avec la vie présente, CHARLOTTE! jouis de la félicité qui t'appartient; daigne jeter un regard sur moi, sur notre fille, donne-nous les forces nécessaires pour supporter patiemment notre infortune, pour dévorer lentement l'héritage de douleur que tu nous as laissé.

Le sommeil paisible de ma fille, le calme profond de la nuit, qu'interrompaient seulement les chansons amoureuses du rossignol, contrastaient singulièrement avec l'agitation de mon cœur affligé. Tout-à-coup j'entends une voix. J'écoute, mon oreille attentive démêle un chant joyeux. La gaîté n'est point l'apanage du crime ; celui qui chante dans la profondeur des forêts, dans le silence de la solitude, porte une conscience libre de tout remords, de toute pensée funeste ; ainsi, me disais-je, rien ne m'autorise à craindre. J'appelle : un bon villageois vint à moi. Je lui dis ce qui m'est arrivé. Il m'apprend que j'avais suivi un chemin opposé à celui que je devais faire. Nous nous trouvions alors tout près des quatre étangs de Commelle, qui se communiquent, sont alimentés par la rivière de Thêve, et visités par le cerf amoureux. Une colline nous cachait les ruines d'un vieux château, sur lesquelles on a établi un moulin. Ce château, assis au fond d'une vallée, au milieu des eaux et des bois, fut habité par BLANCHE de Castille et par son fils, à qui l'on reprochera toujours, avec raison, d'avoir livré la France aux horreurs de la féodalité, pour suivre les folles bannières des Croisades.

Il y a peu de sites plus nobles et plus agrestes que celui des étangs de Commelle. Des collines couronnées d'arbres majestueux et pittoresquement disposés, des eaux qui, pendant l'été, promènent sur leur cristal le nénuphar au calice d'un blanc éclatant (*nymphæa alba*), ou bien au godet doré (*N. lutea*), embellissent cette solitude enchantée. Elle m'a rappelé les beaux vallons des montagnes du Jura et de l'Helvétie.

Ma fille se réveilla. Notre guide se rendait, comme nous, à Ermenonville : nous fîmes route ensemble. Nous marchions sur un sol qui n'offre que de tristes bruyères, et de loin en loin des monticules de sable dont l'éclat rappelle la blancheur de la neige. Une affreuse solitude nous enveloppait, quand tout-à-coup, arrivés dans les landes de Pontarmé, un nuage noir fond sur nous, lance d'énormes grêlons, et nous inonde d'une manière horrible. Aucun moyen de se mettre à l'abri. L'orage dura une heure, qui me parut éternelle. Enfin, le danger a cessé, la lune sort de derrière les nuages, le ciel redevient brillant d'azur, nous doublons le pas pour gagner la forêt d'Ermenonville.

Chemin faisant, mon compagnon de voyage me rapporta plusieurs traits de la vie de ROUSSEAU, qu'il avait connu personnellement ; il m'en fit le portrait fidèle que voici :

« J.-J. ROUSSEAU naquit à Genève, le 2 juillet 1712 ; il avait *la taille bien prise quoique petite, la jambe fine, un joli pied, l'air dégagé, la physionomie animée, la bouche mignonne avec de vilaines dents, les sourcils et les cheveux noirs, les yeux petits et même enfoncés, mais qui lançaient avec force le feu dont son âme était embrasée* (1) ; son nez était moyen et un peu recourbé, son front assez bombé et proportionné à sa figure. Il tenait toujours la tête penchée d'un côté, et portait une petite perruque ronde, dont il s'est coiffé de bonne heure. Ses habits étaient toujours propres, simples, unis et bruns. Dans les nuits de l'hiver le plus froid il ne pouvait supporter que le simple drap sur lui. Le son de sa voix était fort, son parler véhément, et cependant il chantait avec une douceur ravissante, avec une expression toute particulière. On a dit que sa conversation n'était ni brillante ni féconde ; qu'elle n'avait point le charme de la saillie, qu'il semblait s'arrêter pour se comprendre ; ses réponses, quoique naturelles, portaient l'empreinte d'une sorte de méditation : on eût dit, ne le connaissant pas, que sa conception était lente et difficile ; mais tout ce qu'il disait dans l'intimité sortait du cœur, ses paroles coulaient dans l'âme, comme le sucre que distille l'abeille porte au goût une saveur fondante et délicieuse. *Avec un nom célèbre et connu dans toute l'Europe, il conserva toujours la simplicité de ses premiers goûts. Son aversion pour tout ce qui s'appelait parti, faction, cabale, le maintint libre, indépendant, sans autre*

―――――――――――――――――――――――――

(1) On reconnaît aisément que ce passage est emprunté aux *Confessions*, liv. II.

chaîne que les attachemens de son cœur. Seul, étranger, isolé, sans appui, sans famille, ne tenant qu'à ses principes et à ses devoirs, il suivit constamment et avec intrépidité les routes de la droiture, ne flattant, ne ménageant jamais personne aux dépens de la justice et de la vérité (1). Jamais il n'y eut d'homme plus digne de bonheur, et jamais la nature n'en a organisé aucun d'une manière moins convenable pour y atteindre. L'extrême sensibilité de son âme en fut la grande source, mais bien plus encore les fréquens accès de mélancolie, de mécontentement, d'impatience, auxquels le rendaient sujet la constitution de son corps et le caractère de son esprit. Toutes ces causes lui donnaient une certaine aversion pour la société, et furent la raison principale de son amour pour la solitude. Lorsque sa santé et sa bonne humeur revenaient, sa vive imagination lui donnait tant d'objets de pensées, que la société, en l'arrachant à ses méditations, le troublait et lui déplaisait souverainement. Cependant, lorsqu'il cédait au besoin de vivre avec les hommes, tous ceux qui le voyaient admiraient la simplicité de ses manières, sa politesse franche et naturelle, sa gaîté et la finesse de ses observations; il s'animait parfois, et alors sa conservation était délicieuse et comme inspirée.

---

(1) Ceci est encore emprunté aux *Confessions*, liv. X.

» Il aimait beaucoup les enfans, et il était joyeux lorsqu'il leur procurait quelque plaisir; il se mêlait à leurs jeux, et leur donnait, tout en les amusant, les notions du vrai et du juste. Ses affections étaient toutes profondes; il le prouva surtout envers son chien (*Sultan*), dont il n'aimait pas à se voir séparé.

» Il ne connut jamais l'ennui ni le désœuvrement; les amusemens de la botanique le délassaient des hautes spéculations de son esprit. Quoiqu'il ne fût point riche, les vieillards et les infirmes le virent souvent adoucir leurs peines; entre autres, il soutenait de ses dons une pauvre femme d'Ermenonville. On ne le sut que peu de jours après sa mort. Cette infortunée, surprise sanglottante et à genoux sur la tombe de ROUSSEAU, dit à celui qui l'interrogeait : *Il m'a fait du bien, je pleure et je prie.* Mais ROUSSEAU, lui répondit-on, était protestant. *Que m'importe?* répliqua-t-elle, *il m'a fait du bien, je pleure et je prie.* Il aimait beaucoup à causer avec les ouvriers; mais, persuadé que leur salaire est toujours dans la plus stricte proportion avec leurs besoins, il ne leur faisait jamais perdre de temps sans les en dédommager. Il portait sur lui des petits cornets de tabac et les leur distribuait. Ce grand homme mourut à Ermenonville, le 2 juillet 1778, âgé de soixante-six ans, pleuré de tous les habitans. »

J'écoutais encore lorsque nous entrâmes à

Ermenonville ; à l'aspect des premières maisons mon cœur tressaillit de joie. C'était le 20 mai, jour anniversaire de l'arrivée de Rousseau dans ce pays. Devant nous se présente une maison (1), mon compagnon m'engage à m'y arrêter. Nous y reçûmes un accueil plein de franchise et de cordialité.

Mon hôte me montra avec empressement la tabatière et les sabots de Rousseau (2), ainsi que le registre des visiteurs, ou *Mémorial d'Ermenonville*. La tabatière et les sabots offrent une foule de noms ; j'y distinguai ceux de Deleyre, qui fut toujours homme de bien, et m'honora de son estime ; de Ducis, si cher aux muses et à l'amitié ; de Marie Joly, qui s'est illustrée sur la scène française ; de Philidor, ce profond harmoniste, que l'on peut regarder, avec Duni, comme le père de notre opéra comique. Je voulus aussi m'inscrire sur cette liste sentimentale.

Le Mémorial m'a de même offert des noms très-connus, quelques nobles pensées, des vers charmans, des idées heureuses, jointes à des injures

----

(1) A l'enseigne de J.-J. Rousseau. Cette maison est tenue par *Giard*.

(2) Ils ont été donnés par la veuve de Rousseau à *Antoine Maurice*, oncle du père de l'aubergiste actuel, de qui il les a hérités.

grossières, à des expressions viles échappées à des âmes de boue. Le livre m'est plus d'une fois tombé des mains; cependant j'y revenais pour y connaître les motifs secrets qui font agir les hommes, pour y étudier le cœur dans ses nombreux replis.

Pendant que je compulsais ce livre, mon hôte nous raconta l'anecdote suivante :

« Des voyageurs vinrent, en 1794, me dit-il, visiter le tombeau de JEAN-JACQUES ROUSSEAU. Après avoir satisfait leur curiosité, ils s'arrêtèrent dans cette maison, occupée alors par mon oncle ANTOINE MAURICE, que JEAN-JACQUES s'était plu à fréquenter, et dont il aimait à cultiver l'amitié. L'un d'eux, connu par une excellente comédie et par la fatalité de son sort, aperçoit sur cette armoire des sabots, dont le dessus est grossièrement tissu en menu jonc; un petit morceau de papier y était attaché, portant cet écrit : *Sabots de Jean-Jacques Rousseau.* Emporté par son respect pour la mémoire du grand homme, le poète se permet de dérober un de ces sabots. On remonte dans la chaise de poste, et on se remet en route pour revenir à Paris. On s'arrêtait à la deuxième poste, lorsqu'on vit accourir un homme couvert de sueur, et qui avait fait à cheval la plus grande diligence. C'était mon oncle MAURICE, qui, s'étant aperçu de l'absence de l'effet en question, venait le redemander avec instance, offrant

à la place tout, absolument tout ce qu'on désirerait. On le lui rendit : en vain le pressa – t – on
d'accepter une indemnité pour sa course ; il ne
voulut rien que son sabot, et il revint ici comblé
de joie. »

Nous écoutâmes cette anecdote avec plaisir,
et, après une légère collation, nous demandâmes
notre chambre ; tandis que la lune achevait sa
course paisible, que la fraîcheur de la nuit ré-
créait le sein de la terre, nous nous laissâmes aller
aux douceurs du sommeil, dont on ne sent vraiment le prix qu'après la fatigue.

TROISIÈME PROMENADE.

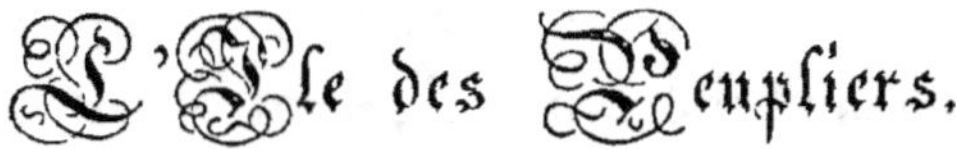

.... Meine seele will ich schildern,
Von lieb' und traurigkeit verwiert,
Wie sie, ergetzt an trauer-bildern,
In kummer-labyrinthen irrt.

HALLER (1).

LES premiers rayons de l'aurore doraient les pointes des rochers, ils annonçaient le prochain réveil de la nature; je me lève et me rends en toute hâte sur la colline pour jouir pleinement de ce spectacle ravissant. Le silence règne encore, les feuilles conservent leur position nocturne, les fleurs sont cachées sous les replis de

---

(1) Je vais peindre mon âme, troublée par l'amour et par la tristesse, occupée des images les plus affligeantes, s'égarant dans un labyrinthe de douleur. *Ode à Mariane.*

leurs folioles. Bientôt un vent léger fait entendre un doux frémissement : il m'apporte la fraîcheur et les parfums de la nuit : la rosée, que les végétaux semblent distiller, tombe en gouttes brillantes et pures. Le ciel s'éclaire, tout s'arrache aux langueurs d'un paisible repos ; le jour ne tarde pas à luire, il paraît, et sa présence dissipe l'amas tumultueux des nuages obscurs qui voudraient encore envahir la voûte éthérée. Le mouvement commence. Le gazouillement des oiseaux est d'abord lent et sans force ; mais à peine le rouge-gorge a-t-il fait retentir les échos de ses accens gracieux et touchans, que mille concerts aériens naissent à sa voix. Le ciel offre aux regards un tableau vaste et sublime; on admire encore les effets pittoresques du clair-obscur, que déjà la lumière s'agrandit de toutes parts; elle remplit l'espace. L'orient est en feu; de longs faisceaux de flammes jaillissent de son sein, ils s'étendent en réseaux d'or et d'azur, en zones nuancées de mille couleurs. Le soleil se montre enfin sur l'horizon; on le voit dans toute sa splendeur, versant par torrens sur la terre la vie et la fécondité. A son aspect, tous les êtres entonnent spontanément l'hymne de la reconnaissance. L'air s'échauffe ; l'homme reprend avec gaîté les travaux de la veille, le berger mêle les doux sons de la musette aux chants des oiseaux, aux longs bêlemens des brebis; les fleurs dilatent

voluptueusement leur corolle et pénètrent l'atmosphère de leurs suaves parfums : toute la nature exprime les douceurs de l'amour. J'étais
dans le ravissement. « Il y a là , comme le dit
» Rousseau, un quart-d'heure d'enchantement
» auquel nul homme ne résiste : un spectacle si
» grand , si beau, si délicieux, n'en laisse aucun
» de sang-froid (1). » On oublie tout, on s'oublie
soi-même, et lorsqu'on sort de cet état d'extase,
on voudrait y revenir encore pour en prolonger
le charme.

Le cri douloureux d'un innocent oiseau m'arrache à cette délicieuse situation. Je regarde
autour de moi, c'est un épervier qui dévore les
petits d'une fauvette. Désespérée de ne pouvoir
les sauver, elle meurt d'effroi sur une branche
voisine ; elle maudissait son affreuse destinée,
quand tout-à-coup un jeune chasseur aperçoit
l'assassin ; il dirige son tube, le coup part, l'innocence est vengée : puisse être aussi prompte
la mort du tyran qui opprime les peuples! le
crime peut bien triompher quelque temps , mais
il ne peut demeurer impuni.

Reportant alors ma vue sur la campagne, elle
me présente une foule de tableaux agréables et
les scènes les plus variées. Le paysage que je
dominais du haut de la colline me parut plus

______

(1) *Emile,* liv. III.

pittoresque encore. D'où j'étais, on plane sur tout le village d'Ermenonville, le moulin, le hameau de Chaalis, et sur les villages de Mont-lognon, Fontaine et Borrest, qui s'enfoncent dans la vallée arrosée par la Nonette; l'œil se promène au-delà sur des sables, des rochers grisâtres, des prairies, des eaux, des touffes d'arbres, et va se reposer dans le lointain sur la riche ferme de Fourcheray, que couronnent les tours antiques et à demi ruinées de Montepilloy, enveloppées de vapeurs blanchâtres et légères. Si, d'une part, la vue est bornée d'abord par le bois de Perthe, qui me cache Nanteuil, Versigny, Baron et Rozières, puis par un rideau de pins élancés, dont les cimes toujours vertes contrastent avec les énormes buttes de sable d'Aulmont (1) et de Saint-Christophe, qui se montrent derrière elles; de l'autre côté, elle s'étend sur une vaste plaine qui conduit jusqu'à Meaux, et au pied de coteaux bien boisés, tantôt s'éloignant, tantôt se rapprochant et même se confondant pour couvrir Ver, Eve et Dammartin. Dans ce vaste ensemble, la lumière imprime à chaque masse la teinte qui lui est propre, et à chaque scène le mouvement qui lui convient : sur tous les points la couleur vaporeuse

(1) On la nomme dans le pays la *Hotte de sable de Gargantua*.

agrandit l'horizon et lui donne beaucoup plus de
profondeur.

Je reviens au village d'Ermenonville par le chemin qui descend du Plessis-Belleville. Son origine
remonte aux dernières années du VII° siècle de
l'ère vulgaire. Il a subi plus d'une vicissitude, et
fut, au commencement du XVI° siècle, le douloureux théâtre d'une scène des discordes civiles
qui ont marqué cette époque désastreuse de
l'histoire de France. Il doit son état actuel à la
munificence de Réné de Girardin.

Bâti en amphithéâtre sur le plan incliné d'un
coteau qui domine une vallée étroite (1), dont la
direction va du midi au nord, ce village est borné
à l'est par les côtes argileuses d'une plaine fertile
en grains et toute plantée d'arbres à fruits ; à
l'ouest, par une vaste forêt et par des sables où
végètent la bruyère ciliée, l'ajonc et le genêt,
dont les fleurs, qui plaisent tant aux abeilles,
charment long-temps les yeux par leur couleur
rose, par leur jaune éclatant. Le petit ruisseau
de Ver (2) le divise en deux parties, et va, ser-

---

(1) Ce village, qui compte 120 feux et 48o habitans, est
à 5 myriamètres (12 lieues) nord de Paris, 2 myriamètres
(5 lieues) ouest de Meaux, 1 myriamètre et demi (3 lieues)
sud-est de Senlis.

(2) Ce ruisseau prend sa source dans les marais du village de Ver ; il se perd dans la Nonette, au-dessus de Mont-
lognon.

pentant dans la vallée au milieu de terres bien cultivées, de vergers rians et spacieux, de bosquets touffus et d'aimables clairières, se perdre dans la Nonette, qui fournit des carpes, des tanches, des anguilles et des perches excellentes. On jouit à Ermenonville d'un air pur ; les habitans sont bons, nullement vicieux, tous pleins de franchise et d'activité ; la jeunesse y est belle, et les vieillards y respirent cette bonhomie patriarcale qui double pour le voyageur l'aménité du lieu.

J'arrive à un pont construit pour servir de communication aux deux parties du village, d'où mes regards se portent partout sur un paysage très-agréable et des plus animés qui se développe en face du manoir ; il m'a rappelé les plus belles compositions de CLAUDE GELÉE, dit *le Lorrain*. J'allais suivre les détours ombreux du sentier voisin, lorsque j'aperçus ma fille dans la prairie, occupée à faire un bouquet de fleurs champêtres. Je vole auprès d'elle et nous gagnons un petit chemin couvert par de grands arbres et tracé sur les bords de la rivière, où flottent ensemble le cygne élégant et le canard rustique.

Sous un massif de peupliers et de platanes, nous voyons d'abord une fontaine construite à la manière antique, dont le bassin semi-circulaire s'emplit d'une eau très-belle, fort abondante et sans cesse renouvelée. Près de là est un pilastre avec cette inscription :

Le jardin, le bon ton, l'usage,
Peut être anglais, français, chinois;
Mais les eaux, les prés et les bois,
La nature et le paysage,
Sont de tout temps, de tout pays;
Aussi dans ce canton sauvage
Tous les hommes seront amis,
Et tous les langages admis.

Plus bas, on lit les vers suivans :

Ici commence la carrière
D'un doux et champêtre loisir.
Chacun, au gré de son plaisir,
A chaque borne milliaire,
Peut, ou poursuivre, ou s'arrêter.
Dans l'étroit sentier de la vie,
Par le sort ou la fantaisie
Chacun se sent précipiter;
Mais pour ne jamais culbuter
Dans l'abîme de la misère,
Le seul moyen est de bien faire,
Ou bien de savoir s'arrêter.

Nous arrivons ensuite à une grotte; son heureuse situation engage à s'y arrêter. Nous entrons.
La vue des eaux qui tombent en cascade, la poussière humide qui pénètre sous les lits de mousses, agite les pampres légers dont cette grotte est
ornée, en font, pendant les grandes chaleurs, un
lieu de délices. Sur la voûte on a gravé ces vers
imités du poète anglais SHENSTONE :

Nous, gentilles Naïades,
Qui nous plaisons au bruit de ces cascades,
Faisons ici notre séjour,
Où nul mortel ne nous voit en plein jour.
Doux souvenir! quand Diane amoureuse
Vint se mirer au cristal de ces eaux,
Un poète, inspiré par une verve heureuse,
Découvrit nos appas à travers les roseaux.
O vous, qui visitez nos champêtres prairies,
Voulez-vous y jouir du destin le plus doux?
N'ayez jamais que douces rêveries ;
Que vos désirs soient simples comme nous.
Lors, bienvenus dans ces rians bocages,
Puisse l'Amour vous combler de faveurs!
Des habitans de l'heureuse Arcadie
Si vous avez les nobles mœurs,
Restez ici, goûtez-y les douceurs
Et les plaisirs d'une innocente vie.
Que maudits soient les insensibles cœurs,
Ceux qui, cédant aux passions sauvages,
Voudraient briser nos tendres chalumeaux,
Fouler aux pieds nos fleurs, rompre nos arbrisseaux !

Un escalier, taillé dans le roc, indique la sortie
et mène sur le bord d'un grand lac, qui paraît
n'avoir d'autres bornes que celles de la vallée et
des bois qui l'environnent. On distingue, à son
extrémité, l'île des Peupliers; à droite, sur un
superbe amphithéâtre de verdure, on voit un
temple d'une forme élégante; à gauche, est une
colline couverte de noyers. Le lac ajoute à l'agrément du magnifique tableau qui l'entoure. Les

eaux animent un paysage; elles donnent de l'éclat à une perspective et du mouvement à tous les lieux où elles se montrent. Qu'elles soient stagnantes ou qu'elles marchent avec rapidité, qu'elles s'échappent avec effort ou se brisent avec fracas, toujours elles charment nos regards; elles produisent sur l'âme de profondes impressions, qui se nuancent et se modifient de mille manières.

Je voulus faire quelques pas, mais un monument funéraire est près de moi; de vénérables ormeaux le cachent sous leurs voûtes épaisses: il est consacré à la mémoire de René de Girardin (1). La campanule élève sa tige pyramidale au pied de ce cénotaphe, et ses jolies fleurs bleues s'inclinent vers la terre comme en signe de tristesse, justement à l'époque où ce vertueux citoyen termina sa noble carrière. Sur la pierre une main amie a tracé cette inscription :

A René de Girardin.

il fut l'ami des hommes,
et le dernier appui de rousseau malheureux.
le premier, en france, il a donné l'exemple
d'embellir les campagnes;
il a réduit l'art en principes,
en créant ermenonville.

---

(1) *Voyez* à la fin du volume la note III.

Nous traversâmes le lac précisément au-dessus de la cascade ; des pointes de rochers facilitèrent notre passage. Nous nous trouvâmes alors en face d'un bâtiment construit dans le goût des fabriques italiennes, appelé *la Brasserie*. Sa situation est très-pittoresque ; sa distribution nous a semblé bien entendue. De là, si l'on veut gagner la forêt, un pont de bois vous y conduit. Il faut suivre les bords du lac, si l'on veut aller à l'île des Peupliers : c'est le parti que nous prîmes. L'allée qui longe le lac est plantée de vieux tilleuls ; bientôt elle se rétrécit et présente pour point de vue le simple monument où furent déposés les restes mortels de J.-J. Rousseau.

A mesure que l'on avance, les idées prennent, comme malgré soi, une teinte plus sombre. Au souvenir de l'illustre écrivain qui sut remuer si puissamment le cœur, et parler avec tant d'éloquence à la raison, vient, pour moi, se mêler le sentiment de mes infortunes, celui si déchirant de la perte irréparable de ma meilleure amie. Ces sensations profondes m'arrachent des larmes ; elles me jettent dans la tristesse et la rêverie. Cependant une barque s'offre à moi, je saisis les avirons, et en un instant j'arrive dans l'île : je suis au pied de la tombe de Rousseau. Ma fille, en déposant sur le monument les simples fleurs dont ses mains étaient chargées, paya le tribut que tout enfant allaité par sa mère ne saurait refuser à l'auteur d'*Émile*. Cet hommage inattendu de son cœur m'émut vivement, j'en éprouvai une véritable satisfaction, j'allais presque dire un sentiment d'orgueil.

Écrasé sous le poids des réflexions que la vue du tombeau m'inspirait, épouvanté de la permanence des causes qui changent sans cesse la face de la nature, qui nous obligent au sacrifice de nos plus chères affections, et nous rendent les jouets d'un destin impitoyable, j'aurais voulu pouvoir dire à tous les hommes les pensées qui me dévoraient. O mes amis! qu'est-ce donc que la vie? qu'est-ce donc que la mort? qu'étions-nous avant de naître? que serons-nous après le trépas? Nous nous élevons, par des efforts de tous les instans, à la dignité de notre existence; nous soumettons toute la terre à nos lois et même à tous nos caprices; nous créons des merveilles qui nous étonnent nous-mêmes; nous triplons les facultés de notre âme par les phénomènes de la pensée, par l'action de la mémoire, par les brillantes saillies de l'esprit, et c'est au moment où la raison a développé toute la puissance de la vie intelligente, c'est au moment où nous pourrions faire un si bel emploi des moyens qu'elle nous met en main, et des leçons d'une expérience si cruellement achetée, qu'il faut descendre les froides marches du tombeau, que la mort nous enveloppe pour jamais de son crêpe funèbre!

Talens, études, honneurs, dignités, richesses, que devenez – vous alors? La beauté se fane, la science disparaît, tout périt, la vertu elle-même ne suspend point le coup fatal; quand l'arrêt est prononcé, il faut quitter son épouse, ses enfans, son ami, sa maison, tout ce qui faisait notre bonheur; et de tous les arbres que nous prenions tant de soins à cultiver, le cyprès mélancolique est le seul qui nous suive!

Neque harum, quas colis, arborum
Te, præter invisas cupressos,
Ulla brevem dominum sequetur (1).

La tombe de Rousseau, cette tombe sanctifiée par l'héroïsme de l'amitié, est veuve depuis trop long-temps; l'homme de la nature a été arraché au tertre sacré qu'il avait choisi lui-même pour sa dernière demeure. Trente printemps se sont écoulés depuis qu'il a perdu l'auguste dépôt qui lui fut confié; peut-être réparera-t-on quelque jour cet outrage; c'est le vœu d'Ermenonville; c'est aussi celui de toutes les âmes sensibles. Par cet acte de justice on rendrait au moins à la cendre d'un mort illustre l'hommage qu'il s'est acquis. Des barbares armés contre nous, des étrangers poussés sur notre territoire par la trahison, nous ont donné l'exemple du respect dû à sa

____

(1) Horace, lib. II, od. XI.

mémoire (1) : des hommes civilisés, un peuple riche de ses industrieuses conquêtes, des Français voudront-ils demeurer au-dessous d'eux? D'ailleurs ce n'est point dans les sombres caveaux du Panthéon, sous les voûtes ténébreuses d'un temple où l'on a réuni le génie, de vils esclaves titrés, et des imposteurs, que doivent se trouver les restes de l'ami de la nature (2).

Le monument sépulcral de Rousseau avait déjà été profané une première fois. A peine était-il achevé qu'on tenta de le renverser; on effaça jusqu'aux inscriptions qu'y avaient tracées les regrets du sentiment : rien n'est sacré pour le

---

(1) En 1815, lors de l'invasion de notre malheureuse patrie, le général en chef de l'une des armées ennemies, arrivé au Plessis-Belleville, déploie sa carte topographique, et se voyant près d'Ermenonville, il demanda *si c'était là que* J.-J. Rousseau *avait terminé sa vie;* sur la réponse affirmative, il dit : *Tant qu'il y aura des Prussiens en France, Ermenonville sera exempt de toute corvée de guerre.* Il marche vers ce dernier séjour du philosophe; en approchant, il se découvre, et donne à ses troupes la consigne de respecter Ermenonville, ses habitans et leurs propriétés : elle a été religieusement observée. On a vu depuis toutes les troupes allemandes et russes qui ont passé de ce côté, ainsi que les Kosaques qu'elles traînaient à leur suite, témoigner, par sentiment autant que par obéissance, le même respect à la mémoire de J.-J. Rousseau.

(2) *Voyez* à la fin de ce volume des réflexions sur la translation de J.-J. Rousseau au Panthéon.

méchant, la mort même n'arrête point ses mains sacriléges.

Le sarcophage est simple, dans le style anti- que. Le bas - relief qui l'orne fait honneur au ciseau du célèbre J.-P. Lesueur (1). Au pied d'un palmier, symbole de la fécondité, une femme est assise soutenant d'une main son fils, qu'elle allaite ; de l'autre main elle porte le livre de l'*Emile*, ouvert à l'endroit où Rousseau, s'adres- sant aux épouses, les exhorte si éloquemment à compléter l'œuvre de la maternité. Non loin de là la Reconnaissance dépose des fleurs et des fruits sur l'autel de la nature ; au même moment l'A- mour maternel y jure de n'en plus outrager les lois. Sur la pelouse voisine des enfans sont à jouer : la gaîté brille sur leur visage, dans tous leurs mouvemens. Les uns portent un bonnet au bout d'une pique comme signe de leur liberté ; d'autres brûlent, au milieu des cris de joie, les corps et buscs de baleine, les bandes à maillot et toutes ces autres inventions barbares que l'igno- rance et le despotisme avaient créées pour enle- ver à l'homme le libre usage de ses facultés nais- santes.

Aux deux côtés du bas-relief sont les attributs de la musique et de l'éloquence. On voit au-

______

(1) Il a été exécuté, en 1780, d'après les dessins de Robert.

dessus une couronne civique, avec la devise favorite de Rousseau :

Vitam impendere vero (1).

Sur l'autre face, entre les attributs de la bienfaisance et de la vérité, on lisait autrefois :

ICI REPOSE
L'HOMME DE LA NATURE ET DE LA VÉRITÉ.

On y a depuis substitué ces mots plaintifs :

Ils ont violé mes mânes en voulant m'honorer; ils ont méconnu ma dernière volonté en m'arrachant à ce champêtre asile.

Dans le fronton, deux colombes expirent sur des torches fumantes et renversées. Les deux parties latérales offrent une urne lacrymatoire. Le monument est entouré de très – beaux peupliers d'Italie; leur tige droite et élancée, leur feuillage tranquille, semblent fixer dans cette enceinte la méditation et le recueillement.

Les habitans d'Ermenonville ont conservé le souvenir d'une jeune fille qui vint ici, en 1778, déposer sa ceinture, la rose qui parait son sein et les nœuds de sa longue chevelure; ainsi que celui d'une bonne mère, qui, accompagnée de ses enfans, plaça, dix ans après, une couronne de

____

(1) Professe la vérité au péril de ta vie.

chêne sur le tombeau, y suspendit, à la manière
des Grecques, des guirlandes de fleurs entrelacées
de rubans portant, écrit de sa main :

A JEAN-JACQUES ROUSSEAU ,

MARIE JOLY,

ÉPOUSE ET MÈRE.

Le 9 juin 1817, une autre femme, non moins
digne de ces deux beaux titres, conduisit ici son
fils, jeune encore, et d'une main émue traça sur
la tombe ces vers pleins de grâces et de sentiment :

> Sur cette rive solitaire
> Qu'arrose un lac tranquille et lent,
> Ton pied, mon fils, foule une terre
> Qu'échauffe encore un cœur brûlant.
> Ces bois, ces eaux, ce rocher, ce rivage,
> Par ses accens semblent encore émus.
> Donne une larme à l'ami qui n'est plus.
> Des peupliers entrelaçant leurs branches,
> Le marbre froid d'un modeste tombeau,
> L'ombre d'un églantier, des mousses, des pervenches,
> Couvrent les cendres de ROUSSEAU.
> Il a chassé de chez moi l'étrangère
> A qui j'avais remis mon précieux dépôt ;
> J'ai senti doublement le bonheur d'être mère
> En occupant sa place auprès de ton berceau.
> Ah ! qu'à jamais ton cœur révère
> Du bon ROUSSEAU les immortels écrits :
> Tu leur dois le lait de ta mère,
> Moi, je leur dois tout l'amour de mon fils.

De semblables hommages, des tributs aussi pieux vengent Rousseau des insultes faites à ses cendres et au monument qui les renfermait!

Nous quittons l'île des Peupliers. Non loin de là, à l'extrémité d'une pointe de terre qui s'avance à l'ouest dans le lac, est un saule chargé de branches et d'années, célèbre sous le nom du *Saule de la Romance*, depuis que Rousseau grava sur son écorce les plaintes amoureuses de la tendre Isaure. On se rappelle toujours avec un nouveau plaisir cette romance, dont la musique délicieuse peut être regardée comme le chant du cygne, puisqu'elle fut la dernière que composa l'auteur du *Devin du Village* (1) : il lui a imprimé le caractère antique des ballades et cette teinte vaporeuse qui s'allient si bien avec l'excessive mélancolie du sujet :

> Au pied d'un saule assise tous les jours,
> Main sur son cœur que navrait sa blessure,
> Tête baissée, en dolente posture,
> On l'entendait qui pleurait ses amours.
>
> Chantez le saule et sa douce verdure.

---

(1) On trouvera cette romance notée à la fin du volume, ainsi que celle de Ducis, mise en musique par Grétry. On sera bien aise de comparer entre elles la manière différente dont Deleyre et Rousseau, et leurs deux amis, ont traité la romance de Shakespeare.

Et cependant les limpides ruisseaux
A ses sanglots mêlaient leur doux murmure;
Pleurs de ses yeux s'échappaient sans mesure,
Qui les rochers affligeaient sur ses maux.

Chantez le saule et sa douce verdure.

O saule vert, saule que je chéris,
Saule d'amour, tu seras ma parure.
Ne l'accusez des ennuis que j'endure,
Je lui pardonne, hélas! tous ses mépris.

Chantez le saule et sa douce verdure.

A cet ingrat qui trahit ses sermens
Je reprochais tendrement son injure.
Imite-moi, répondit le parjure,
Ouvre tes bras à de nouveaux amans.

Chantez le saule et sa douce verdure.

Tu désires, ma fille, quelques explications sur ce sujet. Les voici:

Les Grecs avaient consacré le myrte aux amans heureux, en mémoire de l'abri tutélaire que ses touffes fleuries offrirent un jour à la beauté. Les Français ont suivi leur exemple, quoique le myrte ne soit dans nos climats qu'un faible et débile arbrisseau. Placés sous un ciel nébuleux et mélancolique, les Anglais ont fait choix, pour les amans malheureux, du saule, dont les espèces aiment en général les lieux solitaires, fleurissent au premier printemps, et abondent dans la Grande-Bretagne. C'est à l'ombre des rameaux argentés de cet arbre que SHAKES-PEARE place l'héroïne de sa célèbre romance.

Othello était un Maure très-brave, que sa valeur et ses succès élevèrent à la dignité de général des troupes de la république de Venise. Il avait épousé dans cette ville, sortie des flots, une jeune personne d'une grande vertu et d'une rare beauté. Il vivait heureux, quand, séduit par un de ces hommes lâches et méchans qui font métier de la calomnie, il crut avoir acquis la conviction de l'infidélité de *Desdemona*. Aveuglé par sa passion, trompé par quelques apparences équivoques, en proie à toute la rage de la jalousie, il arrête sa mort pour le soir même. Cette femme ingénue et sage s'aperçoit bientôt de l'égarement de son époux; elle a entendu sortir de sa bouche des mots qui en dénotent tout l'excès. D'horribles pressentimens lui annoncent un malheur prochain; elle veut se justifier, mais on lui impose le silence. Cependant elle se rappelle la ballade du saule qu'une jeune Mauresse, attachée à sa mère, et devenue folle par amour, lui répétait sans cesse. La ballade peint bien sa douloureuse situation, elle exprime toute la pensée de son cœur : *Desdemona* la chante, et sa voix mourante, en la terminant, exhale son dernier soupir.

Après avoir quitté le saule de la Romance,

nous suivons les bords fleuris du lac jusqu'aux
Boursaudes. Cette île est toute couverte d'arbres;
l'on y devait élever un cippe funéraire à l'habile
paysagiste Gandat, mort d'apoplexie foudroyante,
en juin 1794, dans la forêt d'Ermenonville (1).
Elle renfermait déjà les restes mortels d'un autre
peintre célèbre dans le genre de Berghem. Nous
approchâmes du marronnier sous lequel on voit
sa pierre sépulcrale : elle porte cette inscription :

Hier liegt
Georg Friederich Meyer,
Aus Strasburg gebürtig,
Redlicher mann,
Und geschickter maler (2).

Fred. Meyer, ravi trop tôt aux arts et à
l'amitié, avait séjourné long-temps dans Ermenonville, où Rousseau le connut et l'honora de
son attachement. Ses jolies gouaches prouvaient

______

(1) Il était né à Paris en 1758. On lui doit vingt-cinq
vues superbes d'Ermenonville : la plus remarquable est
celle qui représente le tombeau de l'île des Peupliers.
Godefroy les a toutes gravées en 1781.

(2) Ici repose Georges-Frédéric Meyer, natif de Stras-
bourg; il vécut en honnête homme et fut un peintre
habile. — Il est mort à Ermenonville, au mois d'août 1779,
âgé de 53 ans.

6

un talent supérieur; il était franc et loyal; sa physionomie ouverte annonçait un bon cœur, il mourut regretté.

En quittant l'île des Boursaudes, nous nous dirigeons vers un bosquet de robiniers, dont les tiges se joignent, s'entrelacent et forment un dais verdoyant où se jouent les rayons du soleil. Sous ces voûtes de feuillages on a placé plusieurs bancs : voilà celui connu sous le titre de *Banc des mères de famille*. Je m'en approchai avec respect. A ce nom de mère de famille, quel cœur peut demeurer insensible ? quel homme ne se reporte pas aussitôt vers celle dont il tient le jour, et ne se laisse aller aux pensers d'une époque de félicité, toujours regrettée, toujours pleine de charmes? Pour moi, je n'oublierai jamais ma mère : bravant l'usage de son temps, elle me nourrit de son lait, elle voulut elle-même guider mes premiers pas. Je me rappellerai toujours la vive affection qu'elle eut pour moi, les inquiétudes que lui causa ma longue absence : les larmes de joie qu'elle versa quand j'unis ma destinée à celle de ma CHARLOTTE : « Rendez-le heureux, » lui écrivait-elle, c'est l'enfant de mon cœur; » plus vous l'aimerez, plus vous me serez chère, » plus vous me ferez de bien. » Hélas! je n'ai pu la revoir, je n'ai pu entendre son dernier adieu; les Alpes et la Méditerranée nous séparaient, je voulus les franchir, mais j'arrivai trop tard. Mon malheur était consommé. Je le supportai ; j'avais près de moi la plus tendre des amies, je reversai sur elle les pieux sentimens de mon cœur, elle fut dès lors et mon épouse et ma seconde mère. Que devenir aujourd'hui que je les ai perdues toutes les deux ?

Vivement ému par ces souvenirs pénibles et doux, je me penchai vers ma fille comme le seul appui demeuré pour m'aider à supporter tant de douleurs, et je lui fis connaître tout ce que mon cœur attendait du sien. Elle comprit la tâche imposée à sa vie, et, dans un de ses baisers qu'un père seul peut apprécier, elle m'assura que je serais satisfait.

Heureux par la pensée d'un avenir que le présent me rend si cher, je pris plaisir à demeurer encore quelques instans de plus sur le banc des mères de famille, dont le dossier m'offrit ces vers en l'honneur de Rousseau :

De la mère à l'enfant il rendit les tendresses ;
De l'enfant à la mère il rendit les caresses :
De l'homme à sa naissance il fut le bienfaiteur,
Il le rendit plus libre, afin qu'il fût meilleur.

Cependant ma fille m'entraîne loin du banc. Un pont rustique nous conduit dans la forêt ; chemin faisant, nous nous trouvons comme dépaysés, nous sommes dans un endroit où la nature semble avoir réuni tout ce qu'elle a de triste et de sauvage, la bruyère stérile, les rochers nus, les arbres d'un vert sombre et mélancolique, les plantes consacrées aux mânes. Là, s'élève une tombe. Je lis:

Hélas! pauvre inconnu, si tu tins de l'amour,
Avec tes longs malheurs, une naissance obscure,
Devais-tu dans ces lieux outrager la nature,
Comme un autre *Werther*, en t'y privant du jour?

Cette inscription fit une vive impression sur Uranie. Elle me demanda de rentrer au village.

QUATRIÈME PROMENADE.

À δεῖλ’, ἤδη πολλὰ κάκ’ ἀνάσχεο σὸν κατὰ θυμόν.

HOMÈRE (1).

LE malheur du jeune inconnu m'occupa toute la nuit, il me remplit d'images funèbres. La pensée de ses amères douleurs, celle de sa mort, se joignirent à la pensée déjà si triste de mes propres maux ; mes songes en devinrent plus pénibles. Quand le jour parut, je me rendis dans la forêt. Je traverse d'abord une jolie prairie coupée par des eaux limpides qui descendent avec bruit d'une cascade voisine. Sur son riche tapis de verdure

---

(1) Ah! malheureux ami, ton cœur a trop souvent été brisé par la douleur. (*Iliade*, XXIV, 518.)

brillent à l'envi la primevère aux grappes dorées, la charmante fleur des souvenirs (*myosotis palustris*), dont les épis d'un bleu céleste contrastent agréablement avec les disques panachés de la marguerite, et les cornets pourprés du lamier. Je prenais plaisir à contempler la variété des couleurs que l'herbe nouvelle étalait à mes yeux : le génie de l'homme chercherait en vain à imiter cet aimable désordre. C'est ce qu'exprime l'inscription suivante, empruntée à MONTAIGNE (1) :

« Ce n'est pas raison, que l'art gaigne le poinct
» d'honneur sur nostre grande et puissante mère
» nature. Nous avons tant rechargé la beauté et
» richesse de ses ouvrages par nos inventions,
» que nous l'avons du tout estouffée. Si est-ce
» que partout où sa pureté reluit, elle fait une
» merveilleuse honte à nos vaines et frivoles en-
» treprises. »

A l'entrée de la forêt, j'ai remarqué ces vers :

> Disparaissez lieux superbes,
> Où tout est victime de l'art,
> Où le sable, au lieu des herbes,
> Attriste partout le regard.
> Ici l'aimable nature,
> Dans sa douce simplicité,
> Est la touchante peinture
> D'une tranquille liberté.

---

(1) *Essais,* liv. I, chap. 30.

Un petit chemin, tracé à mi-côte sur un terrain âpre et difficile, me conduisit au bord de la rivière, dont les eaux mêlent leur doux bruit aux chansons amoureuses des hôtes de la forêt. J'arrive bientôt à une grotte creusée dans le tuf et naturellement revêtue de scolopendres et de capillaires. Un banc garni d'une mousse fraîche semble vous y inviter au repos. La première fois que Rousseau s'y arrêta, il sentit s'alléger le poids des malheurs qu'il dut autant à sa célébrité qu'à son extrême sensibilité ; il ne se ressouvint plus que des temps fortunés où il vivait aux Charmettes. Revenu de cet état délicieux, qui serait le bonheur s'il pouvait durer toujours, l'âme encore échauffée par ces douces chimères, il prend un crayon, et écrit

A la Rêverie.

Tous les mots échappés au grand homme méritaient d'être conservés par René de Girardin. Ceux-ci le furent. Au-dessous on lit ces deux vers :

> Questo riposto seggio, ombroso e fosco,
> È per i poeti, gli amanti, ed i filosofi (1).

A quelques pas de là, sous une roche couverte

---

(1) Ce lieu de retraite, où la fraîcheur et l'ombre se marient au silence, convient aux poètes, aux amans et aux philosophes.

de lierre rampant, est une autre grotte, d'où l'œil découvre le lac à travers les branches touffues des tilleuls et des coudriers plantés sur ses bords. Le roc présente ces deux vers de Thomson :

> . . . . The studious let me sit,
> And hold high converse with the mighty dead (1).

Le coteau qui s'élève au-dessus du chemin est couronné par un édifice dédié à la philosophie moderne. Il est bâti sur un plateau délicieux d'où l'on domine tout le pays d'Ermenonville, le lac et ses îles. Une touffe de pins d'Écosse le défend contre l'effort de la tempête. Sa forme est circulaire et dans le style simple, élégant, des temples de Vesta et de la sibylle Albunéa, que j'ai long-temps admirés sur les bords du Tibre et du grondant Anio. L'architrave n'est encore soutenue que par six colonnes d'ordre toscan; chacune d'elles porte le nom d'un homme célèbre avec un mot qui caractérise le genre de services qu'il a rendus à la philosophie moderne.

La première colonne est consacrée à ce génie profond célèbre par le brillant système des tourbillons, mais plus encore par la méthode lumineuse à laquelle les modernes doivent les progrès

---

(1) Je veux ici me recueillir et lier entretien avec les illustres morts. *Poème des Saisons,* hiver, 431 et 432.

réels qu'ils ont faits dans les sciences. On lit au-dessous du chapiteau : Rien d'inactif dans la nature,

DESCARTES. — *Nil in rebus inane.*

La seconde est érigée au philosophe anglais qui nous révéla les lois de l'attraction et nous montra la lumière créant, animant, vivifiant tous les êtres :

NEWTON. — *Lucem.*

La troisième porte le nom de l'ami des hommes, du législateur de la Pensylvanie, qui acclimata sur cette terre vierge l'arbre de la liberté, et par suite celui de toutes les industries :

W. PENN. — *Humanitatem.*

Sur la quatrième colonne on a gravé le nom de cet homme de génie qui, organe de la justice éternelle, proclama les droits des nations, prescrivit des devoirs aux rois, et grava en traits vengeurs l'histoire sanglante du despotisme :

MONTESQUIEU. — *Justitiam.*

On a dédié la cinquième colonne au philosophe de Ferney; avec l'arme du ridicule, il combattit les préjugés et détrôna la superstition :

VOLTAIRE. — *Ridiculum.*

7

Enfin la sixième colonne est celle de l'auteur d'*Émile;* on a gravé dessus :

J.-J. Rousseau. — *Naturam.*

Pénétrons dans le temple. Il a pour dôme la voûte céleste ; des pampres verts descendent en festons sur ses murs. Au-dessus de la porte on lit ces mots empruntés à Virgile (1) :

Rerum cognoscere causas.

L'intérieur n'offre point d'autel, on y trouve seulement l'inscription suivante :

Hoc templum inchoatum,
Philosophiæ nondum perfectæ
Michaeli Montaigne,
Qui omnia dixit,
Sacrum esto (2).

Autour de ce temple non achevé, sur ses marches mêmes, gisent épars des fûts de colonnes, des chapiteaux, des corniches, des pierres taillées, et d'autres à dégrossir, en un mot tous les matériaux nécessaires pour le terminer. Ces morceaux, prêts à être mis en œuvre, annoncent,

____

(1) Apprends à connaître le principe des choses. (*Georgicon*, II, 490.)

(2) Ce temple, tout imparfait qu'il est, est dédié à la philosophie, dans la personne de Michel Montaigne, qui sut tout dire.

dans un langage muet, mais éloquent, qu'il reste encore à la philosophie de grands progrès à faire pour atteindre à un degré de perfection important, à un degré de perfection nouveau.

On est surpris de ne point voir le nom de BACON dans un monument érigé à la philosophie, BACON qui reconstitua l'entendement humain abruti par les longues nuits des bas siècles. Je voudrais y voir aussi le nom de GASSENDI, le précurseur de NEWTON et de LOCKE; celui de LINNÉ, pour qui la nature n'eut point de secrets ; et celui de FRANKLIN, qui sut maîtriser la foudre et briser le sceptre aux mains des tyrans (1).

En quittant le temple de la philosophie, je reconnus l'endroit que nous avions visité la veille ; j'y dirigeai mes pas, et bientôt la tombe du nouveau *Werther* se présente devant nous.

Voici tout ce que j'ai pu recueillir sur ce jeune homme. Il vint à Ermenonville dans les premiers jours de mai 1791. Il visita en curieux tout le pays. Son front calme semblait annoncer une âme paisible. Il aimait à faire du bien, chaque jour lui en présentait de nouvelles occasions. Le matin, il allait assister au réveil de la nature ; le soir, il venait dans les cabanes sourire à la table cham-

____

(1) *Eripuit cœlo fulmen sceptrumque tyrannis.*

On attribue ce beau vers à TURGOT, qui fut ministre, et demeura honnête homme.

pêtre. Son goût pour la lecture et la solitude, les profonds soupirs qui s'échappaient souvent de sa poitrine, les larmes que l'on surprit plusieurs fois sur son visage, cette forte tendance à la mélancolie, intéressaient tout le monde. On l'interrogea, mais en vain, il ne confia son secret à personne : son étude de tous les instans était de donner le change sur les sentimens qui le dévoraient. On fit mille conjectures; plusieurs même soupçonnèrent qu'il pouvait bien être un des fils de Rousseau. Diverses circonstances semblaient fortifier ce soupçon. On le surprit versant des torrens de larmes sur la tombe du grand homme; on fit la remarque qu'il ne prononçait jamais son nom sans être vivement ému; on crut démêler quelque ressemblance dans ses traits, dans ses goûts, dans ses habitudes, avec les traits, les goûts et les habitudes du bon JEAN-JACQUES; mais tout m'assure que l'on fut dans l'erreur.

Le 3 juin soir, il reçut une lettre qui l'agita beaucoup; il en écrivit plusieurs, qu'il fit aussitôt porter par exprès à la poste de Senlis. Le lendemain, ce fut son dernier jour, il sortit plus tard que de coutume, prit le chemin de la forêt, où il fut rencontré dans plusieurs points différens; enfin il s'arrête sur un banc de verdure; sa main était armée, le coup part : il n'est plus. Une lettre fut trouvée auprès de lui; on l'ouvre espérant y découvrir quelque chose, mais le même

mystère enveloppe toujours et son nom et sa famille. On sait seulement qu'un amour malheureux a causé son désespoir. Il aimait, il était payé
d'un tendre retour, mais un père barbare s'op-
posait à ses vœux, il les repoussait même sans
pitié (1).

Le 5 juin, deux femmes, vêtues de longs habits
de deuil, arrivent de Paris; elles se rendent, sans
guide et sans mot dire, au lieu fatal. A la vue
du corps ensanglanté, l'une d'elles jette un cri
déchirant et tombe évanouie dans les bras de sa
compagne, qui fondait en larmes. Elles prirent
sur lui un portrait, une mèche de cheveux; et de
retour au village, elles partirent peu d'instans
après, sans avoir voulu se faire connaître, ni
donner sur la victime aucun renseignement. Depuis, la plus jeune de ces dames a été revue seule
errant autour de cette tombe. En 1802, elle
écrivit sur la pierre qu'elle venait d'orner de
fleurs et d'une tresse de ses cheveux :

> Loin que mes justes pleurs tarissent,
> Le temps ajoute à ma douleur,
> Et plus tes cendres refroidissent,
> Plus vive est la plaie de mon cœur.

Un vieillard la surprit s'acquittant de ce tendre
soin : « Brave homme, lui dit-elle en le voyant,

---

(1) Je copie cette lettre dans la note V.

» quand la mort m'aura réunie à celui que l'a-
» mour me destinait pour époux, venez chaque
» année, le 4 de juin, déposer sur sa tombe une
» couronne d'immortelles. Je confie à votre sen-
» sibilité l'accomplissement de ce vœu de mon
» cœur. Pour gage de ma reconnaissance, recevez
» ce portrait qui ne le quitta point (1); en le
» regardant vous plaindrez ELIZA et celui qu'elle
» pleure. » Ce fut la dernière fois qu'on la revit
à Ermenonville. Le vieillard s'est fidèlement ac-
quitté de cette tâche douloureuse, et avant de
clore la paupière, il y a treize ans, il imposa le
même devoir à son fils.

Au souvenir de tant de maux je maudissais
l'horrible calcul d'un père mettant en balance le
bonheur de sa fille et un peu d'or. La félicité n'est
point dans les richesses; j'en atteste la femme
incomparable que je possédai pendant douze années. Les dernières révolutions politiques ont
dévoré sa famille, ses vastes propriétés et sa fortune brillante; elles ont détruit toutes ses espérances; mais il lui restait l'époux de son choix:
elle était heureuse, elle le fut jusqu'à son dernier
moment : elle me le disait encore en se séparant
à jamais de moi.

J'ai dit que plusieurs personnes tenaient ce
jeune infortuné pour un des fils de ROUSSEAU; j'ai

____

(1) Je possède ce portrait; j'en ai fait l'acquisition.

ajouté que rien ne justifiait à mes yeux une telle conjecture (1); mais puisque j'ai parlé des enfans de l'auteur d'*Émile*, il n'est pas inutile d'examiner comment il a pu se résoudre à les abandonner. Il répugne à une âme sensible de regarder comme un père dénaturé celui qui rappela les femmes au devoir sacré de l'allaitement, de lui attribuer un stoïcisme sauvage, un cœur froid, un caractère dur, caché sous les dehors d'une sensibilité affectée : cette pensée seule est un blasphème. Comment, en effet, se ferait-il que JEAN-JACQUES n'eût point dans le cœur les vertus dont le tableau touchant enivre dans ses écrits immortels. Il faut porter une âme essentiellement bonne, il faut être profondément pénétré pour tracer des pages comme celles du traité d'éducation, comme celles où il nous peint les sages habitudes de l'épouse de Wolmar. Tenons-nous en garde contre les séductions de l'enthousiasme et les poisons de la calomnie. Pour juger sainement des actions d'un homme, il faut étudier sa vie tout entière, il faut pénétrer dans les replis de son cœur : s'il n'a été qu'égaré, on doit le plaindre.

THÉRÈSE LEVASSEUR eut cinq enfans, tous furent mis à l'hôpital. Nés hors du mariage,

---

(1) Je donne mes preuves dans la note VI, placée à la fin de ce volume.

ils n'appartenaient qu'à leur mère : le mariage seul constituant la paternité, ils durent partager le sort de la presque totalité des enfans dont le père est incertain. Quoique ROUSSEAU ne fût alors qu'un homme très-ordinaire, quoiqu'il n'appartînt pas encore à son génie, qui pourrait douter, s'il se fût cru véritablement père, qu'il n'eût rempli jusqu'au scrupule tous les devoirs qu'impose ce titre sacré? Cependant, après même qu'il se fut placé au premier rang des philosophes, trois autres enfans eurent le sort des deux premiers, mais on n'en peut rien conclure contre ROUSSEAU. Les mêmes motifs subsistaient toujours. Son prétendu mariage n'a jamais été qu'une simple promesse de demeurer ensemble (1); elle n'engageait légalement aucune des deux parties. D'ailleurs, quand même ces motifs n'eussent pas existé, ce qu'il est impossible de nier, la conduite de THÉRÈSE avant et surtout après la mort de JEAN-JACQUES, légitimerait seule cette conduite si étrange. D'un autre côté, l'espèce d'égarement où un concours extraordinaire de circonstances malheureuses l'avaient plongé, pourrait bien l'excuser.

En effet, à peine l'*Émile* et le *Contrat Social*

______

(1) Encore n'a-t-elle été donnée qu'après vingt-trois ans de cohabitation, c'est-à-dire en 1768, onze ans après la naissance du dernier enfant de THÉRÈSE.

sont-ils publiés, que la Sorbonne et l'arche-
vêque de Paris, armés de torches, les livrent aux
flammes ; le Parlement lance contre leur auteur
un décret de prise de corps ; Genève, aujour-
d'hui si fière de lui avoir donné le jour, Genève,
dont il venait de défendre les institutions, le proscrit, le dépouille des droits de cité ; dans le pays
de Neuchâtel on le poursuit à coups de pierres ;
à Trie, dans les marais de Bourgoin, à Monquin, il est assimilé aux plus misérables char-
latans ; on le chasse de l'île Saint-Pierre, où,
par grâce, il demandait à rester enfermé toute
sa vie ; on lui refuse un asile en Hollande ; il ne
peut même obtenir en Angleterre la tranquillité
qu'il achetait par les plus dures privations. Les
pamphlets pleuvent sur lui de toutes parts ; lettrés
et ignorans, prêtres et philosophes, les gouvernemens mêmes, tant républiques que monarchies,
conjurent contre lui, dénaturent ses principes, em-
poisonnent ses intentions. On le déchire par des
calomnies atroces ; et s'il se défend, on impute
ses paroles à un orgueil insensé ; s'il souffre avec
résignation, c'est qu'il prépare de sourdes ma-
nœuvres. En un mot, il ne voit partout qu'une
longue conjuration contre lui, partout il ne voit
qu'abîmes creusés sous ses pas.

Sans patrie ni refuge, sans appui, sans ressources, livré à toute l'amertume du désespoir,
il se demande : Quel sera le sort de mes enfans ?

A. cette idée cruelle, son âme se brise, il est comme écrasé sous le poids d'un affreux désastre; il ne raisonne plus; mille pensées, plus fâcheuses les unes que les autres, l'obsèdent tour à tour. Il voit ses enfans perdus, esclaves du mensonge, enveloppés dans la persécution, et bientôt, comme lui, sans nom, sans asile. Ses sinistres pressentimens les lui montrent trompés, séduits, entraînés par ses ennemis, devenir les vils instrumens de leur animosité : que dis-je? il les voit armés du fer parricide. C'est dans cet horrible instant qu'il prend sa fatale résolution. « Ils passeront au » moins dans l'obscurité des jours paisibles, » qu'un sort barbare, que les méchans ne me » laissèrent pas le bonheur de connaître! » Il dit : et les fils de l'éloquent défenseur des enfans ne sont plus à lui, ils sont le patrimoine d'un hospice! — Amitié, doux appui de l'âme sensible, toi qui nous fus donnée avec l'espérance pour essuyer nos pleurs, c'était à toi qu'il appartenait de guider ses pas chancelans, de le couvrir de ton égide tutélaire, et cependant tu l'abandonnas, tu le laissas seul dans le moment où il avait le plus besoin de toi. Le malheureux! il dut boire le calice jusqu'à la lie.....

Il n'y a, me dira-t-on, ni pauvreté, ni persécutions, ni respect humain qui puissent dispenser un père de nourrir ses enfans et de les élever lui-même. Le plaisir que j'ai toujours eu à remplir mes devoirs me le fait vivement sentir; mais une faute est-elle donc irrémissible? et celui qui juge si sévèrement, n'a-t-il jamais failli? Rousseau nous a révélé sa faute, il n'a point cherché à l'atténuer, et toute sa vie il se l'est cruellement reprochée. O vous qui portez des entrailles de père, c'est à vous de prononcer, c'est à vous qu'il appartient de recueillir les larmes amères du grand homme, d'entendre les murmures poignans de son cœur ulcéré, et de jeter le voile de l'indulgence sur une décision prise dans les circonstances les plus pénibles. Le repentir est une vertu qui a ses héros comme la gloire. Sans lui, une première faute romprait tous les liens de la société et plongerait dans l'habitude du crime celui qui devait plus tard faire le bonheur de sa famille, devenir l'orgueil de son pays. Pour être grand, l'homme ne cesse pas d'être homme, et comme tel, il a droit à l'indulgence. Voyons le bien que Jean-Jacques a fait, profitons-en, et ne cherchons pas à l'oublier, en songeant à des fautes que nous eussions sans doute commises dans une pareille situation.

Je m'éloignais de la tombe du jeune inconnu, quand tout-à-coup, comme par une sorte de fatalité, je me trouve auprès d'une voûte sépulcrale, en face d'une pierre à demi rongée par le temps, sur laquelle une main épouvantée a tracé l'inscription suivante :

Hic fuerunt inventa plurima ossa
Occisorum,
Quando fratres fratres, cives cives
Trucidabant.
Tantum relligio potuit suadere malorum (1)!

J'ai pénétré sous ces voûtes; avec des osse-mens, j'ai vu des poignards et des chapelets; mon âme en a frémi. Les gémissemens des vic-times ont traversé les âges, sont arrivés jusqu'à moi; la terre m'a encore offert les traces des larmes du désespoir; le sang, injustement ré-pandu, s'est soulevé hors du tombeau pour me parler des temps horribles où, violant le secret des consciences, le fanatisme désolait la France; pour me rappeler cette époque désastreuse où des citoyens utiles, contraints de s'arracher à leurs familles, à leurs pénates, allèrent porter leur in-dustrie sous un ciel moins barbare.

Je quittai bientôt ce lieu de douleur. Plus je m'en éloignais, plus il me semblait échapper à un rêve pénible. Enfin mes idées prirent une teinte plus douce en entrant dans un ermitage où JEAN-JACQUES aimait à s'arrêter. La vue du

----

(1) Ici l'on a trouvé (en 1775) les ossemens d'un grand nombre de victimes tombées sous les coups de leurs frères et de leurs concitoyens, alors que le fanatisme armait les mains d'un fer homicide.

bâtiment réjouit l'œil. Les arbres qui l'environnent n'y laissent pénétrer qu'une lumière incertaine, mais elle n'est pas sans charme.

Après avoir changé plusieurs fois de chemin, nous arrivons à un obélisque consacré à la muse pastorale. Il est placé sur les bords de la rivière, sous un massif d'aunes. Sur une des faces, j'ai vu le nom du poète de Syracuse, qui, dans des idylles pleines de naïveté, chanta les troupeaux et leurs bergers, le bonheur de la vie rustique et la patience du pêcheur. L'inscription porte ces mots :

ΘΕÒΚΡΙΤΩ

Ἀπολλωνί φιλῳ,

Μουσαις τε διαις,

Συνθεσιν δ'ὥδὰν ἤρξατο

Βουκολίκαν (1).

De l'autre part, on a gravé le nom du poète de Mantoue.

Genio

P. Virgilii Maronis

Lapis iste, cum luco,

Sacer esto (2).

La troisième face est dédiée au barde d'Ednam,

---

(1) A Théocrite, l'ami d'Apollon et des Muses, qui lui apprirent à chanter les bergers.

(2) Cette pierre et ce vert bocage sont consacrés au génie de Virgile.

qui peignit les saisons dans des vers aimables et
pleins d'harmonie.

To James Thomson.
Like the circling sun , his warm genius
Coloured and vivified every season
Of the year (1).

La quatrième face appartient au patriarche de
Sylwald : il a chanté la piété filiale, les jouissances d'un bon ménage, l'amour de la patrie,
et toutes les douces affections de l'âme.

Dem Salomon Gessner.
Er hat gemahlet ,
Was ergesagt hat (2).

A quelques pas de l'obélisque, et près d'un
charme paré de son élégant feuillage, une pierre
rappelle les noms de Sanazzare et de Parini,
dont les tableaux feront long-temps les délices de
l'homme de goût; de Cervantès, qui nous fait
aimer Galatée; de Shenstone, qui planta le
jardin des Leasowes et en décrivit les sites ma-
gnifiques dans des vers faciles; de Zacharie,
l'heureux rival de Thomson, dans son poème

----

(1) A James Thomson : semblable au soleil, son génie
donne la vie aux saisons, et sait les embellir des couleurs
les plus vives.

(2) A Salomon Gessner : il a peint tout ce qu'il a écrit.

des quatre parties du jour ; de KLEIST, le poète du gai printemps ; de ROUCHER, le chantre des mois ; de FLORIAN, l'aimable historien d'Estelle ; de BERQUIN et de BERNARDIN DE SAINT-PIERRE, immortalisés par des écrits qui ne cesseront d'être chers aux âmes sensibles.

Ici, le sentier s'éloigne des bords fleuris de la rivière pour serpenter dans la forêt ; il conduit à des points de vue dont le genre agreste offre partout aux yeux et à l'âme des scènes pastorales. Près d'un tertre, d'où l'œil plonge sur des eaux peuplées de cygnes, sur une prairie couverte de vaches fécondes et de moutons à la riche toison, s'élève un chêne imposant et majestueux. Sa tête séculaire domine tous les grands arbres dont il est environné ; la vaste étendue de ses rameaux porte au loin un ombrage tutélaire. Sur son écorce on lit cette inscription :

Palémon fut un homme droit.
Il a planté ce chêne.
Que ce bel arbre soit à jamais consacré
A la droiture, à la probité :
Que la foudre et les méchans s'en éloignent !

Palémon est le héros d'une des plus belles idylles de GESSNER ; on la répète avec un sentiment tout-à-fait doux. Que j'aime ce respectable vieillard, dont la longue carrière fut toute dévouée à la bienfaisance ! J'aime *Myrta*, sa douce compagne,

Myrta le modèle de la tendresse ; j'aime leurs enfans, parce qu'ils ont leurs vertus. Le tableau d'une
famille étroitement unie épanouit mon âme ; il
me plaît autant que le retour de la saison des
fleurs, autant que me plaît le baiser matinal de
ma fille chérie, autant que me plurent les enivrantes caresses de l'épouse que je pleurerai toute
ma vie.

Plus loin, la vue se fixe sur un bâtiment qui
couronne une éminence ; on le nomme le *Temple
rustique.* Nous nous en approchâmes. Il est couvert en chaume et soutenu par des troncs d'arbres qui lui tiennent lieu de colonnes. Sur le
fronton j'ai lu ces vers :

Fortunatus et ille, deos qui novit agrestes,
Panaque, Silvanumque senem, Nymphasque sorores !
Illum non populi fasces, non purpura regum,
Flexit. . . . . (1)

A quelques pas de là, on montre le banc de
gazon sur lequel le jeune inconnu se donna la
mort. Le souvenir de ses maux et de leurs causes revinrent à ma pensée. Sans aucun doute, me
disais-je, l'autorité paternelle est le premier lien

---

(1) VIRGILE, *Georg.,* lib. II, **v.** 493.

O bienheureux celui qui, sous l'ombre d'un hêtre,
De Faune et de Silvain suit le culte champêtre,
Et n'a jamais quitté la retraite des bois,
Pour les faisceaux du peuple et la pourpre des rois.

de la société et la base de la morale publique : principe, force et garantie des institutions humaines, le gouvernement domestique est donc, dans l'intérêt de tous, une puissance nécessaire, un petit état dans l'état pour constituer l'ordre, et, par l'habitude de douces obligations, préparer le bonheur de chaque individu. Mais cette auguste magistrature est toute de protection et de tendresse : quiconque en abuse est un forcené, que la loi devrait frapper de la malédiction de tous.

L'œil d'un bon père pénètre dans le secret des actions, dans les jeux, dans les relations de ses enfans, afin de tempérer la fougue d'une jeunesse qui ne doute de rien, afin d'en prévenir les écarts, et pour donner à ses goûts, à ses passions une sage, une utile direction. S'il est forcé d'agir avec sévérité, les élans du cœur arrêtent, modifient les rigueurs de sa justice. Un bon père n'immole jamais les sentimens de la nature, jamais il ne donne l'exemple des infractions aux saintes lois dont il est la source première. Malheur, cent fois malheur à celui qui, sacrifiant ses enfans à des besoins honteux, à de coupables combinaisons, rompt la chaîne du sentiment qui devait l'unir aux dernières ramifications de sa famille ! La grande faute qu'il commet fera le tourment de sa vie ; elle l'isolera des âmes sensibles, et versera sur ses cheveux blancs la coupe de l'amertume et du désespoir.

Tu n'auras jamais à rougir de ton père, ô ma fille bien-aimée. Il veut ton bonheur, il le fera. J'éclairerai ta marche du flambeau de mon expérience, je présiderai à ton choix, je tâcherai de deviner cette sorte d'appel involontaire et réciproque qui devra le fixer; tes vertus, ta soumission, le respect que tu dois à la mémoire de ta mère, tout m'assure qu'il sera digne de toi. Ne t'arrête point à l'homme qui aime à briller, qui aspire à de vains titres, à de misérables distinctions : l'ambitieux dégrade sa femme. Le vrai mérite est modeste; comme la violette, il cache ses vertus et rend heureux tout ce qui l'approche.

Tu voudras trouver dans ton époux l'ami de ton père, un homme laborieux, tout entier à sa femme, à ses enfans. Le travail honore celui qui s'y livre; l'habitude du travail met l'homme au-dessus des besoins, au-dessus des passions honteuses, au sein même de ces grandes commotions politiques qui déplacent tant de monde, qui détruisent souvent les espérances les plus légitimes. Avec un choix semblable, ta vie, ma fille, coulera paisible comme les eaux d'une claire fontaine, l'amitié en embellira les instans, le bonheur en couronnera la fin.

Chemin faisant, nous voyons deux arbres qui pressent, entrelacent amoureusement leurs tiges et leurs branches, sur lesquels on a gravé cette

devise que leur situation justifie pleinement :
Omnia junxit amor, l'amour unit tout. A ces mots
une larme a baigné mes joues, et obéissant à
l'inspiration, j'ai, d'une main tremblante, écrit ces
vers au-dessous :

> A ton bonheur je porte envie,
> Arbre charmant, ornement de ces lieux !
> Tu vis heureux près de ta tendre amie.
> Chaque printemps, le gage de tes feux
> Parvient sans nul obstacle à son sein amoureux ;
> Et moi, du sort cruel victime malheureuse,
> En proie au chagrin dévorant,
> D'un solitaire amour j'éprouve le néant,
> Et baigne de mes pleurs ma chaîne douloureuse.

De là, le chemin s'enfonce tantôt dans la profondeur des bois, tantôt il vous ramène à des
clairières. Partout on trouve des bancs où l'agrément du site donne envie de s'arrêter. Une grotte
de verdure formée par les tiges des coudriers qui
se courbent de mille manières, qui se joignent
en mille sens divers, attire les regards. C'est la
Grotte du Berger. Elle est appuyée contre un
rocher que le lierre tapisse agréablement d'un
réseau toujours vert, et dont la cime est couronnée par de larges buissons d'épines fleuries.
Près d'elle on voit sourdre une fontaine dont les
eaux murmurent légèrement et roulent sur le
cresson à travers l'herbe nouvelle. Il est doux,
aux clartés paisibles de la lune, d'y rêver au

bonheur! Ce lieu charmant a inspiré une jolie pastorale à Réné de Girardin; c'est une scène d'amour que toute âme sensible me saura gré de rapporter ici.

« O Chloé! je t'aime, parce que ton âme est
» aussi douce que les grâces qui t'embellissent!
» Cette grotte de verdure, c'est moi qui l'ai
» faite pour toi. Elle est garantie des ardeurs du
» midi; les zéphirs seuls y peuvent pénétrer.

» O Chloé! je t'aime, parce que ton âme est
» aussi douce que le miel du mont Hymette! Au
» pied de ma grotte est une petite source d'eau
» pure, tous les oiseaux du bocage s'y rendront
» à ta voix; d'ici, nous pourrons voir nos trou-
» peaux bondir sur la prairie voisine. Viens,
» Chloé, viens dans cette retraite, et nous y
» serons heureux; car, non-seulement je t'aime,
» mais je t'aimerai toujours, parce que ton âme
» est aussi douce que les grâces qui t'embellis-
» sent.

» Et Chloé aimera Daphnis, parce qu'aucun
» berger ne l'aime plus et ne peut mieux l'aimer
» que Daphnis; le miel sera moins doux pour
» Daphnis que les baisers de sa Chloé.

» Ainsi chantait le berger qui planta la grotte
» verte. Chloé, assise dans le bocage, entendit
» son naïf chant d'amour. Elle fut vivement
» touchée; son cœur aimait Daphnis, son cœur

» vola près de lui : O mon ami, dit‑elle, en
» s'avançant et tendant la main au fidèle berger,
» Daphnis, je viens dans ta grotte, nous y serons
» heureux, car je t'aime plus que mon agneau
» n'aime l'herbe molle, plus que les abeilles n'ai‑
» ment le doux parfum des fleurs. »

Non loin de la Grotte du berger, le ruisseau
de Ver divise ses ondes pour tourner autour d'un
groupe d'îles plus ou moins grandes, plus ou
moins rapprochées, où voltigent des légions d'in‑
sectes brillans. Toutes ces îles offrent une végé‑
tation vigoureuse. Tantôt ce sont des massifs de
saules, d'aunes et de peupliers plantés sur un
gazon où la ronce se traîne lentement dans le
trèfle aux fleurs d'un rouge vif ; tantôt ce sont
de riches tapis de verdure où le muguet perce
son feuillage pour livrer aux zéphirs ses grelots
argentés, où la jacinthe ouvre son calice bleuis‑
sant près de la purpurine digitale qui remplit
l'air de ses odeurs balsamiques. Ici, des roseaux
étalent leurs longues feuilles sous lesquelles flotte
le nid de la poule d'eau ; là, le glaïeul, l'étoile
aquatique, le nénuphar impriment leurs brillantes
couleurs sur le cristal des ondes : plus loin, le
chèvrefeuille se courbe de mille manières près
de la blanche églantine, le galé odorant près de
l'aubépine et du sorbier : leurs branches fleuries
s'embrassent, comme pour s'échauffer et s'em—

baumer réciproquement de leur haleine; partout, dans cet agréable désordre, l'élégante reine des prés monte superbe et présente ses bouquets chargés d'ombelles à l'abeille industrieuse; partout le pinson et la linotte, le merle et le chardonneret, cachés dans des cellules de verdure, font retentir l'air de leurs chants joyeux, tandis que le rossignol, retiré dans le fond des bois, remplit les échos de ses tendres gémissemens.

Si vous traversez les deux principaux bras de la rivière, vous arrivez dans une plaine délicieuse appelée la *Prairie Arcadienne*. Elle est vaste, et présente aux bestiaux des pâturages frais et abondans. L'œil aime à en mesurer l'étendue, à se promener sur ses longues zones d'un vert brillant qu'émaillent mille fleurs aux nuances diverses; il aime à s'arrêter sur les belles plantations d'aunes qui la bordent de toutes parts et que couronnent dans le lointain les toits élevés du village de Ver.

Au centre de cette prairie, qui fut dévastée par l'inondation du 26 décembre 1787, un chêne superbe garantit de la fureur des vents une humble cabane consacrée à *Philémon* et *Baucis*. J'ai franchi le seuil de cette chaumière, j'ai touché avec plaisir les roseaux dont elle est formée, et dans la joie de mon cœur j'ai dit avec Ducis (1):

---

(1) Épître contre le célibat.

J'ai vu le petit clos, la source jaillissante;
Le jardin où courait la perdrix innocente;
Les vases les plus chers, d'argile et non d'airain
Qu'à l'hospitalité faisait servir leur main;
Les pénates entiers, paternel héritage;
La table dont les pieds du temps marquaient l'outrage,
Que couvraient, par honneur, les fleurs de la saison,
Quand le maître des dieux soupa chez Philémon.

J'ai tout vu, et j'ai béni les vertus qu'on honore sous la touchante allégorie de ces noms vénérables. Le fondateur d'Ermenonville l'a bien senti : pour attacher le cœur aux paysages les mieux composés, il faut y semer des souvenirs, il faut y parler à l'âme; aussi dans ce beau pays tout rappelle de grandes pensées, tout respire le plus doux sentiment.

CINQUIÈME PROMENADE.

Who failing, smiles in exile or in chains,
. . . . That man is great indeed.

PANEL—POPE (1).

LE lendemain je dirigeai mes pas dans la partie septentrionale que l'on nomme à juste titre *le Désert*. L'on ne croirait jamais, si près des portes de la capitale, trouver un lieu aussi misérable : une étendue de terrain de plus de 5 myriamètres (12 lieues) de circonférence n'offre, au milieu des forêts, que des bruyères et des monceaux de sable ; pas un arbre, pas un filet d'eau, pas un

---

(1) Celui-là seul est noble, et vraiment admirable, qui, sans s'irriter de l'exil ou des maux dont on l'accable, conserve toute la dignité de son être. *Essay on man*, IV, 234.

brin d'herbe, la nature ici se rapproche des dernières grandes catastrophes du globe.

Le désert d'Ermenonville est une extrémité de
cette solitude profonde; on y va par le chemin
qui conduit à Senlis. Une cahutte construite avec
des branches d'arbres est à l'entrée. Au-dessus de
la porte on trouve ce mot si célèbre, qui força le
descendant du grand CONDÉ à respecter la propriété de son voisin, qu'il voulait envahir :

CHARBONNIER EST MAÎTRE CHEZ LUI (1).

---

(1) RÉNÉ DE GIRARDIN fit élever cette cabane à l'occasion
d'un procès qu'il gagna contre le prince DE CONDÉ. Ce dernier, en sa qualité de grand-veneur, prétendait que le propriétaire d'Ermenonville ne devait point clore ses bois, et
sans ménagement il faisait abattre les barrières et les palis-
sades qui les entouraient, lorsque l'envie lui prenait de
chasser de ce côté. Vainement RÉNÉ DE GIRARDIN fit offrir
au prince de lui ouvrir son domaine toutes les fois qu'il
le désirerait, celui-ci ne voulait point souffrir de barrières.
L'affaire fut portée devant les juges, qui décidèrent una-
nimement en faveur de RÉNÉ DE GIRARDIN. On a rappelé
à ce sujet l'aventure de FRANÇOIS Ier, qui s'étant égaré à
la chasse, et se voyant surpris par la nuit au milieu de l'hiver, fut obligé de demander retraite dans la cabane d'un
charbonnier. Celui-ci, revenant de son travail tout mouillé,
tout transi de froid, se place au coin du feu, et voyant
que l'étranger ne se dérangeait pas, il prend la seule chaise
de la maison, sur laquelle le roi s'était assis, en disant : *Charbonnier est maître chez lui.*

9

De cet endroit s'échappent deux sentiers. Je reconnus celui dit *des Peintres;* quoique le plus long et le plus âpre, je le choisis de préférence; j'ai eu plus d'un motif de m'en applaudir. Le paysage qui changeait de face à chaque pas, et la douce fraîcheur que je respirai, me rendirent la fatigue plus supportable et l'impatience moins vive.

Je me détournai un instant pour considérer un orme pyramidal d'une grosseur extraordinaire, dont la vaste tête domine tous les arbres d'alentour. J'aime les ormes. Ils retracent à ma pensée les plus doux souvenirs; ils me reportent aux jours heureux de cet âge charmant où l'âme, encore vierge, s'ouvre aux premiers besoins de l'amitié, aux premiers sentimens de l'amour. Je n'oublierai jamais les ormeaux que la jeunesse de nos villages venait planter devant la demeure de mes aïeux, et rendre, par des cris de joie et le son des bruyans instrumens, hommage à leurs antiques vertus, à leur tendre sollicitude : ces témoignages de la reconnaissance formèrent mon cœur, et leur souvenir embellit encore à mes yeux le joli mois de mai, ce mois de plaisir et de bonheur où la nature anime tout de ses grâces touchantes. C'est sous un jeune ormeau qu'*Orphée* pleura *Eurydice* et tira de sa lyre des accens si douloureusement plaintifs (1). C'est au pied

_____

(1) Ovide, *Métamorph.,* X , 100.

d'un orme que *Julie* reçut et donna le premier baiser de l'amour (1). Ce fut aussi près d'un antique ormeau que je reçus ta foi, ô ma bien-aimée; les bosquets paisibles que fertilisent les ondes capricieuses du grand fleuve des Toscans, la fontaine murmurante, les chantres du bocage et les échos entendirent ces mots enivrans : « Je » t'aime, ARSENNE; demain je serai ton épouse, » demain nos deux âmes réunies n'en feront dé- » sormais plus qu'une. » De ce moment, CHAR-LOTTE, je datai mon bonheur; de ce moment tes baisers essuyèrent mes larmes solitaires. Hélas! cet heureux temps est aujourd'hui loin de moi, je t'ai perdue, ma bien-aimée, je n'ai plus que des souvenirs! Les images douces et riantes que la jeunesse et l'espérance me montraient dans un agréable avenir, ces images brillantes d'un long plaisir, d'une félicité toujours égale, ont disparu pour jamais. Les idées qui faisaient le charme de ta vie, qui comblaient tous mes vœux, se sont dissipées comme un songe trompeur. La mort a détruit l'illusion, la mort en a dévoré tous les instans, je n'ai plus qu'à gémir; mes jours sont à jamais empoisonnés par le chagrin et la dou-leur!.....

Le bel arbre qui fixait mon attention s'élève

---

(1) *Nouvelle Héloïse,* lettre XIV de la Ire partie.

majestueusement (1) sur une tendre pelouse et dans un lieu retiré, où des berceaux de jeunes ormes, de ronces bleues et d'églantiers, de clématites et de vigne-vierge invitent au mystère.

> Feuillage antique et vénérable,
> Temple des bergers de ces lieux,
> Orme heureux, monument durable
> De la pauvreté respectable
> Et des amours de nos aïeux ;
> Au chêne, au cèdre fastueux,
> Laisse les tristes avantages
> D'orner des palais somptueux :
> Les lambris couvrent les faux sages,
> Tes rameaux couvrent les heureux (2).

Sur l'une de ses branches deux tourterelles me donnèrent le spectacle de la plus aimable volupté. Le feu du plaisir étincelait dans leurs yeux demi-clos, dans les mouvemens de leurs cous nuancés, dans les doux échanges de leurs becs entr'ouverts. Elles se prodiguaient mille baisers, elles entrelaçaient leurs ailes. Je trouvais un certain charme à voir ces oiseaux si sauvages livrés tout entiers au bonheur d'une affection mutuelle. J'osai envier leur sort!........ Aimables oiseaux, soyez toujours heureux : puissent la serre de l'autour et le

---

(1) En 1817, il a été dépouillé de sa large tête par un coup de vent affreux.

(2) Gresset, épître V, v. 328 et suiv.

plomb du chasseur avide ne jamais vous ravir l'un à l'autre! il est trop cruel de rester seul.

Je repris le chemin à l'endroit où il divise un petit bois de pins, non loin de la grotte appelée le *Creux du vent*, dont la position est très-pittoresque. Pendant une heure entière ce ne fut que montées et descentes. Tantôt, je ne quittais une vallée de sable et de bruyères où réside la seule mélancolie, que pour atteindre à de hauts rochers noircis par les tempêtes, où végète l'érigeron solitaire transporté par l'Océan du nouveau sur l'ancien continent au XVIe siècle; tantôt, je marchais sur des tapis d'une mousse épaisse, au travers des buissons colorés et des couronnes fleuries des églantiers; ou bien je pénétrais sous les voûtes élevées d'arbres toujours verts, que le bec-croisé remplit, durant les longues journées d'hiver, de ses tendres chansons. Partout, sur ce sol rocailleux, au bruit de mes pas, le lapin timide fuyait sous la fougère, et l'écureuil agile regagnait en toute hâte l'arbre dans lequel est caché son nid impénétrable à la pluie.

Enfin, je touche à une cabane; c'est celle où Rousseau aimait à passer des journées entières. Elle est taillée dans une énorme masse de grès, sur le lieu le plus élevé du *Désert*. Plusieurs arbres la protégent de leur ombre hospitalière. En face est un banc ménagé dans le roc. De là l'œil plane sur un vaste amphithéâtre où la nature se montre sous les formes les plus austères. Le silence règne autour de vous. Les montagnes, la sombre teinte des pins et des mélèzes, qui ne sont jamais égayés par des fleurs ; les collines couvertes de genévriers dont les rameaux buissonneux (1) s'élèvent, rampent, se courbent en tous sens et exhalent une odeur résineuse ; le front entièrement nu des rochers ; ces longues zones de tristes bruyères ; ces plantations d'aunes, de coudriers, de bouleaux et de saules que domine plus loin la pyramide du peuplier et du sapin argenté ; ces plaines de sable blanc et les eaux tranquilles d'un grand lac, tout ici porte un caractère mélancolique, qui dispose à la rêverie, commande le recueillement et remplit l'âme de sublimes pensées. O solitude ! unique bien qui reste au malheureux, enivre-moi de tes charmes, ne m'envie pas les bienfaits dont ton sein est prodigue : ma vie doit passer comme une fleur étouffée sous les ronces, la douce espérance ne doit plus faire descendre la joie jusqu'au fond de mon cœur, je le sais, mais conserve-moi le calme nécessaire à l'étude : en me plaçant plus près de la nature, tu

---

(1) J'en ai distingué un ayant deux mètres de tour, ce qui est très-extraordinaire pour un arbrisseau qui talle en buisson. Les genévriers d'Ermenonville présentent tous des formes heureuses, variées et pittoresques ; nulle part ils ne sont ni plus beaux, ni en plus grand nombre.

m'ouvriras les véritables trésors de la sagesse ; en me cachant les vices des hommes, tu me donneras le courage pour supporter les noirs chagrins de la vie, et la force pour remplir dignement tous mes devoirs comme père, comme ami, comme citoyen.

Aux yeux du vulgaire, le sort du riche citadin est seul digne d'envie ; cependant il n'a que l'apparence du bonheur. Trop voisin de l'ambition insatiable, agité sans cesse par des désirs tumultueux, il prend la débauche pour de l'amour, le bruit pour le plaisir, la fatuité pour le mérite ; il ne voit pas que la base fragile où s'appuie son orgueil ressemble à la bulle d'eau qui monte, brille et disparaît au même instant sur le cristal d'une fontaine. L'étude est tout, par elle nous nous élevons au – dessus de nous – mêmes, nous goûtons le vrai bonheur, celui dont on n'apprécie tous les charmes que dans la solitude.

Rousseau chérissait la solitude ; il le déclare lui-même dans les phrases suivantes placées en forme d'inscriptions sur un rocher voisin de la cabane. « C'est, dit-il (1), sur la cime des mon-
» tagnes solitaires que l'homme sensible aime à
» contempler la nature ; c'est là que, tête à tête

______

(1) Je crois que cette pensée de Rousseau est inédite. On la trouve cependant développée dans la *Nouvelle Héloïse*, lettre XXIII de la Ire partie.

» avec elle, il en reçoit des inspirations toutes-
» puissantes, qui élèvent l'âme au‑dessus de la
» région des erreurs et des préjugés.

» Tous les hommes qui se retirent de la grande
» société sont utiles, précisément parce qu'ils
» s'en retirent, puisque tous ses vices lui vien‑
» nent d'être trop nombreuse. Ils sont utiles,
» lorsqu'ils peuvent ramener dans les lieux dé‑
» serts le mouvement, la culture et l'amour de
» la vie patriarcale (1). »

Un autre roc me présente encore cette sen‑
tence : « Celui-là est véritablement libre, qui n'a
» pas besoin de mettre les bras d'un autre au
» bout des siens pour faire sa volonté (2). »

J'entre dans la cabane, j'en examine l'inté‑
rieur, le modeste ameublement. Oui, ROUSSEAU,
je l'ai foulée cette terre que tu sanctifias trop peu
de jours par ta présence, je me suis reposé par‑
tout où tu aimais à t'arrêter, j'ai respiré dans
cette chaumière où tu vins chercher le repos qui
te fuyait parmi les hommes. Ici tu corrigeas ce
livre d'*Émile* (3), l'histoire ou la fable du cœur
humain, et tu achevas tes *Confessions*, livre plus
extraordinaire encore, où tu dis le bien et le mal

---

(1) *Emile*, liv. V.
(2) *Emile*, liv. II.
(3) Le manuscrit autographe est déposé à la Bibliothèque
nationale.

avec la naïve simplicité d'un enfant qui effeuille une fleur. C'est encore ici, qu'environné de toutes les richesses du règne végétal, tu conçus l'utile projet de dépouiller la botanique de la sécheresse des nomenclatures, vers laquelle nous repousse incessamment la horde des novateurs. Mille autres souvenirs s'élèvent de ce sol heureux, et enivrent l'âme. Je n'oublierai de long-temps cette simple cabane, ni les roches sentimentales qui l'environnent, ni le lac qu'elles dominent. J'y reviendrai pour jouir encore de la nature, de la fraîcheur des eaux et de la jeunesse du printemps; j'y reviendrai, dans une heureuse extase, puiser l'oubli des maux, baume salutaire qui doit cicatriser les plaies profondes de mon cœur.

Je m'éloignai à regret de cette romantique retraite. Le chemin que je pris me conduisit par une pente douce dans une petite vallée sablonneuse où je respirai le doux parfum d'une immense quantité de genêts aux fleurs dorées, de l'aubépine, du narcisse et de l'odorante aspérule. Bientôt une allée d'aunes me porta sur les bords du lac, dont les belles eaux réfléchissent l'or et l'azur des nuages. On y voit une foule de cygnes. Je m'arrêtai pour admirer cet oiseau chez qui « les charmes de la figure, la beauté de la forme, » répondent à la douceur du naturel. Il plaît à » tous les yeux, il décore, il embellit tous les endroits qu'il fréquente; on l'aime, on l'applaudit,

» on l'admire, nulle espèce ne le mérite mieux ;
» la nature, en effet, n'a répandu sur aucune
» autant de ces manières nobles et séduisantes
» qui nous rappellent l'idée de son plus bel ou-
» vrage : avec une coupe de corps élégante, des
» formes arrondies, des contours délicats relevés
» d'une blancheur éclatante et pure, elle lui
» donna des mouvemens flexibles et ressentis ;
» il prend des attitudes tantôt animées, tantôt
» l'expression d'un mol abandon ; en un mot,
» tout dans le cygne respire la volupté, l'enchan-
» tement que nous fait éprouver la beauté ; tout
» nous l'annonce, tout le peint comme l'oiseau de
» l'Amour et des Grâces (1). » On prend plaisir
à voir sa noble aisance, sa facilité à nager ; le
cou penché, ses grandes ailes à demi ouvertes
et mollement enflées, il parcourt en un instant
cette immense nappe d'eau, et revient joyeux
auprès de sa douce compagne savourer toutes les
nuances de la volupté.

En suivant les mouvemens du cygne, je par-
courus sans y penser les sinuosités du rivage
jusqu'au *Monument des anciennes amours*. A son
aspect, l'amour, ses délices et ses tourmens firent
tressaillir mon pauvre cœur, je sentis encore les
enivrantes larmes qu'il m'a fait verser. Lieu
solitaire, rochers protecteurs du silence, arbres

---

(1) BUFFON, *Hist. Nat.*, à l'art. du Cygne.

amis qui leur prêtez votre ombrage, redites-moi
les vœux, les sermens, les soupirs........ Que dis-
je ? Non, ne soulevez point le voile du mystère,
il est l'égide de la pudeur et du plaisir.

> N'abuse pas, Amour, de ta puissance,
> Ah ! ne fais naître ici que de sages désirs ;
> C'est le séjour de l'innocence,
> Le remords ne doit point y suivre les plaisirs.

C'est dans ce lieu, près des rives verdoyantes
du lac, où les eaux viennent mêler leur doux frémissement aux chansons amoureuses du rouge-
gorge ; c'est assis contre ces rochers, abrités
par les flexibles rameaux d'un beau frêne, que
nous relûmes, CHARLOTTE et moi, cette lettre (1)
où *Saint-Preux*, appuyé sur un quartier de pierre
que les glaces avaient détaché du rocher voisin,
jure à *Julie* de l'aimer toujours. « Viens, ô mon
» âme ! dans les bras de ton ami, » disais-je avec
lui ; et mon cœur, oppressé d'un souvenir délicieux, s'est vu précipité dans un océan d'amertume !.... Je revois le riche gazon où toutes les
sortes d'auricules, couvertes d'une poussière
blanche éclatante, offraient alors l'image d'un
groupe de constellations ; je revois les berceaux
de pampre où ses caresses furent si douces......
Ah ! ne troublons point le calme de cette solitude

---

(1) *Nouvelle Héloïse*, lettre XXVI de la Iᵉ partie.

par des plaintes! Je me tairai, mais je répandrai des larmes : quel autre adoucissement trouverais-je à mes maux ?

Les rochers consacrés aux anciennes amours sont couverts d'inscriptions, de noms, de chiffres voluptueusement enlacés. J'ai retenu ces vers qui expriment les tourmens d'un amour malheureux :

I.

Ma pur si aspre vie, ne si selvagge
Cercar non so' ch' Amor non venga sempre
Raggionando con meco, ed io con lui (1).

II.

Le mie notti fa triste, e i giorni oscuri
Quella che n' ha portato i pensier, miei,
Né di se m' ha lasciato altro che' l nome (2).

III.

En la perdant, j'ai perdu le bonheur.
Ce triste monument, arrosé de mes larmes,
Est pour toujours témoin de ma douleur.

---

(1) Je ne puis découvrir un sentier assez sauvage, une forêt assez obscure pour éviter l'amour : il est toujours près de moi, sans cesse il tourmente mon cœur. — PETRARCA, *Sonnet* XXVIII.

(2) Que mes nuits sont affreuses, que mes jours sont pénibles depuis que celle qui nourrissait toutes mes pensées ne m'a laissé que son nom. — PETRARCA, *Sonnet* CCL.

Les deux inscriptions suivantes sont d'un amant épris :

I.

Di pensier' in pensier, di monte in monte
Mi guida Amor; e pur nel primo sasso
Disegno con la mente il suo bel segno (1).

II.

Chi non sa come dolce ella sospira,
E come dolce parla, e dolce ride (2).

L'amant comblé dans ses vœux, en a consacré le doux souvenir dans celle-ci :

O mon amie, ma bien tendre amie,
Que ton amant goûte de voluptés
Dans la solitude aimable et chérie
Qu'embellissent ces longs flots argentés!
Comme il se plaît sous ces ombrages
Où, dans tes bras, le vrai bonheur
Vint couronner sa brûlante ardeur!....
Chaque printemps dans ces bocages,
J'en fais ici le doux serment,
Je reviendrai, toujours fidèle,
Soupirer le nom de ma belle
A l'ombre de ce monument.

---

(1) De pensers en pensers, de montagnes en montagnes, partout l'amour guide mes pas, c'est lui qui traça sur le roc son chiffre bien-aimé. — PETRARCA, *Canzona* XXX.

(2) Qui n'a point remarqué son doux sourire, qui n'a pas entendu les soupirs de son cœur, et son parler amoureux? — PETRARCA, *Sonnet* CXXVI.

Sur un rocher naturellement arrondi en voûte et à moitié caché par de larges festons de chèvre-feuille, j'ai vu au-dessous du chiffre S. P. le nom de *Julie*. Ce mot seul me transporte à Meillerie (1); je vois cette femme toujours bonne, son amant, l'aimable *Claire* et le sage *Wolmar*; je repasse leur histoire, et ce tableau ravissant de l'amour et de l'amitié excite en moi des transports toujours nouveaux.

Ah! voilà de la pervenche ! On se rappelle le cri et la joie de ROUSSEAU à l'aspect de la jolie fleur bleue qu'il revoyait pour la première fois trente ans après son entrée aux Charmettes (2). Ici, comme dans cette agréable retraite, la pervenche se cache sous les buissons. Sa vue unit dans l'esprit les Charmettes, les rochers de Meillerie et le Monument des anciennes amours. Fille des montagnes et des solitudes champêtres, cette plante, simple et modeste, aime à se cacher; mais, dans sa retraite, elle veut trouver l'arbrisseau qui doit soutenir sa tige faible et inclinée, l'arbrisseau sur lequel, fixant ses bras amoureux, elle déploiera librement sa robe d'un

---

(1) Près de Vevay, dans le Valais, on voit Clarens, et à l'opposite les rochers de Meillerie, sur les bords du lac de Lausane. C'est là le théâtre des amours de *Julie* et de *Saint-Preux*.

(2) *Confessions*, liv. VI.

vert foncé, et formera les voûtes fraîches qui ser-
viront de berceau à ses fleurs d'un beau bleu céleste. Douce image de la femme qui se plaît dans
sa maison, s'appuie en toute confiance sur son
époux, met en lui sa pompe, le bonheur de son
existence, et prend plaisir, sous ses yeux, à élever
ses enfans, à leur donner l'exemple des vertus
domestiques, à démêler dans leurs traits, dans
leurs habitudes, les traits et les habitudes de leur
père !

Chez les peuples de l'Helvétie la rose est, de
temps immémorial, le partage de la beauté, mais
la pervenche est le symbole de l'innocence
et de la pudeur ; ils la placent sur le front de la
vierge ravie à l'amour de ses parens, à la gloire
du village ; les mains des jeunes compagnes qui
suivent tristement leur amie jusqu'à sa dernière
demeure tressent des couronnes et des guirlandes
de cette fleur, qui est appelée à couvrir le tombeau, à l'abriter contre les orages et la main sa-
crilège des méchans.

La chaleur était excessive, j'allai chercher de
l'ombrage dans un taillis voisin. Le lac disparaît
aux yeux. Resserré par des îles couvertes de
saules et de roseaux, il prend la forme d'une petite rivière. Je la suivis long-temps au travers des
bruyères, puis sous une forêt de pins du Nord,
dont la tige très-droite est ornée de branches
au vert bleuâtre et transparent ; ensuite sous un

massif de chênes, où un banc couvert, appelé la *Tente du Huron*, m'offrit ce vers d'HORACE (1) :

Scriptorum chorus omnis amat nemus, et fugit urbes.

Bientôt le lac reparaît dans toute son étendue. A l'endroit où s'élevait une baraque dite la *Maison du pêcheur*, deux vues délicieuses éveillent l'attention, l'une plane sur le lac et embrasse ses bords enchanteurs, l'autre présente une masse d'eau, dite la *Foursière*, que couronnent dans le lointain les ruines de Chaalis, qu'on aperçoit à travers des groupes d'arbres diversement nuancés.

Quels sublimes aspects, quels tableaux romantiques !
Sur ces vastes rochers, confusément épars,
Je crois voir le génie appeler tous les arts.
Le peintre y vient chercher, sous des teintes sans nombre,
Les jets de la lumière et les masses de l'ombre :
Le poète y former ses plus sublimes chants :
Et le sage y trouver des souvenirs touchans (2).

On entre ensuite dans un bois planté sur un joli coteau : c'est une promenade très-agréable. Elle vous ramène insensiblement vers le lac et justement en face du Monument des anciennes

---

(1) Le sage fuit le tumulte des villes pour vivre dans les champs, pour rêver dans les forêts. HORACE, *Epistol.*, lib. II, 76.

(2) DELILLE, *l'Homme des champs,* chant III, v. 304 et suivans.

amours. Là, le muguet croît en abondance, il embaume l'air de son parfum délicieux. Je m'amusai à en cueillir de gros bouquets ; je me promettais de les porter à ma fille chérie que la fatigue de la veille et l'idée du *Désert* avaient retenue au village, quand au pied d'un if solitaire je vis une pierre à moitié brisée, avec cette inscription :

> A mon fils,
> A ma femme,
> Je vivais pour les aimer,
> Je leur survis pour les pleurer.

Quels souvenirs cruels cette pierre réveille en moi ! Mon cœur est brisé. O vous qui lisez ces tristes lignes, ne blâmez point ma juste douleur ; ne me contestez pas le droit de verser des larmes et de vous associer aux chagrins qui m'accablent.

> . . . . Ah ! que le lis et la rose
> Pleuvent sur le cercueil où leur cendre repose,
> Et que ces dons trop vains, arrosés de mes pleurs,
> Leur présentent du moins mon tribut de douleurs (1).

Et je laissai mes mains répandre les fleurs sur la pierre. Aussitôt une pensée douloureuse vint oppresser mon cœur : tout rit dans la nature,

______

(1) Imitation de Virgile, *Æneid.*, VI, v. 884 et suiv.

les plantes naissent et meurent pour renaître brillantes de jeunesse et d'amour, l'homme seul meurt pour ne plus reparaître ; dès qu'il a consommé l'acte de sa vie actuelle, son existence, déplacée pour nous, passe dans des formes nouvelles : ce qu'il avait d'indestructible erre avec les nuages, roule avec les flots d'un aimable ruisseau, végète avec les fleurs ; mais les molécules innombrables qui composaient son être tel que nous l'avons connu, tel que nous l'avons aimé, divisées à l'infini, ne seront plus réunies ; elles ne prendront plus pour nous la même forme, elles ne nous rendront plus la même âme, le même cœur, le même esprit. Une distance incommensurable le sépare à jamais de nous. Il meurt, et ne laisse à celui qui survit que pénibles souvenances, larmes, et qu'affreuse solitude. Empire de la mort, vaste et profond abîme, tu caches à mes yeux l'épouse qui me rendait heureux, mais tu ne peux m'en arracher le tendre souvenir ; ta puissance cruelle ne peut empêcher mon cœur d'être sans cesse avec elle, de l'aspirer partout, de reconnaître sa présence partout où la main de la nature a imprimé le beau et le bon : elle fut mon ange tutélaire pendant sa vie, elle l'est encore au-delà du tombeau.

Triste et rêveur, je continuai ma route, quand le hasard, qui me favorise parfois, voulut que cette journée fût utile. Sur la mousse légère, à l'ombre d'un gros cerisier tout couvert de jolis bouquets fleuris, j'aperçois un enfant, âgé d'environ dix ans, qui, sans doute, pour se remettre de ses fatigues, augmentées par l'ardeur du soleil,

. . . . Dormait comme un roi ;
Posez le cas qu'un roi dorme mieux qu'un autre homme.
J'en pense au rebours quant à moi (1).

Son sommeil était doux. Un fagot d'épines se trouvait près de lui : c'était le travail de sa matinée. Je m'approche sans bruit, et, glissant quelques pièces de monnaie dans le bonnet du petit infortuné, je m'éloignai aussitôt, songeant à la surprise qu'il éprouverait au moment du réveil, et au plaisir qu'il aurait de porter à sa mère ce présent inattendu.

Mais il fallut bientôt reprendre le chemin du village ; l'orage qui s'amassait depuis plusieurs heures, augmenté par les nuages noirs que chassait un vent d'ouest, menaçait de fondre sur moi. Déjà la pluie tombe en se croisant comme la trame que file la patiente Arachné : l'air et les champs deviennent déserts, les seules hirondelles voltigent par légions à travers la pluie. Je ne voulus point me soustraire à cette faveur du Ciel, je pris autant de plaisir à me faire mouiller que j'en eus à respirer l'odeur suave, tant aimée de

----

(1) Sénecé, conte du Kaïmac.

ma CHARLOTTE et de ma fille, que la terre et les végétaux exhalent aux premières impressions d'une pluie de mai.

Bientôt la forêt s'obscurcit davantage, le bruit du tonnerre descend du haut des monts, roule autour de moi, remplit les échos et retentit dans toute la vallée ; les éclairs brillent avec force, ils déchirent la nue et promènent partout leurs sillons enflammés. L'impétuosité du vent redouble, la cime des arbres se courbe, l'onde soulève ses flots, d'affreux craquemens se font entendre, le désordre est extrême : je fuis précipitamment, foulant aux pieds les fleurs et les feuilles qui jonchent la terre.

SIXIÈME PROMENADE.

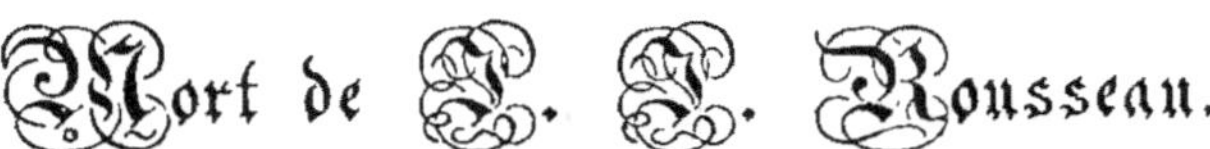

> *Quidquid ex illo amavimus, quidquid*
> *mirati sumus, manet, mansurumque est*
> *in animis hominum, in æternitate tem-*
> *porum, fama rerum.*
>
> TACITE, *in Agricol.* (1)

VERS les trois heures de l'après–midi, l'orage
cessa ; le ciel se montra plus serein et plus pur.
L'astre qui dispense la lumière avait repris toute
sa force ; l'air était embaumé par le parfum de
mille fleurs dont les feuilles, d'un beau vert brillant, portaient encore ces gouttes de pluie qui,

---

(1) Ce que nous avons aimé et admiré chez lui reste et
demeurera éternellement dans la mémoire des hommes,
pour l'instruction des âges à venir.

semblables aux diamans, font étinceler la prairie. J'allais avec ma fille continuer nos promenades solitaires, lorsque nous fûmes entraînés par le mouvement de toute la jeunesse du pays qui se rendait à la forêt. Les ménétriers précédaient notre marche irrégulière; j'éprouvai le plus vif plaisir quand je les entendis essayer sur leurs instrumens, et la bande joyeuse chanter en chœur, cet air charmant du *Devin de Village :*

Allons danser sous les ormeaux,
Animez-vous, jeunes fillettes :
Allons danser sous les ormeaux,
Galans, prenez vos chalumeaux.

Nous arrivons ainsi au lieu dit la *Salle de danse.* C'est un grand rond, semé d'une herbe fine et très-courte, au milieu duquel un gros hêtre, à la tige grisâtre et droite, s'élève à plus de trente mètres de haut, et est terminée par un dôme très-ample et très-touffu (1). Une ligne circulaire d'arbres réunissent leurs feuillages et forment au-dessus de nos têtes une voûte agréablement nuancée de lumière.

Les joueurs d'instrumens sont montés sur l'estrade. Les mères de famille et les vieillards

____

(1) Il a été brisé par un violent coup de vent, en mars 1818. On l'a coupé à la hauteur de trois mètres.

occupent les bancs qui tournent autour de l'enceinte où leurs enfans vont se délasser des travaux de la veille. Déjà, la contre-danse a donné le signal : les garçons sautent dans le rond, les jeunes filles les suivent comme la biche légère qu'on voit bondir sur les coteaux. Au son des instrumens ils s'approchent, s'éloignent, se réunissent : cent fois leurs pieds distraits rompent la cadence, cent fois leurs mains se touchent, et plus rapides que le trait décoché par le cavalier numide, ils tournent, se cherchent et ne s'atteignent pas. Leurs mouvemens expriment la crainte et le désir, la ruse et l'empressement, l'art de plaire et la rigueur, le transport et l'abandon, en un mot toutes les sensations si variées de ce besoin d'aimer qui meut la nature entière.

La danse est un charmant exercice ; elle faisait partie de l'ancienne gymnastique, et long-temps elle fut étroitement liée aux cérémonies religieuses. Les Egyptiens, les Gaulois, les Germains, presque tous les peuples de l'antiquité eurent leurs danses sacrées ; expressions de l'allégresse, parfois aussi elles servaient dans les circonstances solennelles de tristesse et de deuil. Les Spartiates, armés de l'épée, du javelot et du bouclier, exécutaient, en dansant, les évolutions militaires, et se familiarisaient ainsi, par la voie du plaisir, avec l'horreur des combats : cette danse des héros, qu'on nommait aussi *danse pyr-rhique,* donnait beaucoup de souplesse au corps et exerçait l'œil. Les Grecs et les Romains avaient leur danse de l'innocence, la danse nuptiale, la danse des festins, etc. Chacune se distinguait par un rythme particulier. La danse de l'innocence était grave et lente, de jeunes filles l'exécutaient devant l'autel de Diane. La danse nuptiale était brillante, aisée, voluptueuse : elle dégénéra par la suite ; elle n'était plus qu'un tableau révoltant de tous les mystères du mariage, lorsque le sénat de Rome l'interdit pour toujours. Après les repas, la danse des festins appelait les convives à de nouveaux plaisirs : c'étaient des espèces de bals où l'on faisait pompe de joie, de magnificence et d'adresse. Long-temps proscrite par l'odieuse féodalité et par le sombre habitant des cloîtres, la danse reparut en Italie avec les beaux jours de la renaissance des arts. Depuis elle s'est enrichie de tout ce que la musique et les grâces ont de plus piquant. A la ville, elle a quelque chose de trop recherché, de trop voluptueux ; dans les campagnes, elle est bruyante, mais toujours naïve, toujours pleine de candeur.

Par ces rapprochemens, je m'associais en quelque sorte aux plaisirs de ces bons villageois. Ma fille désira les partager : c'est un bonheur de plus pour un père d'être le témoin des jeux de ses enfans : il y a là un charme que nul autre ne peut apprécier, qu'aucune langue ne peut rendre : c'est le rayon lumineux qui traverse une atmosphère toute céleste, pour se reposer sur la fleur qu'il féconde.

Nous vîmes ensuite et le jeu de balles et celui de boules, mais nous nous arrêtâmes plus longtemps au jeu de l'arc. Les jeunes gens d'Ermenonville excellent dans cet exercice : ils ont tous leur arc et leurs flèches. Les vieillards m'ont fait voir qu'on les conserve toute la vie, et qu'on y attache plus d'un doux souvenir. L'institution du jeu de l'arc remonte, dans la contrée, à l'année 1408; elle a long-temps joui d'une haute réputation. Des priviléges particuliers étaient accordés au vainqueur; pendant un an il ne payait aucun impôt, et portait, les dimanches et autres jours de fêtes, un chapeau de fleurs et un gros bouquet qu'il recevait des mains des plus jolies filles du village. Le vainqueur est encore aujourd'hui pour la jeunesse une sorte de magistrat auquel elle soumet ses différends.

A l'entrée du *Rond de la danse,* on a construit un grand bâtiment couvert en planches; s'il survient un orage, les villageois peuvent s'y mettre à l'abri et continuer leurs jeux. « Celui qui n'a » qu'un seul jour dans la semaine pour se divertir, » comme le disait Réné de Girardin, ne doit » pas perdre un seul moment. »

Tout-à-coup les éclats de la joie augmentent,

des chansons, le bruit de nouveaux instrumens frappent nos oreilles, la danse est suspendue, on se presse, on s'embrasse; c'est la jeunesse de Ver, de Loisy, d'Eve, de Montagny, de tous les environs, qui vient se réunir aux enfans d'Ermenonville, pour rendre la fête du jour plus brillante encore. On parle un moment d'amour, on échange les rubans, le sentiment redouble la gaîté sans faire naître la licence, et bientôt la danse a repris toute sa première énergie.

Le spectacle de la joie ne pouvait long-temps convenir à mon triste cœur; je laisse ma fille en compagnie sûre, et je m'éloigne dans la vue d'employer à mon instruction le temps que d'autres consacraient aux plaisirs.

Une fourmilière animée par le renouvellement de la belle saison, fixa d'abord mes regards et m'offrit un sujet important de méditation. Rien n'est à dédaigner dans l'étude de la nature. C'est à l'observation des insectes que nous sommes redevables du petit nombre de notions exactes que nous avons sur la vie et la mort; c'est à elle que nous devrons peut-être un jour la découverte des circonstances qui développent et constituent la vie sensitive, c'est-à-dire qu'elle pourra nous fournir les moyens de découvrir s'il existe ou non une ligne de démarcation tranchée entre les êtres qui éprouvent des sensations, conçoivent des volontés ou forment des jugemens, et ceux chez qui cette puissance toute morale nous paraît absolument étrangère.

L'étude de la nature émousse le goût des amusemens frivoles ; elle porte à l'âme une nourriture profitable ; elle adoucit l'amertume des chagrins et offre un puissant lénitif contre les malheurs. Les fourmis sont, avec les abeilles, les insectes que j'aime le plus à suivre dans leurs travaux ; une touchante sollicitude pour les petits les anime toutes, même celles qui sont incapables de se reproduire ; un inaltérable amour les unit les unes aux autres. C'est le modèle le plus parfait d'une république. La sagesse préside au choix du local, l'ordre règne également à l'extérieur et dans l'intérieur du petit état ; une vie laborieuse est la loi première ; l'utilité générale, le but de toutes les volontés, de tous les travaux. Ces êtres intéressans me semblent obéir plus spécialement au sens de l'odorat. Je viens d'en acquérir la preuve par un acte de barbarie. J'étais assis auprès d'une fourmilière de l'espèce dite fauve-ouvrière ; j'arrachai les antennes à plusieurs individus. Je les vis à l'instant tomber dans un état d'ivresse ou plutôt de folie qui me fit peine : elles erraient çà et là, ne sachant plus où retrouver leur chemin. Ma cruauté me valut en outre une leçon de morale. Quelques fourmis qui se rendaient à la maison commune, s'approchèrent des malheureuses que j'avais mutilées, portèrent la langue sur leurs blessures, et y laissèrent tomber une goutte de liqueur qui les calma bientôt ; puis elles traînèrent doucement leurs infortunées compagnes jusque dans leurs cellules. Cet acte de la plus tendre compassion me prouva bien, selon l'expression de MONTAIGNE (1), que *la vertu n'est pas plantée à la teste d'un mont coupé, rabotteux et inaccessible, mais au rebours, logée dans une belle plaine fertile et fleurissante, dont les routes sont ombrageuses, gazonnées et doux-fleurantes : elle a pour guide nature, fortune et volupté pour compagnes.*

Tout en suivant la route, mon oreille charmée écoutait le gazouillement vif et joyeux du sansonnet, le sifflement prolongé du merle, les concerts aimables des petits oiseaux et le bruit des ondes. Le son éloigné des instrumens et les cris de joie que l'écho m'apportait toujours plus faibles nuançaient très-agréablement les chansons amoureuses qui, des arbres voisins, descendaient vers moi. Il y a peu de situations plus favorables à la rêverie ; un crayon à la main, on cède au plaisir de recueillir ses pensers, ses sensations : ce baume sert de soutien à l'âme.

Je me trouvais alors auprès du chêne de Palémon : en le voyant, je sentis de nouveau mon cœur tendrement ému, et je traçai sur son écorce les vers suivans :

____

(1) *Essais,* liv. 1, chap. 25.

Salut chêne majestueux !
Arbre antique et sacré, dont l'immense feuillage
    Semble se perdre dans les cieux,
    Salut. Daigne sous ton ombrage
Recevoir un époux, un amant malheureux.
    Hier encor les échos du village,
De mes chants, de ma joie, offraient la douce image.
La bergère sensible, attentive à ma voix,
De son propre bonheur concevait l'espérance.
Dans mon humble foyer régnaient tout à la fois
L'amour et l'amitié, la douce confiance,
La franchise, et surtout la paisible innocence.
    Je savourais alors ce sommeil bienfaisant,
    Qui nous donne un réveil encor plus enivrant.
Heureux près de CHARLOTTE, et fier de sa tendresse,
    Je pouvais braver le méchant.
    O toi que dans mes bras je presse,
Ma fille, tu le vis ce bonheur d'un instant.
A tous nos bons voisins, heureux en m'écoutant,
Je pouvais de ta mère, ainsi qu'ils l'ont connue,
Redire les bontés, la douceur ingénue ;
Je pouvais... Mais, hélas ! ô trop barbare loi,
Celle que j'adorais n'est plus auprès de moi ;
Sous la faux du trépas ma CHARLOTTE succombe,
Malgré mes cris je vois ouvrir, fermer sa tombe ;
Un peu de terre, hélas ! me cache pour jamais
L'objet de tant d'amour et d'immortels regrets !
C'en est fait ! loin de nous, ma fille, elle repose...
Bel arbre ! si, pour toi, mon deuil est quelque chose,
Si tu sembles gémir ici de mes malheurs,
    Ah ! porte-lui mes soupirs et mes pleurs,
Et, comme un pur encens qu'à tes pieds je dépose,
Redis-lui mon amour, et mes longues douleurs.

Arrivé dans la prairie qui s'étend devant le château d'Ermenonville, je vois la maison que JEAN-JACQUES habita ; des arbres semblent la dérober aux regards. Je franchis le pont, je monte, je suis dans la chambre ; je touche le lit, les meubles, tout ce qui fut le plus ordinairement à l'usage de ROUSSEAU. Cette table est celle sur laquelle il déposait les profondes pensées de son génie, les nobles sentimens de sa grande âme. Sur ce clavecin il composa, tout en se délassant, le chef-d'œuvre qui hâta la plus heureuse révolution dans la musique française. Partout règnent l'ordre et la propreté. Cette chambre est encore vierge, le souvenir du grand homme n'y est point souillé (1). Tout ce que l'on voit, tout ce que l'on touche était à lui, servait à son usage. J'examine son herbier : voilà le commencement de celui d'Ermenonville (2). Tout est rangé avec élégance sur de belles feuilles de papier à lettre, encadrées d'un trait rouge, étiquetées selon le système de LINNÉ, et disposées de manière à pouvoir distinguer, au premier coup d'œil, le *facies* propre à chaque genre, à chaque espèce. Les

---

(1) Ce morceau a été écrit en 1796. Depuis, tout a été changé.

(2) En donnant la *Flore d'Ermenonville* (*voyez* la note VII), j'aurai soin de distinguer les plantes de cet herbier.

petites plantes sont tout entières avec leurs racines; les autres sont des échantillons bien choisis
où l'on retrouve les différens caractères de la fo-
liation et de la ramification, ainsi que toutes les
parties de la fleur et du fruit. Je contemplais tout
avec plaisir, les moindres choses excitaient mon
intérêt; mais mes yeux revenaient plus particulièrement sur ce fauteuil que Rousseau choisissait
de préférence, et surtout sur ce lit où les portes
de la vie se fermèrent à jamais pour lui.

Je ne puis concevoir l'espèce de vertige de ceux
qui veulent et proclament encore que la fin de
Rousseau ne fut point naturelle; on ose même
affirmer que *la vie lui devenant à charge, il désira
mourir plus tranquillement qu'il n'avait vécu;* que, *se
trouvant isolé sur la terre, il s'est dit : Je souffre, je
suis malheureux, mon existence ne peut servir à personne, il faut mourir.* Quels motifs puissans auraient pu le porter à cet acte de désespoir? n'était-
il pas arrivé au port? n'allait-il pas enfin goûter
le repos qu'il sollicita vainement sur une mer
orageuse et pleine de récifs? Il ne s'est point
donné la mort celui qui disait sans cesse à ses
semblables : « On ne saurait faire un pas sur
» terre, sans y trouver quelque devoir à remplir;
» l'homme de bien est utile à l'humanité par
» cela seul qu'il existe (1). » Il ne s'est point

---

(1) *Nouvelle Héloïse,* lettre XXII.

donné la mort, celui qui, au moment de la plus atroce persécution, écrivait : « J'ai fait l'essai de » mes forces ; si mes maux sont longs, ils exer- » ceront mon âme à la patience, au courage. Je » veux tâcher que la fin de ma vie honore son » cours et y réponde. Jusqu'ici j'ai supporté le » malheur ; il me reste à savoir supporter la cap- » tivité, la douleur, la mort : ce n'est pas le plus » difficile (1). »

> Vous qui, de ses écrits, savez goûter les charmes,
> Vous tous qui lui devez des leçons et des larmes ;
> Pour prix de ses leçons et de ces pleurs si doux,
> Cœurs sensibles, venez, je le confie à vous (2).

Dès le 20 mai 1778, jour de son établissement à Ermenonville, ROUSSEAU parut très-content de son sort : en pleine possession de la liberté et de la campagne, après lesquelles il soupirait depuis si long-temps, il sentit ses goûts pour la contemplation de la nature se rallumer de telle manière, qu'il s'y livra avec des transports qu'on a justement comparés à de l'ivresse. Il jouissait de la meilleure santé, et tout lui présageait qu'il allait enfin jouir de la vie. Pénétré de reconnaissance

---

(1) Lettre de J.-J. ROUSSEAU à M. DE SAINT-GERMAIN, datée de Monquin, le 26 février 1770, ou, selon le style de ROUSSEAU, $17\frac{26}{2}70$.

(2) DELILLE, *Poème de l'Imagination,* chant VI.

pour les procédés infiniment délicats de l'homme aimable, spirituel et profondément instruit qui l'avait arraché à ses ennemis, aux inquiétudes de l'avenir, en lui présentant l'hospitalité dans un lieu de délices, où il pourrait désormais vivre ignoré, il cherchait à témoigner tout ce que sa grande âme ressentait, en s'unissant aux paisibles jouissances d'une famille où le cœur et l'esprit, la franchise et l'indépendance le mettaient absolument à son aise. La conversation de Réné de Girardin lui plaisait, les vertus de son épouse le rendaient fier de partager ses bonnes œuvres, les enfans l'intéressaient; aussi venait-il souvent s'asseoir à leur table, passer les soirées avec eux, tantôt pour y faire ou pour entendre de la musique, tantôt pour parcourir ensemble les bosquets, descendre sur les eaux, ou pour les entretenir de l'histoire et des mœurs de cette vieille Helvétie qui fixait sans cesse son cœur et ses pensées. Ses nuits étaient heureuses, et son réveil, sollicité par les petits oiseaux que ses tendres soins attiraient sur sa fenêtre, était doux comme celui de l'innocence.

Le jour il s'occupait à donner une suite à l'*Emile*, ou bien à refaire son opéra de *Daphnis*, à errer au gré de sa fantaisie dans la forêt, dans les plaines ou sur les montagnes qui dominent le village; à recueillir des plantes, à les préparer pour être mises en herbier, à lier connaissance avec le pays et ses habitans, ou bien à découvrir les moyens de se rendre utile. Ici, c'étaient des mères auxquelles il donnait des conseils; là, des caresses qu'il distribuait aux enfans en leur parlant de leurs devoirs; plus loin, des secours qu'il portait dans la demeure isolée des malheureux ou qu'il sollicitait pour eux auprès de madame DE GIRARDIN. En un mot, tout son temps était employé, comme il le voulait, à donner un libre cours à ses goûts simples, à ses douces rêveries, à ses habitudes bienfaisantes. Il avait retrouvé cette île Saint-Pierre, où ses jours, remplis par les occupations et les plaisirs les plus simples, s'écoulaient comme des heures, où, sa loupe à la main et son LINNÉ sous le bras, il se livrait aux amusemens d'une science aimable, toute facile, et qui procure le vrai bonheur.

C'est dans cet état de paix, qu'il ressentit le 1ᵉʳ juillet quelques accès de colique, dont il se plaignait souvent, et auxquels il était sujet depuis plus de vingt ans. Ils ne l'empêchèrent cependant point de faire sa promenade comme à l'ordinaire et d'herboriser gaîment presque toute la journée : ces coliques n'étaient ni longues ni aussi poignantes qu'elles le sont presque toujours après une vie aussi orageuse, avec une sensibilité aussi exquise. Il soupa de bon appétit et passa bien la nuit.

Le lendemain, 2 juillet, il se leva, comme de coutume, de bon matin, alla se promener au soleil levant , fit le tour du lac où se trouve l'île des Peupliers, et revint par la cascade cueillir du mouron : c'était son plaisir d'en apporter chaque jour à ses serins, qu'il appelait ses petits musiciens. Rentré chez lui , il déjeune, prend avec plaisir sa tasse de café au lait (1), que sa femme lui avait préparée : quelque temps après, au moment où elle sortait pour les soins journaliers du ménage, il lui recommande de payer, en passant, un ser- rurier qui venait de travailler pour lui , et sur- tout de ne rien lui rabattre sur son mémoire, parce que cet ouvrier paraissait un honnête hom- me. Ensuite il s'habille ; son intention est d'aller donner une leçon de chant à mademoiselle So- PHIE DE GIRARDIN (2), qui lui avait témoigné le désir de connaître son secret, c'est-à-dire, de chanter plus pour le cœur que pour l'oreille, plus avec l'âme qu'avec la voix ; mais il n'a pas plus tôt atteint la première cour, que, éprouvant un ma- laise général , il revient sur ses pas , monte, non sans peine, jusqu'à sa chambre, et se jette dans un fauteuil.

Sa femme, de retour, le trouve se plaignant de grandes anxiétés, de douleurs de coliques lanci- nantes. Elle envoie prévenir que ROUSSEAU se trouvait mal. Madame DE GIRARDIN, avertie la

______

(1) *Voyez* à ce sujet la note VIII, à la fin de ce volume.
(2) Depuis madame ALEXANDRE DE VASSY.

première, y courut aussitôt ; et comme il n'était pas neuf heures du matin, et que ce n'était point une heure à laquelle on eût coutume d'y aller, elle prit le prétexte de lui demander, ainsi qu'à sa femme, si leur repos n'avait pas été troublé par le bruit que l'on avait fait la nuit dans le village. — *Ah! madame*, lui répondit-il du ton le plus honnête et le plus attendri, *je suis bien sensible à toute votre sollicitude, à vos délicates bontés, mais vous voyez que je souffre, et c'est une gêne ajoutée à la douleur, que celle de souffrir devant le monde ; vous-même, vous n'êtes ni d'une assez bonne santé, ni d'un caractère à pouvoir supporter la vue de la souffrance. Vous m'obligerez, madame, et pour vous et pour moi, si vous voulez vous retirer et me laisser avec ma femme pendant quelque temps.* Elle se retira aussitôt en lui faisant promettre d'envoyer demander tout ce dont il pourrait avoir besoin, personnes ou choses.

Rousseau vit alors le terme de sa carrière ; c'est alors que, faisant ouvrir la croisée, il prononça ces mots : « Ouvrez, que je voie encore une fois ce » soleil dont il me semble que l'aspect riant m'ap- » pelle. Comme la nature est grande, comme elle » est belle ! Le bonheur luit enfin, je vais bientôt » goûter sous ces arbres la paix éternelle, cette » paix inaltérable que j'ai tant désirée..... Il faut » nous quitter, Thérèse......... J'ai toujours sou- » haité de mourir sans maladie et sans médecin,

» et que vous puissiez me fermer les yeux. Mes
» vœux vont être exaucés. Si je vous donnai des
» peines, si, en vous attachant à mon sort, je
» vous ai causé des malheurs que vous n'auriez
» jamais connus sans moi, je vous en demande
» pardon. »

Cependant ses maux augmentaient. A dix
heures, il souffrait déjà cruellement; des picot-
temens très-incommodes se manifestaient à la
plante des pieds; il se plaignait en même temps
d'une sensation de froid le long de l'épine dor-
sale, si profonde, qu'il la comparait à un fluide
glacé. A ces douleurs succédèrent d'affreux tirail-
lemens d'estomac; le mal gagna aussi la tête:
il en exprimait la violence extrême en portant
les deux mains sur son front. RÉNÉ DE GIRARDIN
était alors près de lui, qui lui prodiguait tous
les soins de l'amitié. ROUSSEAU, vivement attendri, le mouille des larmes de la reconnaissance.
Bientôt, rassemblant toutes ses forces, il se lève,
veut se rendre seul dans un cabinet voisin. Sa
femme et RÉNÉ DE GIRARDIN entendent du bruit,
ils accourent. ROUSSEAU, tombé sur la tête, est
sans parole et sans mouvement; on le relève; du
sang sort d'une légère blessure que dans sa chute
il s'est faite au front. On le porte aussitôt sur son
lit, il donne encore signe de vie, quoique frappé
par un coup d'apoplexie séreuse. Il ouvre les
yeux, et meurt tenant serrées les mains de son

généreux ami et en même temps celles de THÉ-
RÈSE, comme pour lui pardonner tous les maux
dont elle l'avait abreuvé.

Ainsi périt ROUSSEAU, à soixante-six ans, dans
le court espace de deux heures et demie. Son
visage attestait que sa mort avait été douce; il
avait, deux jours après, pleinement conservé toute
la sérénité de sa belle âme : on eût dit qu'il ne
faisait que dormir en paix, du sommeil de l'homme juste.

Le lendemain, 3 juillet, le sculpteur HOUDON
vint mouler l'empreinte de son buste, et le soir
même son corps fut ouvert, ainsi qu'il l'avait
exigé à deux reprises différentes, en présence de
deux médecins et de trois chirurgiens. Le pro-
cès-verbal qui en a été dressé prouve que toutes
les parties en étaient parfaitement saines, et que
l'on n'a trouvé d'autre cause d'une mort aussi
subite, aussi extraordinaire, qu'un épanchement
de sérosité sanguinolente qui enveloppait le cerveau. Le 4, il fut embaumé et renfermé dans un
cercueil, du bois le plus pur, recouvert de plomb
en dedans et en dehors, avec plusieurs médailles qui contiennent son nom, son âge et la date
de sa mort. Le même jour, les dépouilles mortelles du grand homme furent déposées dans l'île
des Peupliers. L'inhumation eut lieu le soir par le
plus beau temps du monde. La lune, dans tout
son éclat, étendait sa lumière pâle et douce sur

cette scène de douleur. Les spectateurs étaient nombreux, ils couvraient les deux rives du lac et même les montagnes qui le couronnent : tous conservèrent un silence religieux, tous versèrent des larmes, tous gémissaient d'avoir perdu un père, un ami (1).

Qui croirait cependant que ces faits, connus de tout le pays, rapportés par des témoins oculaires, attestés par des actes authentiques, ont moins de crédit sur certains esprits que deux fables inventées par le maître de poste de Louvres et par une femme savante, qui n'ont rien vu de l'événement, ni avant, ni après? Selon la supposition du premier, devenue plus étrange par l'attache d'un Genevois que Rousseau croyait son ami, Jean-Jacques s'est tué d'un coup de pistolet ; selon madame de Stael, au contraire, il s'est empoisonné dans une tasse de café. Depuis peu, une troisième version, celle de M. de Musset Pathay, concilie les deux premières, et pense

____

(1) J'ai recueilli les détails qu'on vient de lire, non-seulement pendant mes différens séjours à Ermenonville, dans mes promenades au Plessis-Belleville, où j'ai vu Thérèse Levasseur ; dans mes courses à Fontenay-aux-Roses, où vivait Lebègue de Presle, le médecin et l'ami de Jean-Jacques ; et dans mes relations avec Réné de Girardin ; mais encore dans une lettre de son fils Stanislas à M. de Musset, en date du 8 juin 1824, et des pièces justificatives imprimées à la suite, etc.

« que, pour accélérer le moment fatal, Jean-
» Jacques employa les deux moyens ; c'est-à-
» dire, qu'il se prépara lui-même et prit le
» poison ; et que, pour abréger la lenteur de ses
» effets, la douleur des souffrances, il les termina
» par un coup de pistolet (1). »

Le maître de poste a tenu un propos absurde,
qu'il lui était impossible d'apprécier et de justifier ; en l'épousant, Olivier de Corancez n'a
point fait preuve d'amitié pour Rousseau, ni
de respect pour sa mémoire ; et comme il a for-
mellement refusé d'acquérir la preuve du contraire par l'ouverture du cercueil, ainsi que le lui
proposait Réné de Girardin, il devient seul
passible d'un mensonge grossier, je dirai plus,
d'une basse calomnie. Eh ! quelle confiance peut-
on lui accorder, quand on sait que de Corancez
avait offert sa maison de Sceaux pour retraite
au philosophe, qui l'avait d'abord acceptée, mais
qu'il refusa depuis pour venir à Ermenonville ;
et que, piqué d'une telle préférence, on le voit
adopter un propos méprisable, puis inventer la
prétendue prière faite par Rousseau à un jeune
chevalier nommé Flamanville, de lui trouver
un asile dans un hôpital ; enfin écrire, vingt ans
après sa mort, pour outrager à ses mânes, pour

____

(1) Tome I, page 281, de son *Histoire de la vie et des
ouvrages de J.-J. Rousseau.*

dirc *que son cerveau était dérangé,* pour avancer et même soutenir *qu'il s'était débarrassé lui – même d'une vie qui lui était devenue insupportable* (1).

C'est une remarque singulière, mais tous ceux qui se montrèrent les plus zélés à rechercher l'amitié de Rousseau, qui ont le plus tiré vanité de leurs relations avec lui, ont tous, sans exception, fini par l'insulter, par mentir sur sa tombe. Cette conduite uniforme annonce que tous agirent dans des vues secrètes d'amour-propre et de perfidie, que Jean - Jacques sut les deviner, et qu'en s'éloignant d'eux, qu'en fuyant les piéges qu'ils tendaient à sa bonne foi, à sa sensibilité, il leur paya le juste salaire qu'ils méritaient (2).

Madame de Staël, en s'emparant, à dix-huit ans, de la plume de femme écrivain, voulut attirer sur elle l'attention : elle crée un roman, le publie, et pour donner quelque apparence de réalité au délire de son imagination, elle parle *des viles inclinations de Thérèse pour un homme de l'état le plus bas ;* elle montre Rousseau, *accablé de cette découverte, et restant,* peu de jours avant celui si triste qui vit finir sa vie, *huit heures de suite sur le bord*

---

(1) Page 63 de sa brochure intitulée : *De J.-J. Rousseau. Extrait du Journal de Paris, des numéros* 251, 256, 258, 259, 260 *et* 261, *de l'an VI.* In-8°.

(2) *Voyez* la note IX, à la fin de ce volume.

de l'eau dans une méditation profonde (1). Ne semblerait-il pas qu'elle fut témoin de ces scènes déchirantes. Cependant c'est onze ans après la mort du grand homme qu'elle écrit, c'est sur des ouï-dire, c'est d'après ses seules idées qu'elle déclare que Rousseau s'est empoisonné. Le motif qu'elle allègue n'existait pas encore, et l'action qu'elle lui prête était aussi loin de son cœur qu'en contradiction manifeste avec ses principes, avec ses écrits; mais elle voulait être auteur, à quelque prix que ce fût!

Si les deux premières versions sont controuvées, que dirai-je de la troisième? Elle étonne de la part d'un homme aussi recommandable que M. de Musset Pathay, d'un homme qui professe, dans son édition des Œuvres de Jean-Jacques, et dans l'Histoire de sa vie, la plus profonde admiration pour son génie, pour ses vertus, et qui le justifie si bien des torts qui lui sont reprochés et des contradictions qui lui sont imputées. Etablie sur une base fausse, elle tombe d'elle-même.

Que l'on considère ou non le coup de pistolet comme une absurdité, et le poison versé dans la

---

(1) Page 120 de la brochure intitulée : *Lettres de madame la baronne de Stael, fille de M. Necker.* Paris, 1788, édition in-8°; et page 144 de l'édition in-12, Paris, 1798.

tasse de café comme un mensonge, cela ne porte aucune atteinte à la mémoire de ROUSSEAU; mais refuser toute confiance à des hommes d'honneur témoins oculaires, à des actes publics, n'est-ce pas détrôner la vérité, n'est ce pas outrager aux lois, et détruire toutes les garanties sociales, tous les liens des familles? Je sais que l'on abuse de tout, qu'il y a des êtres assez pervers pour se prêter à toutes les bassesses, à tous les crimes; mais ici quel intérêt RÉNÉ DE GIRARDIN avait-il à cacher le genre de mort de ROUSSEAU? Il avait payé sa dette à l'illustre écrivain, au philosophe malheureux; il était fier de le posséder. Mort ou vivant, il appartenait désormais à Ermenonville. Dans aucun cas RÉNÉ DE GIRARDIN ne pouvait être responsable des actions de JEAN-JACQUES, et quand il aurait voulu jeter un voile mystérieux sur sa fin, aurait-il pu commander le silence à tous les habitans du village, et suborner les médecins, chirurgiens et officiers publics qui le virent, qui présidèrent à l'ouverture après sa mort? Pouvait-il en imposer à l'artiste habile qui prit l'empreinte de sa figure, et à ce bon LEBÈGUE DE PRESLE, le seul ami de ROUSSEAU demeuré vraiment fidèle, qui déclara publiquement que *le suicide était contre les principes du grand homme, et s'être assuré, par l'examen le plus scrupuleux de toutes les circonstances qui ont accompagné, précédé ou suivi sa mort, qu'elle a été naturelle et non pro-*

voquée (1)? Penser à l'encontre de ces faits est une faute, l'écrire et le publier, c'est mentir à sa propre conscience. Toutes les âmes sensibles adopteront, comme nous, la déclaration de ceux qui fermèrent les yeux au grand homme : c'est aussi le témoignage qu'adoptera la postérité.

En sortant de la maison où ROUSSEAU cessa de vivre, plusieurs centaines d'hirondelles, rassemblées en nuage, toutes poussant le cri d'alarme, m'arrachèrent aux tristes souvenirs qui m'occupaient. Je voulus connaître le motif de tant d'agitation. Un moineau s'était emparé d'un nid d'hirondelle, bâti depuis plusieurs années sous l'avant-toit d'une tourelle voisine ; il refusait de le rendre aux époux à qui il appartenait. Tous les deux assaillent vivement l'usurpateur qui se défend avec force et rend l'attaque impuissante en se blottissant au fond du nid. L'un, harassé de fatigue, laissant à l'autre le soin de continuer le blocus, va demander du secours. Sa prière est écoutée ; toutes les hirondelles du canton arrivent, se pressent, menacent l'audacieux, qui se rit de leurs cris. Elles ne peuvent le faire déguerpir : il faut cependant que le crime soit puni. Après une assez longue hésitation et un conseil tumultueux, l'une des assaillantes ouvre un avis lumineux,

---

(1) *Relation des derniers jours de Rousseau ; circonstances de sa mort*, etc., in-8°. Paris, 1779.

propose un moyen de venger promptement la république; toutes d'applaudir aussitôt. On place deux gardes à l'entrée du nid, et la bande amie va chercher tout ce qu'il faut pour exécuter l'arrêt prononcé. Chacune apporte son tribut; en un instant l'entrée du nid est fermée avec le même mortier dont il est construit. Quand le moineau fut claquemuré, et par conséquent condamné à une mort certaine, les hirondelles joyeuses prirent leur vol et coururent purger les champs et les potagers de ces insectes destructeurs qui sont le fléau de l'industrie agricole.

Dans ce moment on me fit remarquer un vieillard appuyé sur le parapet du pont : c'est à lui que Rousseau donna sa montre un mois avant sa mort. « Tiens, lui dit-il, tiens, brave homme, » prends-la, d'aujourd'hui je daterai ma liberté. » J'étais son esclave, je rentrais à l'heure qu'elle » m'indiquait; maintenant je ne rentrerai plus » que pressé par la faim (1). » J'ai offert en échange à ce bonhomme, ma montre, un anneau de prix et une pièce d'or; rien ne le tenta : « M. Rousseau me l'a donnée, me répondit-il, » elle sera le plus bel héritage de mon fils. »

Prêt à rentrer au logis, Uranie vient à moi,

____

(1) « La montre du sage est l'égalité d'humeur et la paix de l'âme; il est toujours à son heure, et il la connaît toujours. » *Emile,* liv. III.

accompagnée de deux jeunes et jolies filles de son âge; elles me proposent une promenade sur le lac. Je cède à leur demande.

Nous atteignons bientôt au rivage, nous voilà tous quatre dans la barque. Pendant que nous voguons au gré des ondes, je m'occupe à observer la dégradation successive du jour jusqu'au moment où les ténèbres enveloppent la nature entière. D'abord les ombres commencent à descendre des plus grands arbres, elles s'agrandissent et le bruit va toujours en décroissant; les oiseaux ne chantent plus; la voix du chalumeau meurt avec la voix sourde de l'écho fatigué; la nuit enfin règne et nous montre la vaste étendue des cieux, toute parsemée d'étoiles brillantes. Mes petites babillardes elles-mêmes se taisent et respectent le silence qui nous enveloppe de toutes parts. La lune se fait jour à travers l'ombre obscure de la forêt; ses rayons argentés, flottant sur la cime indéterminée des chênes et des ormeaux, et imprimant sur le lac une longue traînée, éclairent à mes yeux un tableau nouveau, plus doux, peut-être plus triste, mais plus convenable au monument de l'île des Peupliers; de jour ce paysage est trop vivant, la fraîcheur et la variété du coloris, les rayons animés du soleil lui donnent un air de gaîté peu propre à la rêverie. Le calme est ce qu'elle demande; j'en jouissais pleinement. Un vent léger frémissait dans le feuillage, et parfois

le rossignol solitaire me ménageait une surprise
agréable en poussant jusques à moi ses soupirs
harmonieusement cadencés. J'avais du plaisir à
l'entendre varier les accens de sa voix : tantôt il
les prolonge, tantôt il éclate en sons brillans et
rapides, ou bien il prend une teinte mélancolique;
on croirait à chaque soupir qu'il expire de douleur : les collines prochaines, sensibles à ses
plaintes touchantes, y répondent par un tendre
gémissement. J'aurais passé la nuit tout entière
dans cette situation enchanteresse.

SEPTIÈME PROMENADE.

L'Amour vole ; il a pris son essor vers la terre.
Depuis l'oiseau qui plane au foyer du tonnerre,
Jusqu'aux monstres errans sous les flots orageux,
Tout reconnaît l'Amour, tout brille de ses feux.

ROUCHER, les Mois, ch. V.

QUEL charme a sur notre âme ce moment du matin, où, pleines d'impatience, les fleurs commencent à déployer leurs feuilles pour recevoir les pleurs de l'Aurore ; chacune veut être la première à épanouir son sein, à exhaler ses doux parfums. Le sautillant roitelet, ami de la ferme, chante joyeux sur la poutre qui soutient le chaume des cabanes ; les cris du coq éveillent les poules glapissantes ; les chantres des forêts font entendre

leurs premiers concerts, tout échappe aux langueurs du sommeil, l'homme des champs reprend avec joie ses rustiques travaux. Que dans
ce court instant la campagne est riante! La rosée
étincelle sur l'herbe molle qu'elle émaille de
mille couleurs diverses. Les eaux reflètent les
feux du ciel; elles reproduisent les élégantes formes des buissons assis sur leurs rives, et offrent
la vive image du mouvement qui s'imprime
partout. Le laboureur sur ses guérets, le bûche-
ron dans les bois, le berger dans les plaines, et les
nombreux troupeaux qu'il dirige avec sa houlette
et son chien, tous m'attestent le vrai plaisir, tous
me peignent les transports de la gaîté bienfaisante, l'heureuse harmonie des êtres. Magnifique tableau! mais combien plus ravissant il
était pour mon cœur quand je le contemplais
avec ma bien-aimée! Sa présence donnait un
mérite de plus aux accords de la nature; l'habitude de penser et de sentir comme elle pro-
longeait ma douce ivresse! je lisais dans son
âme le bonheur, et je l'éprouvais plus vivement.
Il ne lui suffisait pas de me savoir heureux, elle
aurait voulu faire participer tous les hommes à
la félicité. Combien de fois les pauvres et les
affligés ne l'ont-ils pas vue descendre dans leur
sombre demeure et verser sur leurs plaies un
baume salutaire. Comme tu étais sublime, ô
délices de ma vie, quand, tendrement portés vers

moi, tes yeux m'interrogeaient sur le bien que tu méditais! alors il ne me restait plus rien à désirer; je possédais un trésor, je pouvais tout braver, tout supporter; je pouvais sans crainte suivre les mouvemens de mon âme ardente; mais, aujourd'hui que je suis seul, exposé aux coups de l'adversité, livré tout entier à mon impuissance, le bonheur a fui loin de moi; la nature a perdu de ses charmes, mon âme est sans cesse dévorée par la douleur. Si je trouve quelque plaisir à revoir Ermenonville, à parcourir ce beau pays, c'est qu'en tout il est conforme à l'état de mon cœur, c'est que partout il me parle de celle que je pleure, c'est qu'il me reporte sans secousse violente aux belles journées que nous y passâmes ensemble. Cette jouissance est bien faible, je le sais, mais s'il me fallait y renoncer, je ne trouverais plus de ressources que dans la mort. Mes souvenirs empireraient ma situation, dont je sens toute l'horreur. Cependant il me reste une consolation dans mon désespoir; elle est unique, mais elle est douce, mais je la tiens de ma femme. C'est de toi que je veux parler, ô ma fille, ô mon URANIE! Depuis que j'ai perdu ta mère, je m'appuie davantage sur toi. En toi seule est toute mon espérance. La pensée de ton amour, celle si bienfaisante de tes tendres soins, allégent mes maux : puisse, ô ma fille, le bonheur être ta récompense!

Des larmes coulaient abondamment le long de mes joues; de profonds soupirs s'échappaient de ma poitrine oppressée : dans ce moment ma fille s'éveille, elle se précipite dans mes bras, me serre contre son sein, me console, et la douceur de ses paroles, pénétrant jusqu'à mon âme, suspend le cours de mes pleurs.

Nous nous mettons en marche, et, de sentiers en sentiers, nous arrivons au hameau. Il est situé dans une belle plaine entrecoupée d'eaux vives, et embaumée par les tiges nombreuses du thym et du serpolet, des liserons, des trèfles et des lychnides aux jolies fleurs rouges. Nous y vîmes un nuage d'or, répandant autour de lui une odeur balsamique, descendre sur la saussaie voisine : c'était un message amoureux que le saule marsault envoyait à sa compagne, qu'un destin jaloux tient éloignée de lui : comme le palmier, à l'aide des zéphirs, ils s'unissent tous deux. Les baisers de l'amant volent à travers la prairie, et parviennent à son amante, qui déploie alors sa robe nuptiale. Nous vîmes aussi le taureau, dompté par l'amour, poursuivre gaîment la génisse errante; non loin d'elle, la chèvre, pour ainsi dire suspendue aux arbrisseaux, broutait leurs jeunes pousses; dans le lointain, le poulain hennissant, folâtrait, courait, s'éloignait et se rapprochait de sa mère, et près de nous la brebis bêlante, qui doit dans peu de jours livrer sa toison aux larges ciseaux des tondeurs, et signaler le triomphe ou la honte des bergers. Nous prîmes plaisir à suivre leurs jeux, à écouter leurs joies, dont les expressions variées se mêlaient au bruissement des zéphirs, au mouvement des ondes, au ramage des oiseaux, aux doux sons du chalumeau, aux airs rustiques des pasteurs. Je me crus un instant transporté au sein de ces délicieuses vallées de la Suisse, où nous goûtâmes, CHARLOTTE et moi, tant d'heures délicieuses.

J'étais dans cette sorte d'extase qui rafraîchit l'âme et donne de nouvelles forces à l'esprit, quand j'entrai dans le bocage. Des eaux pures y serpentent sur un lit de mousse et de sable; il est peuplé de jolies plantes et d'oiseaux qui semblent s'y complaire. Dans le cristal de la fontaine mille petits poissons dorés nagent, plongent, se croisent, s'agitent en tous sens. A l'endroit où la source s'échappe en ruisseau, un cippe présente cette inscription :

Qui regna Amore (1).

Et plus bas ces deux vers empruntés au chantre de Vaucluse :

L'acque parlano d'amore, e l'aura, e i rami,
E gli augeletti, e i pesci, e i fiori e l'erba (2).

---

(1) Ici règne l'amour.
(2) Les eaux, les vents légers et les arbres, les oiseaux

Quiconque possède une âme sensible doit goûter en ce bocage une rêverie douce et profonde; il doit s'y perdre avec une délicieuse ivresse dans les souvenirs les plus agréables. O fleurs, prodiguez vos bouquets, étalez partout vos plus belles formes, vos plus riches couleurs; mêlez, familles innocentes, vos douces essences au gazouillement des ondes, à la voix tendre des fauvettes. Et vous, arbres, déployez vos tentes de verdure; vous, zéphirs, par mille et mille artifices, courbez ces légers berceaux, formez partout des voûtes parfumées : c'est ici la retraite chérie des amours, tout y doit protéger le mystère; tout y doit respirer le bonheur. Que le myrte, fils de l'Asie indolente, et l'anémone au disque d'azur, que des groupes de roses et de jasmins, charment le cœur, fixent ici les doux jeux, y fassent naître les plus tendres épanchemens; que le plaisir pur circule dans toutes les veines et comble tous les vœux....... Mais que dis-je? Amour, Amour, fuis pour jamais loin de moi, tu m'enivrerais...... j'ai perdu mon amie!

Au milieu de la course du ruisseau dont nous suivons les détours sous des ombrages verts, je lis cette belle inscription :

---

et les poissons, les fleurs et l'herbe molle, tout parle d'amour, tout atteste sa puissance. PETRARCA, *Sonnetto* CCXXXIX.

Coule, gentil ruisseau, sous cet épais feuillage,
Ton bruit charme les sens, il attendrit le cœur.
Coule, gentil ruisseau, car ton cours est l'image
D'un beau jour écoulé dans le sein du bonheur.

Pressées entre deux rives où mille fleurs nouvelles inclinent leur calice, les ondes argentées du ruisseau roulent sur un lit de cailloux et de sable ; elles flattent également les yeux et l'oreille : ici, elles reçoivent le tribut de sept petites fontaines qui bouillonnent sans cesse ; plus loin, elles vont se perdre dans la rivière qui longe les domaines du hameau. Ce ruisseau, ma fille, est l'image de l'homme de bien, dont les journées s'écoulent sans bruit, sans ostentation, dans la pratique de la bienfaisance, ou plutôt il est l'image de la femme modeste, qui redoute l'éclat dangereux des plaisirs pour vivre tout entière au sein de son ménage, auprès de l'époux qu'elle aime, auprès des enfans qu'elle façonne à toutes les vertus. Telle fut ta mère, URANIE, telle tu dois être à ton tour.

Bientôt une grotte s'offrit à nos regards. Les feuilles de l'aune, les festons du lierre mollement penchés sur son cintre, n'y laissent pénétrer qu'un discret ombrage. Un banc de mousse règne tout autour, et en face on voit sourdre une jolie fontaine, dont les eaux limpides et fraîches soulèvent des monticules de sable pour s'unir au cristal du ruisseau.

O limpide fontaine! ô fontaine chérie!
    Puisse la sotte vanité
Ne jamais profaner ta rive humble et fleurie!
Que ce simple sentier ne soit point fréquenté
    Par l'ambition et par l'envie!
Un bocage si frais, un séjour si tranquille,
Aux tendres sentimens doit seul servir d'asile.
Ces rameaux amoureux, entrelacés exprès,
Aux Muses, aux Amours, offrent leur voile épais.
    Et le cristal de l'onde pure
    A notre œil ne veut réfléchir
    Que les grâces de la nature
    Et les images du plaisir.

Cette grotte donne une idée des lieux de délices chantés par HORACE, sous le nom de *Nymphées,* qui, dans les champs de la Sabine et du Latium, m'ont souvent offert leur fraîche obscurité contre les ardeurs absorbantes des jours caniculaires : doux asile, où le murmure des eaux se marie au léger bruissement des feuilles du pâle peuplier et du pin audacieux.

Au détour du petit sentier que je pris, derrière un massif de lilas et de seringats, se présente un temple dédié au doux loisir et aux Muses, *Otio et Musis.* Il est bâti aux bords d'une pièce d'eau sur laquelle voltigent mille insectes brillans et vifs qui, naguère encore, sous la forme de larve, et cachés au fond d'un entonnoir de sable fin, tendaient patiemment des piéges aux mouches et aux fourmis, qu'ils dévoraient avec tant de cruauté.

J'entre dans le temple : sa forme ronde le rend gracieux. La voûte est découverte. L'œil aime à voir l'azur des cieux à travers les rézeaux de verdure qui couronnent ce temple. *Apollon* occupe le sanctuaire entre la Muse de l'astronomie et celle qui préside à l'histoire. On voit ensuite *Euterpe* et la douce *Érato; Terpsichore* au pied léger, et *Polymnie, Calliope, Melpomène* si funeste aux tyrans, et la gaillarde *Thalie.* Les fleurs nouvellement écloses que je trouve sur l'autel y furent sans doute déposées par un jeune poète : c'est en action de grâces des heureuses inspirations qu'il a reçues des divines sœurs.

En quittant le bocage, on entre dans une belle prairie. La première chose qui frappe l'œil, c'est un peuplier d'Italie, dont la longue colonne de verdure a près de trente mètres. Du sein même de ses racines surgit une source. C'est le premier arbre qu'ait planté Réné de Girardin, lorsque, en 1763, il jeta les premiers fondemens des beaux jardins d'Ermenonville.

De là on plane sur un monument à demi caché par un groupe d'arbres. C'est un simple regard d'eau, que le bon goût n'a pas voulu perdre. Il est consacré au souvenir de Laure, de cette femme si tendrement aimée, et si cruellement pleurée par l'un des plus grands hommes du XIVᵉ siècle. On y lit ces vers touchans :

Chiare, fresche, e dolci acque,
   Ove le belle membra
Pose colei che sola a me par donna.
Se lamentar augelli, o verdi fronde
Mover soavemente all' aura estiva,
O roco mormorar di lucid' onde
S'ode d'una fiorita, e fresca riva;
Là v'io seggia d'amor pensoso, e scriva,
Lei che 'l ciel ne mostrò, terra nasconde.

Voltaire a parfaitement rendu la pensée du malheureux **Pétrarque** :

Claire fontaine, onde aimable, onde pure,
Où la beauté qui consume mon cœur,
Seule beauté qui soit dans la nature,
Des feux du jour évitait la chaleur !
   Arbre heureux, dont le feuillage,
   Agité par les zéphirs,
   La couvrit de son ombrage,
   Qui rappelle mes souvenirs,
   En rappelant son image !
Ornemens de ces bords, ô filles du matin,
Vous dont je suis jaloux, vous moins brillantes qu'elle,
Fleurs qu'elle embellissait quand vous touchiez son sein ;
Rossignols dont la voix est moins douce et moins belle;
Air devenu plus pur, adorable séjour,
   Immortalisé par ses charmes :
Lieux dangereux et chers, où de ses tendres armes
   L'amour a blessé tous mes sens,
   Ecoutez mes derniers accens,
   Recevez mes dernières larmes.

Un jour que j'étais seul, et que les ardeurs de la canicule me portaient à venir ici chercher le frais, je découvris une jeune fille plongée dans le bassin. Elle était jolie ; quinze printemps et de longs cheveux noirs flottant sur ses épaules la rendaient plus belle encore. Je respectai le calme dont elle jouissait, et les vertus simples qui la voilaient à mes yeux. Cependant j'effeuillai quelques roses dont je jonchai les marches qu'elle devait remonter, et à ces fleurs, symbole de la beauté, je mêlai un collier de perles blanches. J'allai me cacher derrière une grosse touffe de sorbier. Bientôt elle se lève, je crois voir Vénus sortant des eaux ; elle reconnaît qu'elle a été surprise, elle rougit ; mais elle voit le collier, elle en orne son sein, elle oublie qu'elle est nue, et se livre aux doux tranports d'une aimable coquetterie : cet instant fut court, le second l'arracha trop tôt à son enchantement ; elle reprend ses habits et s'éloigne d'un pas léger. Je l'ai revue depuis assise avec ses compagnes ; mais elle ignore d'où lui vient ce collier, qu'elle a long-temps porté. — Je me rappelle toujours cette scène avec plaisir.

URANIE voulut visiter le moulin, dont la bâtisse est d'un bon style et dans le goût des fabriques italiennes. Nous demandâmes à entrer. On nous reçut avec une extrême obligeance. Le meunier prit plaisir à nous détailler cette belle usine, où, par des procédés ingénieux et nouveaux, on retire du froment tout ce qu'il offre de parties alimentaires, depuis la fleur de farine jusques aux recoupettes. Ce moulin est établi d'après le système perfectionné de la mouture économique, dont l'idée première appartient à César Buquet. Le blé y est successivement épuré et nettoyé de toutes les mauvaises graines et poussières qui s'y trouvent mêlées; il y est moulu à perfection; et ses farines, bien dépouillées des sons, recoupes et gruaux, s'y présentent sous l'aspect le plus brillant. Toutes les parties de cette grande machine agissent et sont mises en mouvement par la force motrice d'une seule roue à aubes.

Nous vîmes ensuite un coteau planté de vignes, un pressoir et la maison du vigneron, dont la jolie forme est empruntée au temple de Bacchus de l'ancienne capitale du monde. Nous nous trouvâmes bientôt après au pied d'une tour à qui l'on donne le nom de *Tour de Gabrielle*. Malgré le casque, la cotte d'armes et la cuirasse du brave Dominique de Vic, qu'on y montre au voyageur, ce petit donjon, de forme gothique, n'offre rien à la pensée; aucune tradition historique ne le recommande; mais il est bâti au milieu d'une île riante que l'on parcourt avec plaisir, et où l'on se délasse en s'égarant dans les allées tortueuses d'un vaste labyrinthe. On y trouve rassemblés les arbustes et les fleurs de tous les pays, que la culture et la patience ont habitués à notre climat;

le printemps aime à verser sur cette île enchantée tous les dons de sa riche corbeille. Le sophora du Japon étale avec orgueil son feuillage pittoresque sur le rosier du Bengale; au-dessus des massifs de baguenaudiers indigènes (*colutea arborescens*), montent l'élégant févier (*gleditsia triacanthos*), qui nous est venu des forêts de la haute Virginie; l'érable à sucre (*acer saccharinum*), le cytise des Alpes (*cytisus laburnum*), le bois bouton (*cephalantus occidentalis*), et l'épine-vinette (*berberis communis*), tant calomniée; à côté de l'ansérine pyramidale (*chenopodium purpurescens*), on voit l'hélianthe du Pérou (*helianthus annuus*), dont le large disque suit le cours du soleil; et près de l'alysse d'or (*alyssum saxatile*) couronnée de petites fleurs, et de la bugrande (*ononis altissima*) chargée de longs épis pourpres, on remarque la fritillaire de Thrace (*fritillaria imperialis*), la reine des prés (*spiræa ulmaria*), et l'adonide printanière (*adonis vernalis*).

Sur le bras de la rivière qui tourne l'île de Gabrielle, j'ai vu le nid flottant d'un cygne; la femelle y veillait sur cinq petits nouvellement éclos; à mon aspect, surprise et craignant pour les fruits de ses brûlantes amours, elle jette un cri; le mâle accourt aussitôt, s'agite en tous sens, gonfle ses ailes, me lance un regard menaçant, et comme je m'obstinais à demeurer, à doubler son inquiétude, il se soulève indigné et

fond sur moi avec impétuosité. Grâces aux branches touffues des arbrisseaux qui nous servirent
de retraite, nous échappâmes à la force de son
aile, à la force de son bec, à la juste colère que
j'avais excitée. Il me chercha long-temps, tourna
plusieurs fois l'île avec une vitesse incroyable
pour me découvrir, et, assuré de ma fuite, il
revint auprès de sa famille. Je pus alors applaudir en toute liberté au noble sentiment qui
porte un père et une mère à défendre leurs enfans. Je dois avouer aussi que cette petite scène,
qui pouvait avoir pour nous des suites extrême-
ment fâcheuses, me fit faire quelques réflexions.
Je n'avais alors admiré dans le cygne qu'un naturel doux et des habitudes paisibles, maintenant
je peux parler de son énergie. Ce volatile, cher
aux Gaulois et même aux Francs, ne cherche pas
le combat, mais s'il est attaqué, il se défend
toujours avec courage, et ne cède la victoire
qu'avec la vie.

Dans notre fuite nous gagnâmes le verger, où
nous découvrîmes la petite maison que l'amitié
fit construire exprès pour servir de demeure ha-
bituelle à Rousseau, mais dont il n'a pu jouir.
Cette jolie maisonnette, devenue logeable deux
mois après sa mort, fut immédiatement après
occupée par Thérèse Levasseur (1).

____

(1) Elle y demeura plus d'un an, et se retira ensuite au

Nous traversâmes ensuite le jardin potager, dont la distribution est bien entendue; les arbres y sont heureusement groupés, et par les fleurs qui les ornent aujourd'hui, l'on peut assurer qu'ils donneront des fruits abondamment. Les légumes jouissent de l'air et de la lumière, ils se développent sans se nuire, et présentent un aspect intéressant, je dirai même fort agréable. C'est peut-être le potager le mieux tenu que je connaisse; tout le terrain est mis à profit; il est coupé convenablement, et s'éloigne en tout point de la méthode vicieuse que l'on suit ordinairement.

J'aimais à suivre les entours de ce coin de terre utile, où les légumes sont bons et les fruits savoureux, où toutes les productions se trouvent en harmonie avec le site et le pays. Le goût a présidé partout à la disposition et à l'arrangement qu'on y remarque. Aussi n'est-il aucune partie de ce délicieux canton qui ne soit une promenade agréable, qui n'offre un point de vue séduisant.

Près de là est un bâtiment gothique qui sert

Plessis-Belleville, à une demi-heure de chemin d'Ermenonville, où elle mourut le 12 juillet 1801, âgée de 79 ans et dix mois. Cette femme naquit à Orléans le 21 septembre 1721 ; elle ne s'est point mariée, mais elle a vécu avec John Bailly, ancien palefrenier, et puis valet de chambre de René de Girardin, qui lui a survécu de deux ans.

d'habitation au jardinier. A l'extrémité d'une belle allée de tilleuls, on entre sous des fourrées de lilas fleuris (*syringa vulgaris*), de spirées du Mont-d'Or (*spirea chamœdrifolia*), de quinte-feuilles en arbre (*potentilla fruticosa*), de viornes (*viburnum opulus*), de chionanthes (*chionanthus virginica*), et de houx (*ilex aquifolium*) que les ans ont privés de leurs épines. Au-dessus de nos têtes se marient ensemble les grappes pendantes du robinier (*robinia pseudo-acacia*), les fleurs argentées du seringat (*philadelphus coronarius*) et du cerisier odorant (*prunus mahaleb*). Les yeux se portent ici sur les petits bouquets de couleur purpurine du gaînier (*cercis siliquastrum*), qui montent depuis le bas de son tronc jusqu'aux extrémités des rameaux ; là sur des branches palmées de l'arbre de vie (*thuya occidentalis*) et les spirales du chèvre-feuille (*lonicera caprifolium*) dont les flexibles mains embrassent tout ce qui les avoisine ; partout sur des buissons où le roitelet, la linotte et le pinson aiment à cacher leurs nids. Sous ces touffes parfumées, que domine un saule d'une hauteur extraordinaire, on a placé plusieurs bancs ; tous sont situés d'une manière délicieuse. J'ai su par une inscription, que

Le bon JEAN-JACQUES sur ces bancs
Venait contempler la nature,
Donner à ses oiseaux pâture,
Et jouer avec les enfans.

Je regardais les arbres, les arbrisseaux, toutes les plantes dont j'étais, pour ainsi dire, enveloppé ; j'admirais leur étonnante variété, je les interrogeais sous le rapport de leur utilité pour l'homme, pour les animaux qu'il s'est assujétis, et pour les arts qu'il cultive, quand j'aperçus au pied de vieux platanes un autel rustique. Je franchis le ruisseau limpide qui m'en séparait, et je bénis la main qui, sous l'ombre religieuse de cet arbre célèbre, se plut à consacrer un *Autel à l'amitié*. Le cœur jouit lorsqu'il trouve un monument qui lui parle du cœur. Sur la pierre on lit ces mots :

A l'Amitié, le baume de la vie.

Et plus bas :

Mon ami est un autre moi-même.

Que de tendres souvenirs cet autel et cette simple inscription ramènent sur le cœur ! comme ils charment mon âme !

« O divine Amitié ! félicité parfaite !
Seul mouvement de l'âme, où l'excès soit permis,
Corrige les défauts qu'en moi le Ciel a mis.
Compagne de mes pas dans toutes mes demeures,
Et dans tous les états et dans toutes les heures ;
Sans toi tout homme est seul ; il peut, par ton appui,
Multiplier son être et vivre dans autrui.
Amitié, don du Ciel et passion du sage,
Amitié, que ton nom couronne cet ouvrage. »

C'est à juste titre que l'on a placé l'autel de l'amitié près d'un platane. Théophraste et Pline regardent cet arbre utile et agréable comme l'arbre de plus longue durée ; c'était celui que l'ami plaçait sur la tombe de son ami ; c'était celui que les Grecs ingénieux plantaient devant les écoles de philosophie ; sous son ombrage Socrate aimait à se reposer, et les premiers Romains le choisissaient pour protéger leurs banquets joyeux. C'est encore aux branches rameuses du platane, sous lequel elles vivent, que les tribus sauvages de l'Amérique septentrionale suspendent sur un lit de fleurs et de verdure les restes précieux de l'enfant victime d'une mort prématurée. Ce fut aussi sur l'écorce d'un antique platane (1), où nous respirions le frais et d'où nous jouissions d'une vue superbe de l'Apennin, que, peu de mois après notre union, je gravai le nom de ma Charlotte

------

(1) C'est le plus bel individu que j'aie vu ; il existe auprès d'Ascoli, États de Naples, dans une propriété appartenant à la famille Parisani. Il avait alors, en 1807, près de neuf mètres de circonférence et vingt-cinq d'élévation. Son intérieur était creux, et cependant chaque année il donnait des signes d'une végétation encore vigoureuse. On m'assure qu'il a péri en 1818. Si le fait est vrai, le rapprochement est remarquable, puisque c'est dans la même année que j'ai eu le malheur de voir mourir la plus tendre et la plus chère moitié de moi-même.

et le mien : nous espérions alors vivre long-temps ensemble ; nous espérions la prolonger, en mettant ainsi notre existence sous la protection de cet arbre séculaire. Vain espoir ! la nature s'est jouée de nos projets innocens ; jalouse de mon bonheur, elle me l'a ravi, alors que je le voyais grandir par la naissance de ma fille, alors que je devais le plus compter de le posséder !

Le platane est la plus belle conquête que l'agriculture européenne ait faite sur la vieille Asie et sur le Nouveau-Monde. Agité par un vent frais, il produit un effet pittoresque ; isolé, il acquiert une grosseur considérable et domine tous les autres végétaux par son tronc uni, droit et élevé, par sa cime large et régulière. Il croît vite et semble vouloir être planté par des mains libres pour prospérer rapidement. Il ne fut jamais si beau chez les Romains que dans le temps de la république, mais lorsqu'ils furent asservis, il disparut tout-à-fait du sol de l'Italie (1). Le platane se multiplie facilement ; tous les terrains lui conviennent, on le voit également dans les plaines et sur les montagnes ; mais il préfère les sols voisins d'une eau courante. Il se garnit de très-bonne heure d'une douce verdure, et est un des derniers à perdre ses feuilles.

---

(1) Pline, *Hist. nat.*, XII, 1.

Après une longue pause devant l'Autel de l'amitié, nous entrâmes dans le château. C'est un corps-de-logis considérable, flanqué de quatre tours dont le mauvais goût rappelle l'époque désastreuse de la féodalité. Sa construction n'a ni le caractère chevaleresque des bâtimens gothiques, ni l'élévation, ni l'élégante forme des fabriques modernes; elle ne répond en rien au bon goût et à l'opulence du propriétaire, encore moins à l'ensemble de ses superbes jardins. Ce manoir, que Réné de Girardin a conservé tel qu'il l'a trouvé, n'a réellement d'autre mérite aux yeux du voyageur que d'offrir un salon d'où l'on jouit de deux paysages superbes : celui du sud, d'un style grave ; celui du nord, d'un style doux et agréable. Il s'élève, du milieu des eaux qui l'environnent, au-dessus des ruines de la demeure des anciens seigneurs d'Ermenonville. Placé dans le lieu le plus étroit de la vallée, il la coupe en deux parties distinctes. A gauche de la face principale, on remarque une cascade dont l'eau se précipite avec bruit dans les fossés qui tournent autour du château; plus loin est un groupe d'ormes d'une belle venue, dont le but est de donner plus de profondeur au tableau qui se dessine devant le spectateur.

L'intérieur de ce château n'a rien de bien curieux, si l'on en excepte les belles vues d'Ermenonville dessinées par Gandat et par Bourgeois. On y montre le portrait de Rousseau vêtu en Arménien, peint, en 1768, au fort de ses persécutions, alors qu'il voulut rentrer *incognito* dans Paris. On y voit un autre portrait en pied de ce philosophe visitant le beau parc où il devait s'endormir pour jamais, et tenant un bouquet de pervenches; il est de MEYER. J'y ai encore remarqué de cet artiste habile un petit tableau représentant une scène de village fort gaie et dans le genre de TENIERS, plusieurs gouaches du même MEYER, et son portrait peint par lui-même. La bibliothèque est peu nombreuse, mais bien choisie.

HUITIÈME PROMENADE.

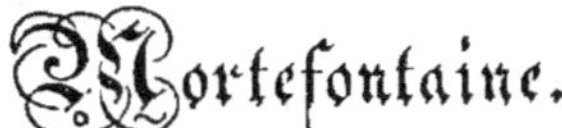

Vem estender, sobre o meu leito, oh Noite,
Com mað amiga, o manto do Socégo,
Negado a câmas régias, e a bordadas
Cobértas oppressoras (1).

Franc. Manoel.

Nous avions rempli nos vœux, avec l'aurore nous quittâmes Ermenonville comme on sort d'un songe heureux, d'un songe où l'on a vu celle que l'on aime. Nous jetons, en le traversant, un

---

(1) O nuit! que ta main amie vienne répandre sur mon lit un calme heureux, ce calme refusé à la couche somptueuse des rois, à la pourpre surchargée d'or qui les couvre. *Ode à la nuit.*

dernier regard sur ce pays enchanteur, qu'une inscription, qu'on ne voit plus, mais que la tradition
a conservée, dédia à l'ami de la nature, à l'amant
qui soupire et au sage qui médite. Adieu, disons-
nous, adieu, région délicieuse ; forêt et prairies,
frais bocages et belles eaux, adieu : soyez toujours les délices du bon peuple qui vous habite,
servez-y toujours d'asile à la vertu ; que le malheur, que les opprimés y trouvent toujours le
calme et le bonheur que nous y avons vus régner,
que nous y avons savourés tant de fois.

Nous entrons dans la forêt; le chêne, le charme
et le hêtre, le tilleul, l'aune et le bouleau y vivent ensemble ; elle est coupée en tous sens par
de nombreuses allées. Peu à peu la futaie prend
un caractère sombre. Un sentier nous mène au
pied d'un autel carré, semblable à ceux que les
Druides desservaient au centre des antiques forêts. Celui-ci est formé de sept blocs énormes de
pierres rongées par le temps et couvertes d'une
croûte épaisse de lichens aux couleurs variées.
Sur l'une de ces pierres on a sculpté la plante
parasite que les Gaulois tenaient pour sacrée, et
que le chef des Druides cueillait avec une serpe
d'or au premier signal de la nouvelle année. Cet
autel est tourné vers l'orient, et assis sous la
voûte de vieux chênes très-élevés et touffus. On
y lisait l'inscription suivante, effacée depuis peu
de temps :

Que ce vieux chêne esmy cet ancien bois,
De nos ayeux nous ramente l'usage.
Dans le silence ils préparaient leurs lois,
Et choisissaient leurs chefs par le courage.
Le vice n'était point chez les braves Gaulois
     Objet dont on ne fist que rire :
Plus fort que n'est ailleurs celui des bonnes lois,
     Des mœurs chez eux plus fort était l'empire.
Par sa mère tout enfant était allaité.
Les femmes étaient épouses, conseils, oracles.
     Tous n'estimaient de dignes tabernacles
     Pour rendre culte à la divinité,
Fors du dôme des cieux les voûtes éternelles ,
Ou des chênes anciens les ombres solennelles.

Nous quittons la forêt et nous arrivons à Montaby. De ce petit hameau qui semble sortir des bruyères, pendant une grande heure de chemin, à travers une plaine peu susceptible de culture, déchirée çà et là par des masses de grès, où la main de l'homme a, pour ainsi dire, à regret élevé les toits de Saint-Sulpice et de Loisy, nous marchons tantôt sur des bancs de sable que cachent par moment des touffes de mousses et de rustiques gramens, tantôt sous le dôme de pommiers chargés de fleurs. Enfin, nous atteignons au village de Mortefontaine, dont les jardins fixèrent notre attention.

Ces jardins, d'abord le théâtre de la licence, reste impur de la régence, souvent ensuite visités par BUFFON, puis chantés par DELILLE, ont été créés, en 1770, par LEPELLETIER dit de MOR-TEFONTAINE. Ils ont vu cimenter l'union de deux grandes nations, des États-Unis de l'Amérique du Nord et de la France, le 3 octobre 1800, et vu dans leur sein cet homme extraordinaire dont le génie profond créa de bonnes lois et de belles institutions, et voulut ma patrie supérieure à toute la civilisation européenne ; ce guerrier re-doutable qui, le front ceint de lauriers cueillis en cent climats divers, et à la tête de l'élite des héros, reçut, au nom des lois, le sceptre qui de-vait pacifier les deux Mondes, arracher jusqu'aux dernières racines de l'arbre du despotisme, et assurer le bonheur social; cet ambitieux qui dé-truisit la liberté, source première de son éléva-tion ; cet illustre empereur qui fut lâchement trahi par ses lieutenans, gorgés d'or et couverts de misérables livrées, et plus lâchement encore empoisonné par ceux-là mêmes à qui il avait re-mis le dépôt de sa personne; en un mot, ces jardins ont vu sous leurs ombres ce NAPOLÉON qui, descendu du faîte de la gloire, fut plus grand expirant sur le pic sourcilleux de Sainte-Hélène, qu'assis sur le plus beau trône du monde.

Les jardins de Mortefontaine se divisent en deux parties distinctes, le petit parc et le grand parc; le manoir, qu'annonce une allée de grands arbres, les sépare, tout en s'appuyant sur l'un et sur l'autre.

Dans le petit parc, on trouve de jolis bosquets, de superbes salles de verdure, des sites agréables, une vallée peuplée d'urnes funéraires, de sapinettes, de pins du Nord, de thuyas et de mélèzes ; une belle orangerie, des grottes fraîches, tapissées d'une verdure perpétuelle et garnies de lits de mousse qui vous invitent au repos ; un autel consacré aux divinités champêtres, sur lequel on a inscrit ces vers :

Ces lieux offrent pour temple un dôme de verdure.
  Qui que tu sois, habitant des cités,
Si tu cherches de l'art le faste et l'imposture,
Fuis ces gazons, ces bois que l'art n'a point gâtés ;
    L'on n'y trouve que les beautés
    De la bonne et simple nature.

On y voit encore une tour octogone, où l'on monte avec plaisir pour jouir, sur sa plate-forme, de riches lointains ; et, parmi plusieurs beaux arbres d'une grosseur extraordinaire, deux ormes jumeaux de taille gigantesque, qui ont chacun plus de quatre mètres de circonférence, et dont la double cime brave la foudre et les autans.

Nous avons visité les potagers, et cette pépinière qui vit croître sur son sol tous les arbres des deux continens, et s'épanouir les fleurs de tous les pays ; nous nous sommes ensuite arrêtés auprès d'une pyramide à demi ruinée, sur laquelle on assure que le chantre des *Jardins* a tracé au-dessous de l'inscription : *Tempus edax rerum*, les vers suivans :

> Des antiques humains ambitieux ouvrage,
> Du Temps qui détruit tout j'atteste le ravage.
> Jeunes beautés, chefs-d'œuvre de l'Amour,
> En voyant mes débris, songez à faire usage
> Du rapide moment qui s'enfuit sans retour.
> Des siècles furent mon partage,
> Le vôtre à peine est un beau jour.

Que de réflexions viennent occuper l'âme à ces mots : *Le Temps dévore tout !* comme ils montrent le néant de l'homme et de toutes les créations de son génie ! comme ils désenchantent la gloire, l'imagination et leurs doux prestiges ! Abîmés sous le poids de nos chimères, nous ne voyons pas la lourde pierre du tombeau qui va peser sur nous, nous ne voyons pas la longue nuit qui va nous envelopper pour jamais. Nous élevons des édifices somptueux, nous surchargeons la terre du poids de nos arcs de triomphe, de nos gigantesques pyramides, et nous ne voyons pas le temps se jouer de nous, de nos vains et fastueux projets. Il détruit tout, il use les chagrins de l'absence, ceux plus déchirans d'une séparation éternelle ; il efface le souvenir des belles actions, des nobles sentimens ; il renverse les pieux monumens de l'amour, et ce qu'il y a de plus merveilleux, c'est par la destruction qu'il conserve l'harmonie des mondes, la jeunesse toujours brillante de la nature. Tout est soumis à cette loi; elle règne en despote dans l'univers. Nous ne devons pas en être humiliés; mais, supérieurs à cette cruelle destinée, consacrons à la vertu, à la patrie, les tristes jours que nous sommes appelés à remplir, sans en attendre la récompense. Celui-là seul est véritablement homme, qui est grand par le cœur, riche par la bienfaisance : seul, il a rempli sa carrière dignement; pour lui, la nécessité de mourir est la moindre de ses affections; enveloppé de l'innocence de sa vie, il en voit approcher le terme sans effroi.

De larges étangs, coupés d'îlots bien boisés, de vertes prairies où paissent différentes espèces de bestiaux venus de la Suisse et de l'Allemagne, des chèvres bondissantes et des moutons à la toison frisée, non loin de bergeries spacieuses et d'étables bien entendues, où ils sont abrités pendant la nuit et les jours pluvieux; des plantations de toutes les sortes, des rochers grisâtres suspendus sur les ondes, d'autres noircis par les orages, et dont

> La masse indestructible a fatigué le Temps;

des vallées profondes, des ruines et des réduits champêtres donnent au grand parc un caractère moins élégant, mais plus vaste, je devrais dire plus grandiose.

On y descend par un souterrain, sur lequel passe

la route pavée de Mortefontaine à Ermenonville.
Cette scène immense se déroule à nos yeux, qui
suffisent à peine pour en embrasser tous les détails. Une barque est sur le bord de l'onde, nous
y entrons, et nous voilà parcourant cette nappe
d'eau , dont les bras allongés s'étendent sur l'horizon le plus lointain, et servent de retraite aux
oiseaux de passage et au cygne éblouissant de
blancheur.

Nous touchons successivement plusieurs îles
qui présentent toutes une végétation brillante et
très-variée ; celle consacrée au génie qui peignit
si bien la nature, à BUFFON ; celle où se trouvent
la grange, la métairie et le moulin de Vallières,
et nous atteignons celle dite de Mort-Thaon, île
considérable , très-élevée et dont les bords escarpés sont défendus par d'énormes rochers.

Cette île, couverte d'un bois taillis, où se dis-
tinguent des hêtres étonnans de grosseur et de
vétusté , renferme dans son sein les restes d'une
ancienne forteresse, que l'on dit remonter au
IXe siècle, et les débris d'un enclos où la vigne
prospéra. C'est au milieu de ces ruines qu'en
1815 les habitans de Mortefontaine et des lieux
voisins cachèrent leurs filles, leurs enfans, les
vieillards, leur fortune et leurs troupeaux, pour
les soustraire à cette soldatesque étrangère appelée dans nos foyers par la plus insigne trahison,
par des monstres souillés de tous les crimes. Ils

y furent respectés. Les grands accidens d'une nature toute sauvage effraient les barbares, ils ne
sont visités que par le malheur ou par l'amour
des sciences.

J'ai voulu du sommet de cette tour ruinée jouir
de l'ensemble du tableau. Il vous saisit de surprise
et d'enchantement. Une grande forêt d'arbres
verts monte depuis la rive, où les bouquets odo-
rans du cytise sont mollement penchés vers le
lac, jusqu'au plateau couronnant les montagnes
voisines, qui sont réfléchies par le cristal de
l'onde et se marient gracieusement à l'azur des
cieux : ici, la jeunesse du canton aime à venir se
baigner et se livrer aux exercices de la natation.
Sur la rive opposée, des pelouses immenses, coupées, comme les plaines de la Hollande, par de
larges canaux, offrent une herbe abondante et sa-
voureuse aux animaux de la ferme ; ou bien une
vallée profonde étale ses richesses de formes et
de couleurs variées : la vue s'étend au loin, elle
embrasse tous les genres de culture et tous les
genres de stérilité, un grand nombre de villages
plus ou moins industrieux, la petite rivière de la
Thève qui, dans un espace d'un myriamètre et
demi (4 lieues), fait tourner une foule de moulins et jouer les ressorts de plusieurs autres usines
non moins utiles ; enfin l'œil s'arrête, avec un horizon bleuâtre, sur des buttes de sable mouvant,
sur des rochers, sur des bruyères, et sur le grand

buisson de Morière qui recèle sous ses racines des médailles et des armures romaines.

En quittant l'île de Mort-Thaon et le lac, long-temps protégés par des saules au pâle feuillage, au tronc noueux et souvent entr'ouvert, nous arrivâmes sur un roc absolument nu, que l'on nomme *la Roche pauvre;* nous y vîmes le daim, le chevreuil, et le lièvre toujours aux aguets, et le timide lapin se précipiter à notre approche vers le taillis voisin. Sans cesse inquiétés par des meutes de chiens habitués au carnage, et par d'avides chasseurs, la vue seule de l'homme les effraie : triste prérogative plus encore de l'abus du pouvoir, que celle de la perfection de ses organes, de la sublimité de son génie !

Ce mamelon solitaire est le trône du fougueux aquilon ; il y règne seul, et ne permet point de s'y arrêter aux semences voyageuses que la nature a munies d'aigrettes argentées : semblable à l'affreux despotisme, il se plaît au milieu des décombres ; qu'il soit enveloppé de lieux stériles, inhabités, qu'il atteste partout la misère, le séjour de la mort, peu lui importe : il veut être seul, rien ne doit partager son affreux empire. Vieux témoin des révolutions terribles qui ont bouleversé la contrée, ce roc voit, sur ses flancs déchirés, mourir l'écho des montagnes, le bruit des arbres qui tombent de vétusté, et celui de la vague qui se brise.

De là, nous gagnâmes un gros sorbier, sous

lequel, le 21 septembre 1822, deux jeunes époux, après dix-huit mois d'un bonheur enivrant, accablés par la plus atroce proscription, fuyant un tyran farouche, la misère et le désespoir qui les suit de près, s'arrachèrent à la vie en se tenant étroitement unis. On nous a donné sur eux des détails qui nous ont arraché des larmes : ils ont péri victimes de l'amour et de la noire politique.

Nous rentrâmes ensuite au village de Mortefontaine ; nous nous y arrêtâmes pour reprendre des forces et y entendre ces vers que la Naïade de la fontaine semblait nous réciter :

> Des bords fleuris où j'aimais à répandre
>   Le plus pur cristal de mes eaux,
>   Passant, je viens ici me rendre
> Aux désirs, aux besoins de l'homme et des troupeaux.
> En puisant les trésors de mon urne féconde,
> Songe que tu les dois à des soins bienfaisans :
> Puissé-je n'abreuver du tribut de mon onde
>   Que des mortels paisibles et contens !

En suivant la route tracée devant nous, entre de rustiques toits et de modestes potagers, nous descendîmes à Plailly. Ce village est fort agréablement situé sur des collines pittoresques, mais il est privé d'eau (1) et les terres n'y sont pas d'un grand rapport. Les femmes et les jeunes

---

(1) On est obligé d'aller chercher l'eau aux étangs de

filles y sont sujettes aux inconvéniens du goître, dont la physiologie n'a point encore découvert les véritables causes. On y dépasse rarement le quinzième lustre; aussi se marie-t-on de bonne heure et presque sans y songer. Un pétrin, une table, une couchette, sont les meubles que le garçon doit apporter au ménage; la fille est obligée de fournir le matelas de plumes, le ciel de lit, la couverture et deux ou trois paires de draps. Avec ce petit mobilier, on prend en commun un logement du prix de 20 à 40 francs par an, et le mariage se conclut.

On nous a fait voir dans le village une manufacture abandonnée, où l'on fit dans les premières années du XIXe siècle des vases de forme étrusque, ornés de figures, de fleurs et d'arabesques dans le genre antique (1); puis de nombreuses carrières à plâtre, et l'habitation d'un militaire couvert de blessures reçues en soutenant, pendant vingt-cinq ans, les intérêts augustes de la patrie. Sur la porte d'entrée de son modeste réduit, il a placé ces vers :

Vallières, situés à 3500 mètres (1800 toises) de distance : celle des puits est insuffisante aux besoins de la vie.

(1) La terre rouge que l'on trouve aux environs de Plailly est d'un grain très-fin, assez semblable à celui des belles poteries étrusques, dont on admire avec raison la légèreté et l'élégance.

Je vis pour peu d'amis, j'occupe peu d'espace :
Je fais un peu de bien, ne forme aucun projet.
Tous mes jours sont heureux ; et si ce bonheur passe,
Il ne me laissera ni remords, ni regret.

Dans son jardin, de nombreuses tiges de lauriers verdoyans lui rappellent sans cesse, par des inscriptions laconiques, les journées où il a signalé sa valeur. J'ai vu sur un vieux pied : *Fleurus ;* sur un autre, *Marengo ;* sur un troisième, entouré de longs crêpes funèbres : *Mont-Saint-Jean.....*

La hauteur de Montmeillan est devant nous ; bientôt nous atteignons à son sommet, autrefois occupé, dit-on, par une ville fortifiée. De là, la vue plonge d'un côté sur Paris, éloigné de quatre myriamètres ou 9 lieues, et sur la butte Montmartre, qui cache dans ses flancs des races d'animaux dont les espèces ont disparu totalement ou vivent aujourd'hui sous la zone équatoriale ; de l'autre, la rivière d'Oise, terminant dans le lointain un tableau plus ou moins animé, nous a présenté l'étonnant phénomène d'une sorte de mirage (1) ; l'atmosphère, condensée sur ses bords, frappée par les rayons d'un soleil couchant, répète une longue rivière dont la blancheur contraste avec un horizon qui se perd dans le vague.

Au nord, en traversant le désert de sable et

______

(1) Il est encore plus brillant dans un temps d'orage.

de rochers, dit de Sainte-Marguerite-des-Grès, l'œil découvre Chantilly, Vineuil, Saint-Firmin, Aumont, Saint-Christophe où BERNIS chanta l'amour et le jus de la treille ; Senlis, ses tours et son clocher célèbre ; les restes du manoir chevaleresque de Montépilloy, qui s'élèvent au-dessus des plus grands arbres venus à leurs pieds ; et la forêt de Villers-Cotterets. Sur un plan moins éloigné, et toujours en se rapprochant du lieu où nous sommes, nous voyons les bois de Hérivaux, de Chantilly, de Mortefontaine et d'Ermenonville ; les eaux de la Thève, qui baignent la grande prairie de Charlepont, et les villages de Thiers et de Pontarmé ; la ferme de Bertrand-Fosse, la plus considérable de tout le canton, où les terres sont tenues en grande et en petite culture ; Survilliers, Lachapelle-en-Cerval, la Vallée-des-Tombeaux que bornent les buttes Mahet, toutes couvertes de sable fin, de coquillages fossiles, et de vestiges de la grandeur romaine ; enfin, le long bois de Montmeillan, derrière lequel est le village de Ver, situé dans un vallon, au milieu des marais et de grandes plantations ; et plus loin, sur une hauteur alors toute brillante des dernières étincelles de l'astre du jour, la petite ville de Dammartin, bâtie sur des ruines et avec les débris d'une vieille forteresse.

Au bas de la montagne (dont les eaux pluviales se distribuent dans trois rivières, la Seine au

midi, la Marne à l'est et l'Oise au nord-ouest),
la jolie avenue, dite de *Saint-Nicolas,* toute plantée de cerisiers, nous mène à la grande route, à
une demi-heure de chemin de Louvre ; elle a
pour point de vue un village, de vastes champs
entrecoupés d'arbres, des masses de peupliers qui
donnent plus d'enfoncement encore à cette perspective d'une riche simplicité. Chemin faisant,
je prenais plaisir à suivre le mouvement des troupeaux regagnant l'étable, et dont les diverses
robes contrastaient agréablement avec celles des
prés qui les nourrissent; je contemplais avec délices
les travaux de l'industrieuse et infatigable activité
qui préside à la culture des terres ; je me rap-
pelais les jours paisibles que je coulai dans les
champs ensemencés par mes aïeux, le bonheur
que je connus, alors que *Cérès* occupant seule et
mes bras et ma pensée, je voyais prospérer les
arbres plantés par mes mains alors bien jeunes.
Dans l'émotion de mes souvenirs, je m'écriai :
Habitans des campagnes,

> Que vous êtes heureux ! que je vous porte envie !
> Vous seuls vous connaissez les vrais biens de la vie ;
> A vous seuls appartient la force, la santé,
> La droiture du cœur et la sérénité ;
> Tout ce qu'à l'homme enfin laissent de jouissance
> Et la terre et le ciel, amis de l'innocence (1).

------

(1) Roucher, *Poème* inédit *sur les jardins,* chant II.

La nuit nous surprit à Louvre, où nous mon-
tâmes en voiture. De là traversant successivement Vauderlant et le Bourget, nous voyons des
montagnes d'un contour pittoresque et couvertes
de verdure, des habitations remarquables par
leur élégance et la variété de leurs constructions
plus ou moins récentes, Gonesse, naguère encore
célèbre par son commerce de grains et de farines, et Dugny, où CRETTÉ DE PALLUEL fit ses
belles et utiles expériences en agriculture. Bientôt
le mouvement devient plus pressant, de lourdes
voitures se mêlent avec de légers équipages, ils
se croisent en tous sens sur nos pas; enfin nous
arrivons à Paris.

En entrant dans cette capitale, j'éprouvai de violentes émotions; je quittais le séjour des champs,
où les fleurs et les oiseaux, joyeux enfans de la
saison nouvelle, affectaient voluptueusement mon
âme, pour m'enfoncer dans la sombre atmosphère d'une ville dévouée, il est vrai, au culte
des sciences et des arts, mais plus encore à l'intrigue, qui fait de l'homme sain ou malade un
être artificiel; au luxe révoltant, et à cette lèpre
ambulante de la mendicité, aussi honteuse pour
l'Etat qui la souffre que pour ceux qui en font
profession; je quittais les scènes les plus riantes,
les plus fraîches d'une nature toujours gaie, toujours agissante, pour m'envelopper des plus tristes pensées, pour reprendre mes travaux, mes

studieuses habitudes, pour rentrer dans ma retraite et mon isolement. « L'âme d'un amant re-
» trouve partout les traces de l'objet aimé. La
» nuit et le jour, le calme des solitudes et le
» bruit des habitations, le temps même qui em-
» porte tant de souvenirs, rien ne peut l'en écarter.
» Comme l'aiguille touchée de l'aimant, elle a
» beau être agitée, dès qu'elle rentre dans son
» repos, elle se tourne vers le pôle qui l'attire. »

J'eus cependant quelque plaisir à retrouver ma
couche solitaire. Nous avions besoin de repos.

NEUVIÈME PROMENADE.

Le Tombeau.

> Il ne me reste d'elle que des souvenirs,
> mon cœur se plaît à les recueillir.
>
> J.-J. ROUSSEAU (1).

NOTRE premier devoir fut d'aller, le lendemain
matin, porter le tribut de nos larmes et de notre
amour sur la tombe de celle que je ne cesserai
d'aimer qu'en cessant de vivre. Ma fille orna de
fleurs, et la terre qui la cache pour jamais à nos
yeux, et le monument que ses pieuses mains m'ont
aidé à lui élever. Elle pleura, elle pria sa mère
bien-aimée; et moi, triste, à genoux, le cœur

---

(1) *Nouvelle Héloïse,* lettre XI de la VIe partie.

profondément ému, je répandis un torrent de ces larmes salutaires et en même temps si cruelles, que le sentiment et la douleur fournissent aux malheureux.

La pluie survint; elle me fit plaisir. Je crus la nature sensible à nos maux; il me sembla que chaque feuille pleurait avec nous. Les oiseaux se taisaient, les vents eux-mêmes respectaient nos hommages, le silence régnait autour de nous, la mort nous enveloppait de ses crêpes, de tout ce que les tombes ont de lugubre et de religieux. Dans ce moment, une tourterelle s'abattit sous les rameaux fleuris qui montent autour du tombeau, qui se courbent pour en défendre l'approche aux profanes : elle mêla ses plaintes aux nôtres; mais plus heureuse que moi, son époux vint la rejoindre. Timides oiseaux, ne vous séparez jamais; et si l'un de vous succombe, que l'autre le suive de près : il est trop cruel de survivre à ce qu'on aime ! Alors, tous deux s'approchèrent de moi... tous deux ils s'enivrèrent de caresses. A cette vue, les souvenirs du passé sont revenus m'assaillir, j'ai revu mes jours de bonheur; j'ai revu ces longues heures de désespoir qui précédèrent et suivirent notre terrible séparation; ils se sont emparés de mes facultés avec la rapidité de l'éclair; ils m'ont rendu ma douleur plus amère; ils m'ont rendu le bruit de ce char retentissant, dont chaque mouvement brisait tout mon être à mesure qu'il s'approchait de ce champ des larmes. J'en ressentis une émotion toute de feu, une irritation déchirante; les fibres qui lient toutes les parties de mon corps en éprouvèrent une étreinte si violente que je faillis succomber aux palpitations redoublées de mon pauvre cœur. Le bouillonnement de mon sang fut tel que, l'avouerai-je? dans mon désespoir, je les immolai tous les deux au tendre souvenir de ma CHARLOTTE. Je les immolai, en appelant ma bien-aimée, en la redemandant à la nature entière, en sollicitant le sang de l'innocence, que je versais, de ranimer tout son être. « Qu'es-tu devenue, ombre céleste? Mes cris vont-ils jusqu'à toi? Mes larmes, celles de notre fille chérie tombent-elles sur ton cœur? O mort, profond abîme, nuit impénétrable, silence plein d'horreur, je vous implore! Ouvre-moi tes antres secrets, ô terre qui recèles l'âme de mon âme, que je l'arrache à tes flancs mystérieux! CHARLOTTE! CHARLOTTE! viens te reposer sur mon sein cruellement ulcéré, viens me révéler ta destinée, viens me dire encore que nous sommes unis! Ne m'évite pas, ma bien-aimée, je n'ai point trahi ma foi, je suis toujours ton époux, ton fidèle ami : ah! sous quelque forme que tu sois cachée, tu ne peux m'être étrangère; viens à moi, viens lier un doux entretien avec nous. »

A ces mots, la terre jonchée de fleurs brillantes,

la terre encore humide de mes larmes parut répondre à mes vœux. Mon cœur tressaille..... Est-
ce une illusion ? Est-ce un songe ?... où suis-je !...
Quelle divinité majestueuse soulève lentement
cette pierre, monument de ma douleur ? Ses
yeux sont baissés ; elle est plongée dans une rêverie profonde, et cependant sa beauté éclate à
travers les voiles de sa tristesse ; son front est couronné de pâles violettes et de noirs cyprès ; le zéphir agite mollement ses longs cheveux épars ; elle
s'avance vers moi... C'est toi, ma bien-aimée,
c'est toi, mon ange tutélaire ! ah ! presse ce cœur
flétri par les larmes, viens te rejoindre à moi ;
viens, ne me quitte plus. O ma CHARLOTTE, toi
que ma douleur appelle sans cesse, rends-moi le
repos et la félicité que j'ai perdus depuis huit
éternelles années. Mais, tu t'éloignes... Suis-je
donc condamné à m'arracher une seconde fois
de toi ?... Non, tu seras sensible à mes prières.
Rends-moi ces caresses qui me faisaient tant de
bien, que j'entende encore ce son de voix qui
ravissait mon âme..... Oui, CHARLOTTE, essuie
mes larmes, serre-moi contre ton sein... que mes
soupirs raniment les tiens... Qu'entends-je !.....
« Résigne-toi, chère moitié de moi-même. Un
» destin cruel nous sépare. Tu as URANIE, elle
» est notre enfant : conserve tes jours pour elle.
» Je veille sur vous deux. Pense toujours à moi
» pour le bonheur de cette excellente fille... » Elle

dit; une douce vapeur enveloppa tout mon être; l'erreur se dissipa, tout disparut à mes yeux.

Revenu de cette illusion cruelle et douce, je portai les yeux sur ma fille. Elle était penchée sur moi; elle m'inondait de ses larmes, elle me priait de lui rendre son père. « Privée à sept ans » de la plus tendre des mères, de la meilleure des » amies, je n'ai plus que toi pour appui; vis, » ô mon père, vis pour ta fille, elle te dévoue son » existence, elle fera tout pour alléger le poids de » tes douleurs et pour te rendre heureux. » Je la pressai dans mes bras; et après avoir de nouveau répandu des fleurs sur le tertre sacré, nous quittâmes le champ du repos.

O vous que la piété conduit dans cette sombre demeure, si vous aimez la vertu, arrêtez-vous un moment près de sa tombe, donnez une larme au souvenir de ma CHARLOTTE, plaignez son époux, plaignez sa fille : elle a tout perdu en perdant les soins et les caresses de sa mère.

De retour dans notre paisible retraite, encore tout ému, je fis asseoir ma fille près de moi, et lui tins ce discours : Tu viens, ô ma bonne amie, d'accomplir ta quinzième année (1); ta vie date seulement de cet âge fortuné qui ouvre devant toi une carrière nouvelle, qui augmente tes devoirs et t'appelle à d'autres soins. Déjà tu as su

____

(1) Ma fille est née le 16 novembre 1810.

te faire une heureuse habitude des travaux du ménage et des affaires domestiques, ce qui te reste à faire, c'est de persister et d'acquérir de nouvelles qualités ; je t'en fournirai les moyens. Prête une oreille attentive à mes leçons : c'est le cœur d'un père qui s'épanche dans le tien.

Je te remercie d'abord de la satisfaction que tu m'as donnée jusqu'ici, des soins que tu as mis à remplir les devoirs que je t'ai imposés, à m'aider au développement des germes précieux que ton cœur reçut en dépôt de ta mère le jour même de ta naissance, et que tu suças depuis avec son lait. Ton amour m'assure que tu m'aideras encore à compléter ma tâche et à t'aplanir les sentiers nouveaux que tu as à parcourir.

Ce que je t'ai demandé, ce que je te demanderai toujours, c'est d'imiter ta mère en tous points : tu ne saurais choisir un modèle plus parfait. Alors, ma fille, tes devoirs seront faciles, ils te rempliront de joie, ils couleront d'une source pure ; ta vie sera toujours innocente ; le passé ne te laissera point de regrets, le présent sera exempt d'orages, l'avenir toujours riant, toujours heureux, comblera les vœux de ton père, ceux que ma CHARLOTTE déposa sur mon cœur en te donnant le jour, en soutenant tes premiers pas, en me confiant ton enfance. Porte donc sans cesse les yeux sur ta mère, ne fais rien qu'en sa présence, rends-lui compte de tes actions, de tes plus secrètes pensées, tu ne t'égareras jamais. Pense, agis comme elle, et tu feras mon orgueil; tu verseras sur mes jours un baume de consolation, tu rendras hommage à la femme la plus accomplie, tu paieras à ta mère le tribut qu'elle attend de ton amour.

Ecoute-moi, mon enfant, je vais te parler d'elle; en la peignant dans les diverses phases de sa trop courte vie, je te donnerai les meilleurs conseils pour régler la tienne. C'est la morale la plus pure mise en action.

CONSEILS D'UN PÈRE A SA FILLE,

ou

PORTRAIT D'UNE FEMME VERTUEUSE.

Mandate, o Dive, al ciel con chiara fama
Di questo almo mio Cigno il nome altero.

SANAZZARO (1).

Dès sa plus tendre enfance, CHARLOTTE montra le rare assemblage de toutes les qualités qui font les grandes âmes; elle annonça ce qu'elle devait être un jour, fille pieuse, amie constante, épouse fidèle, et tendre mère.

Douée de toutes les grâces de son sexe, elle en eut aussi les vertus. Ses traits peignaient l'austérité

____

(1) Muses, donnez à son nom sacré tout l'éclat qu'il mérite, proclamez-le partout. *Sonetto* XI.

de ses mœurs, l'ingénuité de sa belle âme et la sensibilité d'un cœur généreux et compatissant. Sa taille était élevée, imposante ; son air ouvert, sa physionomie noble et douce, son regard vif et pénétrant, la faisaient rechercher, la faisaient aimer de tous ceux qui la voyaient. Sa voix agréable et sonore descendait dans les cœurs comme une source inépuisable de joie et de persuasion : elle y portait l'élévation de ses sentimens. Sa beauté frappait tous les yeux, jamais elle ne troubla son âme. La modestie embellissait encore plus ta mère ô ma fille ! elle présidait à toutes ses actions, à tous ses mouvemens, et répandait sur elle un éclat qui n'éblouissait point, mais qui rehaussait tous ses charmes ; aussi était-il impossible de la voir sans la respecter, de la respecter sans l'aimer, de l'aimer sans solliciter d'elle un tendre retour.

Elle n'usa point sa jeunesse dans une molle nonchalance, dans une coupable oisiveté. Le temps est trop précieux, il court trop vite, disait-elle souvent ; le perdre, c'est ouvrir devant soi l'abîme des regrets. La vie n'est point dans le nombre des années que nous remplissons, elle est toute dans le bon emploi que nous savons en faire.

Elle aimait à lire, non pour surcharger inutilement sa mémoire, mais pour orner son esprit, pour élargir le domaine de sa pensée.

Le profit qu'elle retira de ses lectures annonçait

le choix qui y avait présidé. Les romans furent toujours sans attrait pour elle : ils charment un moment, mais ils enflamment, ils séduisent l'imagination aux dépens du cœur, qu'ils corrompent toujours. Pour un très-petit nombre qui peuvent arriver sans danger dans les mains d'une jeune personne, il en est des milliers dont elle ne doit point souiller ses yeux. On pourrait en dire autant de l'histoire, quoique plus attachante et d'une étude profitable, mais on lui reproche avec raison de limiter ses pinceaux à quelques familles privilégiées, de ne parler que de guerres sanglantes, des faits toujours iniques de l'ambition ou d'une basse complaisance, au lieu de s'occuper des nations, de pénétrer dans le secret de leurs institutions, de leurs mœurs, de leurs préjugés ; au lieu de révéler les affreux mystères du despotisme, d'attaquer les vices et les crimes que le vulgaire aveugle respecte sur le trône et sur les autels.

Ennemie du mensonge, ta mère voulait la vérité, même dans les choses les plus indifférentes; aussi pensait-elle tout haut. La droiture de l'âme ne redoute ni juges ni témoins, ni le temps qui efface tant de souvenirs. Le plus grand théâtre qu'il y ait pour la vertu, c'est la conscience.

Essentiellement indulgente, elle distinguait le vice de l'être vicieux, et plaignait plus l'humanité qu'elle ne la condamnait. Le mal vient toujours de la fausse direction donnée aux facultés de l'homme, des mauvaises institutions de l'état, des systèmes en vogue dans la société, des opinions que la politique commande. CHARLOTTE louait le bien sans flatterie, reprenait le mal sans aigreur; tout ce qui tendait au bonheur commun, elle le sentait vivement, et mettait tout son zèle à le faire connaître.

Elle avait pour les chiens et pour les chevaux une affection particulière. Rien ne la révoltait plus que de voir l'homme s'abaisser au point de maltraiter les animaux qui sont associés à ses travaux champêtres. Ce sont des amis tout dévoués que nous devons traiter avec douceur.

Née au sein des richesses et de tout ce qui peut charmer l'orgueil humain, elle ne vit dans la fortune qu'un moyen de faire du bien, et ne se souvenait des titres qu'elle avait hérités de ses pères que pour honorer ses aïeux, que pour donner un caractère plus généreux encore à sa bienfaisance; autrement les distinctions irritaient son grand cœur, parce que, disait-elle, on ne les a instituées que pour avilir les hommes, en parquer la masse dans une sphère étroite, l'envelopper de vexations et de préjugés absurdes, et la placer sous la dépendance d'êtres corrompus ou toujours prêts à l'être. L'héroïsme, les grandes pensées, les services réels rendus à la patrie, doivent seuls exercer une action immédiate sur l'opinion publique, constituer une élite d'individus vraiment éminens. La

naissance est un jeu du hasard, le courage l'enfant
d'un moment, la fortune un bien éphémère, la
magnanimité des sentimens seule fait l'homme,
et mérite des autels. Tout signe de distinction
placé ailleurs est un signe de servilité, de fureur
ou de délits secrets autorisés par le fanatisme ou
par une politique ténébreuse.

Ta mère aimait à se retirer en elle-même, et,
cédant à cette douce mélancolie, le charme des
âmes pures, elle se plaisait à visiter les cimetières,
à s'entretenir avec les morts, à rendre hommage
à leurs tombes délaissées. Telles que la vapeur
d'un saint holocauste, ses larmes faisaient tressaillir leurs cendres, ses prières consolaient leurs
mânes plaintifs.

Les vertus se tiennent et se plaisent ensemble.
L'ordre présidait à tous les soins de ta mère; le
goût du travail entretenait son activité, remplis-
sait les instans qu'elle ne consacrait pas à la bienfaisance. Elle aimait à donner, mais elle faisait
le bien avec tant de délicatesse, avec tant de respect pour le malheur, qu'on ne pouvait deviner
lequel des deux était le plus obligé. Le mal des
autres lui était personnel, sa main et son cœur
savaient découvrir des ressources pour l'adoucir.
L'injustice la révoltait, l'inhumanité l'humiliait
comme un outrage fait à la nature. Son pouvoir
sur ses domestiques n'était autre que celui de la
bonté, de la douceur; elle cherchait tous les

moyens de leur rendre moins dure la privation de leur liberté. La distance qui sépare le maître de celui qui le sert est un caprice de la fortune ; l'or ne doit donc point nous rendre orgueilleux, un rien peut nous le ravir. Quiconque se plaît à voir ramper autour de soi est un despote, un mauvais père, un citoyen dangereux.

Parlerai-je de la piété de CHARLOTTE envers ses parens ? Elle eut toujours pour sa mère le plus tendre attachement, elle était son amie ; mais l'amour qu'elle portait à son père alla jusqu'à l'héroïsme. Non contente de lui prodiguer tous ses soins, de partager ses peines, ses disgrâces, elle voulut encore affronter les hasards de la guerre pour veiller sur ses jours. Pendant cinq années, elle l'a suivi dans les camps, au milieu des batailles. Revêtue de l'habit d'officier de dragons dans le régiment que son père commandait, on l'a vue, aux plaines d'Oberkamlach (1), l'arracher à un péril imminent, le couvrir de son corps, et, fière des blessures qu'elle reçut à cette sanglante journée, répandre avec plaisir son sang pour lui conserver la vie. Faits prisonniers, elle demande à parler au général français, elle entre dans sa tente, se fait connaître, et, nouvelle Anti-

____

(1) En Bavière, le 13 août 1796 ; elle n'avait alors que quinze ans et demi.

-gone, elle traverse l'armée, ramenant son père libre, heureux du courage de sa fille.

Deux ans plus tard, sur les rives du lac de Constance, elle sauva la vie au chef de l'armée autrichienne (1). Venu sur le terrain qu'occupait l'armée française pour en juger les forces et la position, pour en découvrir les mouvemens, elle le reconnaît malgré son déguisement (2), et, prêt à tomber entre les mains d'un parti qui cherchait à l'envelopper, elle s'élance, le sauve, et du milieu du lac, qu'elle traverse sur une barque légère, elle voit tomber autour d'elle les balles dirigées contre celui qu'elle arrache à un danger certain. Elle voulut demeurer ignorée, mais peu de jours après le prince la fit proclamer, par les généraux KLEINMAYER et NAUENDORFF, en présence des magistrats de Constance, le *libérateur de l'Allemagne*, et lui fit remettre le signe distinctif qui devait le dire à tous les yeux. Elle refuse la décoration par modestie ; on insiste, elle fait connaître son sexe : mais cette circonstance, jusqu'alors ignorée, la rend plus grande aux yeux des

____

(1) Le 6 mai 1798, alors que le général LECOURBE, qui commandait l'avant-garde française, cherchait à se réunir au général JOURDAN marchant sur la Souabe, et au général BERNADOTTE qui s'avançait dans le Palatinat.

(2) L'archiduc CHARLES d'Autriche avait pris le costume et la brouette d'un vivandier.

personnes interprètes de la reconnaissance de l'archiduc, et son père est prié de lui attacher le signe de l'héroïsme (1). « Jamais, me disait-elle » en me rapportant cette scène attendrissante, » jamais je n'ai senti mon cœur battre plus vive- » ment. Lorsque je vis briller cette décoration sur » mon sein, j'étais fière de la tenir de mon père, » j'étais toute radieuse de me sentir digne de por- » ter son nom, de l'entendre dire : *Elle est ma fille.*»

Dans mille autres circonstances, elle déploya le caractère le plus noble, le courage le plus cons- tant et le plus intrépide. En 1815, alors qu'une horde étrangère vint sur ma patrie, et en particu- lier sur Paris, peser de tout le poids d'une odieuse invasion, ta mère en imposa par sa fermeté, par ses discours, à des milliers de Prussiens qui vexaient de toutes les manières les habitans chez lesquels ils étaient logés. Elle leur parle, et à sa voix j'ai vu la férocité se changer en douceur, j'ai vu cette soldatesque effrénée rentrer dans les lois de l'humanité, respecter la vieillesse et de- venir protectrice de l'innocence.

Après avoir été fille accomplie, CHARLOTTE fut le modèle des femmes. Dès qu'un lien sacré eut

---

(1) Cette décoration porte, d'une part, ces lettres ini- tiales E. H. C., c'est-à-dire *Erz-Herzog Carl*, l'archiduc CHARLES; et de l'autre ces mots : *Germanien retter*, au libé- rateur de la Germanie.

changé sa destinée, elle ne vécut plus que pour l'époux de son choix; son unique plaisir fut de bien gouverner sa maison. La femme qui se plaît dans le détail des choses domestiques s'assure de toutes les jouissances de la vie, et les fait partager à son époux, à ses enfans, à tous ceux qui l'en-tourent. En goûtant la félicité qu'elle répandait sur ma vie, ta mère savait la rendre permanente; la sagesse de ses conseils, le charme de sa généreuse sollicitude, les attraits de son noble enjouement en doublaient encore le prix. Elle fit tout pour moi; elle corrigea ce que j'avais de trop défec-tueux dans le caractère, elle tempéra la rudesse que j'avais contractée dans l'étude et l'isolement, dans mes voyages et par suite des injustices des hommes; elle ajouta aux qualités que ma mère travailla à m'inculquer par ses leçons et par son exemple. Comme il régnait dans notre amour autre chose que de l'amour, comme notre union était un accord parfait de sentimens et de pensées, un rapport secret qu'il n'appartient pas aux âmes communes de comprendre ni de sentir, j'espérais, ainsi que mes aïeux, remplir avec elle une longue carrière de délices; j'espérais la voir, sur le dé-clin de ma vie, embellir encore les derniers jours de ma vieillesse, prendre pitié de mes infirmités et clore ma paupière. Hélas! ma fille, cet avenir ne m'était point réservé; je devais la perdre jeune encore, et mourir sans la presser contre mon sein.

O toi qui lui dois le jour, toi qu'elle a constituée légataire de son amour et de ses vertus, ô ma fille chérie! rends à mon cœur une partie du bien que je n'ai plus, aide-moi à supporter le pénible fardeau de ma solitaire existence; par ta piété soutiens mes bras jusqu'à mon dernier moment.

Les vertus de la prospérité sont douces et faciles, celles de l'adversité demandent une âme supérieure. Ta mère, du faîte de l'opulence, fut tout-à-coup précipitée dans l'abîme de l'infortune; elle vit en un instant la mort lui ravir toute sa famille, les événemens politiques dévorer son patrimoine, anéantir toutes ses espérances; et moi, par contre-coup, victime de ma crédulité, proscrit de la maison paternelle par la plus noire intrigue, trompé par de faux amis, et dépouillé de ce que j'avais droit d'attendre de mon père et de mon travail. Elle soutint ce double choc avec fermeté. Son âme en devint plus grande, ses sentimens s'élevèrent davantage; elle trouvait en elle les ressources que la vertu seule peut donner. Elle réveilla mon courage abattu, et lorsque je l'entendis me consoler, elle n'en fut que plus belle à mes yeux, elle n'en fut que plus aimable. « Nous » n'avons besoin, me disait-elle, que des soins » du cœur pour nous placer au-dessus de ce fâ- » cheux événement. Pour moi, le sacrifice en est » fait : il ne m'est point pénible si tu veux le voir » d'un œil calme. Résigne-toi, mon ami, je t'en

» aimerai davantage. Avec le temps, du travail,
» de la patience et de l'économie, nous répare-
» rons une partie du mal : il faut peu de chose
» pour les nécessités de la vie quand on peut,
» comme nous, avouer tous les mouvemens de
» son âme et toutes les actions de sa vie. »

Ta mère aimait la simplicité dans ses habits, dans sa maison, sur sa table ; riche ou pauvre, elle ne connut jamais de luxe que la propreté, que la décence. Toujours grande dans la prospérité, elle n'a pas cessé de l'être dans les revers. Elle trouvait toujours les moyens de soulager de plus affligés que nous. Si tu fus quelquefois témoin de ses bienfaits, ô mon URANIE ! ce n'était point par ostentation, c'est qu'elle voulait ouvrir ton cœur aux nobles sentimens qui faisaient battre le sien, c'est qu'en mettant sous tes yeux le tableau des misères humaines, en te montrant jusqu'où va le dénûment, le désespoir de l'infirme et de l'indigent, elle voulait te préserver des poisons de la vanité, des tourmens de l'ambition, et t'habituer à regarder le malheur comme une chose sacrée. Elle voulait, mon amie, t'apprendre à donner à la bienfaisance une direction essentiellement morale, en portant à propos dans l'âme des affligés les affections consolatrices, qui souvent sont plus précieuses que les secours.

Quand elle fut mère, elle sentit tout ce que ce titre a d'auguste pour la société, tout ce qu'il a d'important pour le bonheur de la vie. Elle prit plaisir à nourrir son fils, à former son cœur, à l'habituer dès le berceau aux vertus qu'elle pratiquait sans effort, je devrais dire par inclination. N'ayant pu, malgré ses soins, malgré les prières les plus ferventes, conserver cet aimable enfant, elle voulut se venger du crime de la nature en arrachant à la misère l'être infortuné que ton frère se plaisait à protéger. Elle l'a pris, elle lui a servi de mère, elle lui a prodigué ses caresses, et à son dernier moment elle s'en est rapportée à mon cœur pour compléter l'œuvre de sa belle âme.

Ta naissance, ma fille, la remplit de joie, et sans négliger la tâche qu'elle s'était imposée, tu devins l'objet constant de sa tendresse et de ses méditations. Attachée à son sein, ou balbutiant les doux noms de *papa* et de *maman;* livrée aux jeux du premier âge, ou bien commençant à travailler sous sa direction, je l'ai vue sans cesse cherchant à deviner tes inclinations, à étudier en toi ces mouvemens qui, tout faibles qu'ils sont dans l'enfance, font juger de ce que sera l'âme dans un âge plus avancé; sans cesse occupée à donner à ton caractère une tournure heureuse en multipliant les images riantes autour de toi, elle s'était tracé un plan de conduite pour ton éducation propre à t'assurer la vie la plus douce, et à faire servir les plus petites circonstances au profit des bonnes qualités qu'elle sut t'imposer. J'ai tout mis en œuvre pour suivre jusqu'ici ce plan de conduite; mais qu'il y a loin des leçons d'un père à celles d'une mère comme la tienne, d'une mère qui prêchait la morale moins par des préceptes que par l'exemple de ses propres actions! Les germes du bien sont tous en toi, ma bonne amie, ils ont pris un premier développement très-heureux, nous n'avons plus qu'à soutenir leur brillante végétation : la chose sera facile si tu veux me seconder. Je te raconterai mes fautes, je te ferai servir mon expérience; en pensant ensemble, en agissant d'un commun accord, nous nous aiderons mutuellement, nous éloignerons les préjugés qui dégradent, nous éviterons tout ce qui pourrait rendre ton âme molle et voluptueuse, tout ce qui tendrait à te détourner du chemin que ta mère nous a frayé. Nous nous entretiendrons sans cesse d'elle, tu aimeras ainsi la sagesse, tu éclaireras ta raison, tu parviendras à l'imiter, et, comme elle, tu consacreras tes jours à la paix que donne la vertu, le seul bien réel sur cette terre trop souvent douloureuse.

Te voici maintenant dans l'âge où des besoins nouveaux portent à notre insu les sensations d'un seul côté; c'est alors, plus que jamais, que tu dois ne me rien cacher, ni tes désirs ni tes ennuis, ni ces dégoûts momentanés ni ces inquiétudes vagues qui sont inséparables d'une vie qui cherche à prendre de nouvelles habitudes. Accorde à ton père toute ta confiance. Redoute surtout les conseils de ces femmes qui, sous le voile de l'intérêt, se plaisent à jeter le trouble dans une âme candide, à exciter le délire de l'imagination par des projets perfides, à l'envenimer par des insinuations plus dangereuses encore, à susciter des caprices qui finissent tôt ou tard par nous ravir jusqu'à la portion d'intelligence nécessaire pour en mesurer l'étendue, pour en prévoir les résultats. Révèle-moi tout, et ne cherche pas d'autre ami que ton père. L'amour surprend les cœurs, et dans les émotions violentes qu'il cause, il nous arrache des larmes qui font beaucoup de mal. Avertis moi, et je dirigerai ton choix ; seule tu pourrais t'égarer : l'amour est un tourbillon qui entraîne, qui fait bouillonner le sang, et ne laisse point à la raison le temps de se reconnaître.

L'opulence et les titres ne donnent point le bonheur, ils ne le garantissent point ; tu le trouveras, comme je te l'ai dit, dans l'amitié, dans la pratique de ces douces obligations réciproques qui rapprochent les hommes, et les rendent les bienfaiteurs les uns des autres. Le choix d'un époux est la grande affaire de la vie, il faut y songer mûrement et ne point se jouer des sentimens de celui qui ne nous convient point. Les tendres affections ont leurs martyrs, elles commandent le respect. La franchise est la preuve d'une belle âme, la coquetterie, **au contraire**, en est le plus horrible travers.

Si, contre mon attente, tu devais un jour subir le joug de l'infortune, pense à ta mère; comme elle, arme-toi de courage, vois d'un œil ferme les revers qui t'accablent, et tu trouveras dans ton âme, dans ton esprit, dans le bon emploi de ton temps, de quoi reconquérir de l'aisance. La faiblesse, la crainte doublent le mal que nous éprouvons, elles nous placent dans la dépendance des autres : tu ne souffriras jamais cette humiliation.

Tu seras mère à ton tour, tu sauras alors combien tu nous fus chère; tu suivras le modèle que je me plais à mettre sous tes yeux, et en remplissant dignement tes devoirs, tu honoreras la mémoire de ma CHARLOTTE, tu paieras ton père des soins qu'il aime à te prodiguer.

En jouissant du présent, je contemple ma fille dans toute sa carrière, dans tous les détails de son innocente vie, et je sens s'adoucir l'amertume de mes peines, mon sang rafraîchi se renouvelle, j'aspire la joie par tous les pores, l'âge d'or renaît pour moi. Heureux auprès de ma fille, heureux avec son époux, tous mes vœux seront comblés; je presserai mes petits-enfans contre mon sein, et j'arriverai au terme de ma carrière, appuyé sur l'amour, sur l'amitié et sur l'innocence.

Je n'ai plus qu'un mot à te dire, ô ma fille! Ne perds jamais de vue les derniers instans de ta

mère : elle fut touchante pendant ses belles journées, elle fut sublime à l'heure de la mort : elle
l'a vue sans effroi, elle l'a reçue sans faiblesse.
Pendant les sept mois de douleurs aiguës, suppor-
tées avec une résignation angélique, où ton malheureux père entendait ses soupirs, comptait les
maux qui assiégeaient sa couche; pendant ces
longues nuits passées dans l'insomnie, son étude
de tous les instans était de me cacher la plus
grande partie de ses souffrances; mais à sa dernière journée, elle semblait avoir vaincu le mal
tout entier pour être uniquement avec sa fille,
avec son malheureux ami. Non, son cœur ne fut
jamais plus ouvert, ses yeux plus tendres, ses
lèvres plus expressives, ses traits plus aimables.
Toutes ses affections étaient concentrées sur nous
deux; elle nous plaignait..... « Arsenne, me dit-
» elle, il faut nous quitter. Hermann m'appelle,
» il me tend les bras; je vais le rejoindre, mais je
» reste avec toi, dans ma fille chérie, elle te ren-
» dra la félicité. Uranie, je te lègue mon amour
» pour lui. » Ces paroles retentiront toujours à
mon oreille, elles sont sur mon cœur, elles re-
nouvelleront sans cesse mes larmes et mes profonds soupirs. Ta mère s'aperçut malgré moi de
l'impression violente qu'elles firent sur tout mon
être, elle voulut me consoler. Ses bras enlacés
sur moi me pressaient tendrement, ses mains
s'arrêtaient sur mon pauvre cœur, sur ma tête,

sur mon visage; elle essuyait mes pleurs, elle re-
cueillait mes sanglots, elle cherchait à me cacher
la marche du trépas, à m'étourdir sur les combats qu'elle soutenait contre lui. Je n'oublierai
jamais ses derniers regards, ce dernier adieu si
tendre et en même temps si déchirant! Fixée sur
moi, un bras passé sur ton col, de l'autre me tenant attaché sur son sein, elle me dit en arrêtant
les yeux sur toi : « ARSENNE, veille sur ma fille,
» elle est une autre moi-même... Adieu! pense
» toujours à moi..... »

L'oublier! non, ma fille, non jamais. La mort
n'a point rompu nos nœuds; formés par la plus
heureuse sympathie, cimentés par la reconnaissance, par un doux échange d'affections, ils sont
éternels : toujours ils seront sacrés pour moi; j'en
atteste cette main qui pressait en mourant mon
cœur navré de douleurs; j'en atteste ce dernier regard qu'elle fixa sur moi; je t'en atteste toi-même,
ô ma fille chérie! mon deuil durera même lorsque le temps aura séché mes pleurs. Ton père
connaît d'autres larmes que celles qui couvrent
le visage. D'ailleurs, son cœur ne supporterait
pas deux fois la terrible épreuve qu'il subit en
ce jour fatal. Je te le jure, ô mon amie! ô ma
CHARLOTTE! jusqu'au moment où le destin viendra me réunir à toi, mes larmes seront secrètes
et fidèles comme le fut notre amour.

Je lui parlais encore, elle fit un nouvel effort

pour nous embrasser, et rendit le dernier soupir en le déposant sur mes lèvres, dans mon âme.

Elle n'est plus!.... O momens trop courts d'une felicité parfaite, qu'êtes-vous devenus? plus rapides que les belles matinées du printemps, vous voilà perdus pour moi sans retour! La mort a trompé tous mes vœux; elle a détruit mes plus belles espérances. Nature, nature cruelle, pourquoi m'as-tu séparé de celle que tu semblais avoir créée pour moi? pourquoi m'as-tu plongé dans un océan de douleurs? Quel crime avais-je commis pour me condamner sitôt à la pleurer toujours? et tandis que tout reprendra vie, que de nouvelles fleurs embelliront les champs, que de nouvelles moissons couvriront nos guérets, pour moi il n'y aura plus de CHARLOTTE!..... il ne me restera d'elle que son nom et sa cendre!.....

Elle n'est plus! et j'ai pu lui survivre! Sache-moi gré, mon enfant, de cet effort douloureux. C'est pour toi que je demeurai, c'est pour toi seule que je supporte encore le poids de l'existence. Affermir tes premiers pas dans la carrière de la vie, servir de guide à ta jeunesse, préparer ton bonheur par une union digne de toi; tel est le devoir que ta mère m'imposa, tel a été, tel est encore le but du sacrifice que je t'ai fait.

Viens souvent avec moi pleurer sous les dômes de verdure que nous avons consacrés à ta mère; viens souvent, au pied du modeste monument que nos mains lui ont élevé, respirer son âme dans le parfum des fleurs qui ornent le tertre sous lequel elle dort du sommeil éternel ; viens t'entretenir avec elle, prends l'habitude de déposer dans mon sein et sur sa tombe tes peines, tes vagues désirs, tes plus secrètes pensées. Tes soupirs arriveront jusqu'à ma bien-aimée. Toujours prête à protéger l'innocence de sa fille, à partager ses chagrins, à la consoler, du sein même de la tombe, elle t'enseignera tes devoirs, elle t'éclairera sur tes plus chers intérêts, elle te garantira des atteintes du vice, elle apaisera les troubles de ton cœur, y sèmera l'espérance, la résignation, comme elle me donne les moyens de supporter ma longue infortune ; et, tandis que ton père viendra près de sa CHARLOTTE apprendre à mourir, toi, ma bonne amie, tu puiseras dans le souvenir de ta mère et dans les chants lugubres inspirés par ses vertus des forces pour faire le bien, pour remplir dignement ta carrière et pratiquer la sagesse.

URANIE, ô ma fille bien-aimée, marie au culte de tes douleurs celui des plantes que ta mère aimait de prédilection. Auprès de la pervenche, symbole de la pudeur ; de la violette, qui fait le bien en se cachant ; de la pensée, image d'un cœur toujours constant, place la rose et le lis qui peignent si bien sa beauté, le lupin qu'elle avait consacré au tendre souvenir de ton frère, et l'iris, originaire du pays qui la vit naître : ajoutes-y l'immortelle comme un gage de nos sentimens, et ces quatre plantes dont les noms te rappelleront ceux des tiens : la *Carolinea princeps*, l'*Hermannia aurea*, l'*Urania speciosa*, et la *Thiebautia nervosa*.

Transmets religieusement à tes enfans les affections, les principes, les exemples de ta mère; qu'ils n'abandonnent point le lieu où ses mânes reposent; qu'ils soutiennent la pierre qui doit éterniser ma douleur; et, lorsque la mort aura glacé le cœur de ton malheureux père, réunis ses cendres à celles de ta mère, et inscris sur notre tombe : La mort les avait séparés trop longtemps; sa profonde douleur les a réunis : que ces lieux soient pour eux l'Elysée!

HOMMAGES

RENDUS A LA MÉMOIRE

DE

> O Nymphes des coteaux, Oréades légères,
> Venez; venez aussi déités des forêts!
> Apportez les parfums des plantes bocagères,
> Quelques lauriers, un myrte, et de jeunes cyprés.

MILLEVOYE, *Elégies*, III, 7.

18

DISCOURS

PRONONCÉ SUR LA TOMBE

DE

M.-Th. CHARLOTTE DE BERNEAUD,

LE 29 AVRIL 1818,

PAR ALEX.-PASCAL TISSOT (1).

Son destin fut d'aimer, son bonheur d'être aimée.

AMIS,

Permettez-moi de vous entretenir un instant de l'épouse vertueuse dont nous déposons les tristes restes dans ce tombeau. Je ne dirai rien

---

(1) *Voyez* la note X, à la fin du volume.

que vous ne sachiez déjà ; mais une douleur vive a besoin de s'épancher. C'est l'usage presque exclusif de la vanité de faire retentir les cercueils de ses accens mercenaires ou serviles. Aussi, me reprochera-t-on peut-être les louanges que mon cœur va donner à une femme qui ne s'est distinguée ici-bas que par la vertu. Mon amitié ne se laissera point intimider. D'ailleurs, à mes yeux et aux vôtres sans doute, Messieurs, rien ne mérite d'être loué comme la vertu ; elle n'a pas besoin d'être soutenue par les dignités ni l'opulence ; elle est seule supérieure à toutes les grandeurs.

Je ne déplorerai point le sort de la compagne de notre ami. Il faut plutôt la féliciter que la plaindre. La mort pour les gens de bien n'est point un mal ; elle n'est telle que pour les méchans. Pour eux seulement elle est terrible, quoiqu'ils aient réussi à la rendre un objet d'effroi pour tous.

Chez les anciens, beaucoup plus avancés que nous dans la science de l'homme, l'opinion que la mort n'est point un mal était générale. Ils s'appuyaient sur le témoignage des dieux même. SILÈNE, consulté par un roi sur ce qui pouvait arriver de plus heureux à l'homme, répondit : *Mourir promptement.* CLÉOBIS et BITON obtinrent cette faveur en récompense de leur touchante piété.

La voix des sages est unanime au sujet de *la*

mort. PLATON avoue qu'après y avoir sérieusement réfléchi, l'union de l'âme et du corps lui paraît bien moins heureuse pour l'homme que leur séparation. Pensez-vous, s'écrie MARC-AU-RÈLE, que celui qui, doué d'une âme grande et généreuse, se représente d'un côté l'éternité, et de l'autre les maux qui accablent le genre humain, pensez-vous qu'il regarde la vie comme une chose bien précieuse? Non, certainement.

Ecoutons surtout SOCRATE, le plus sage des hommes. Il est en la présence de la mort et il nous assure qu'elle n'est point un mal. « O vous, » dit-il, qui daignez me conserver votre bien- » veillance, permettez-moi de vous entretenir » un moment en attendant qu'on me conduise » dans le lieu où je dois mourir. Je veux vous » faire part, comme à mes amis, de ce qui m'est » arrivé en ce jour. C'est une chose fort extraor- » dinaire, mais je crois pouvoir vous en donner » la raison. Vous savez qu'une voix divine, jusqu'à » présent, n'a jamais manqué de m'avertir quand » j'étais menacé de quelque événement fâcheux. » Vous voyez ce que j'éprouve aujourd'hui : c'est » ce que le vulgaire des hommes prend pour le » plus grand des maux. Le génie qui me protége » ne m'a cependant rien dit ni ce matin, quand je » suis sorti de chez moi, ni quand je suis monté » au tribunal, ni quand j'ai commencé à vous » parler. Souvent il lui est arrivé de m'inter-

» rompre même au milieu de mes discours; mais
» aujourd'hui il n'a rien blâmé de tout ce que
» j'ai fait ou dit. Je conclus de son silence que
» ce que j'éprouve est un bien, que la mort n'est
» point un mal. S'il en était autrement, il n'eût
» pas manqué de m'en prévenir. »

Hélas ! le sage fils de SOPHRONISQUE ne se
trompait point. Oh! triste vie que celle des hu-
mains ! Vie pleine d'illusions, qui n'a de réel
que ses malheurs ! Suivez la justice, remplissez
scrupuleusement vos devoirs, montrez-vous attaché à la vertu, les maux ne se rassembleront
pas moins en foule sur votre tête. Y a-t-il parmi
vous, Messieurs, quelqu'un qui n'ait été en butte
aux traits des méchans? Pour moi, qu'avais-je
fait à cet homme qui m'a renversé et dépouillé
de tout? qu'avait-il à me reprocher? D'être plus
homme de bien que lui sans doute..... Mais
abandonnons les méchans à leurs remords; que
rien d'eux, pas même leur nom, ne vienne
souiller l'éloge de la vertu.

La mort n'affranchit pas seulement les gens
de bien des maux inhérens à la vie; elle est
pour eux le commencement d'une félicité éternelle. Leur âme, délivrée d'une longue servitude,
recouvre enfin son indépendance et ses droits.
Image de la Divinité, émanée d'elle, elle rentre
au ciel, d'où elle était descendue. SOCRATE avait
en vue cette nouvelle vie quand, la coupe empoi-

sonnée dans les mains, il disait à ses amis avec un visage où se peignait le calme de la vertu : « Encore un moment, et je ne serai plus avec » vous ; je vous quitterai aussitôt que j'aurai » épuisé cette coupe, pour aller dans le ciel » jouir d'un bonheur qu'aucun nuage désormais » ne viendra plus interrompre. »

Cette félicité, Messieurs, est celle maintenant de la femme céleste dont nous avons la dépouille mortelle sous les yeux. Aussi ne sommes-nous point venus pleurer sur son sort, mais donner quelques louanges à la beauté de sa vie. C'est la seule chose qu'il soit au pouvoir des mortels de faire en faveur des gens de bien qui ont quitté la terre. Cet hommage est l'unique auquel leurs ombres généreuses soient encore sensibles.

Les Grecs autrefois prononçaient solennellement l'éloge des citoyens morts à la guerre pour la défense de la patrie. Isocrate proposa d'étendre cet honneur à tous ceux qui se seraient distingués par la vertu. Ce vœu ne fut complétement rempli que par les Romains. Il ne mourait chez eux personne qui eût fait quelque action d'éclat, ou donné l'exemple d'une vertu, soit publique soit privée, dont on ne fît l'oraison funèbre. On portait le corps en grande pompe dans le *forum* ; le peuple s'assemblait autour, et ensuite le fils du défunt, ou, à son défaut, l'un de ses proches ou de ses amis, montait à la tribune. Junius Brutus, qui, après avoir expulsé les Tarquins, réintégra le peuple dans la jouissance de ses droits, fut le premier dont on prononça ainsi l'éloge, et certes personne ne méritait plus que lui un tel honneur.

Peu de temps après les femmes eurent part à cet hommage public. On ne fut que juste envers elles. Qui oserait accuser, dit Sénèque, la nature de s'être montrée moins généreuse envers les femmes qu'envers les hommes, ou d'avoir resserré pour elles la sphère des vertus ? Elles sont capables de mettre dans le bien autant d'énergie que nous, et il ne leur manque qu'une plus grande habitude pour se montrer supérieures aux travaux pénibles et à la douleur. En faut-il, continue Sénèque, d'autre preuve que l'exemple de Lucrèce, à qui les Romains durent d'être délivrés du joug de la tyrannie ?

S'il fallait juger de toutes les femmes par celle qui vient de nous être ravie, la question entre ce sexe et les hommes ne resterait pas long-temps indécise. Quel homme montra plus qu'elle de courage et de grandeur d'âme dans les vicissitudes de la vie ? L'infortune comme la prospérité, la pauvreté comme l'opulence, les injustices et les douleurs, elle supporta tout sans jamais se laisser abattre ni corrompre. O toi, dont elle fit le bonheur pendant douze ans, que ton désespoir est légitime ! Quelle épouse fut plus accomplie !

quelle mère plus tendre! quelle femme meilleure! Non, ta perte ne pouvait être plus grave.
Une considération cependant doit mettre un terme
à ta douleur. Pense que, retirée dans le séjour des
justes, elle est à jamais délivrée des maux inséparables de la vie d'ici-bas. Regarde près de toi :
il te reste une fille, tu lui dois ton amour, tu lui
dois ton appui : image parfaite de sa mère, que
son âme, cultivée par tes soins, fasse revivre ses
vertus : c'est la tâche que t'impose ton titre de
père, que t'imposent son innocence et les dernières volontés de celle que nous pleurons tous.

Et toi, ombre chérie, qui m'entends du haut
des célestes voûtes, pardonne si cet hommage que
j'ai voulu te rendre est au-dessous de ton mérite!
Un monument plus digne de toi existe dans tous
les cœurs qui furent assez heureux pour te connaître : ils ne t'oublieront jamais.

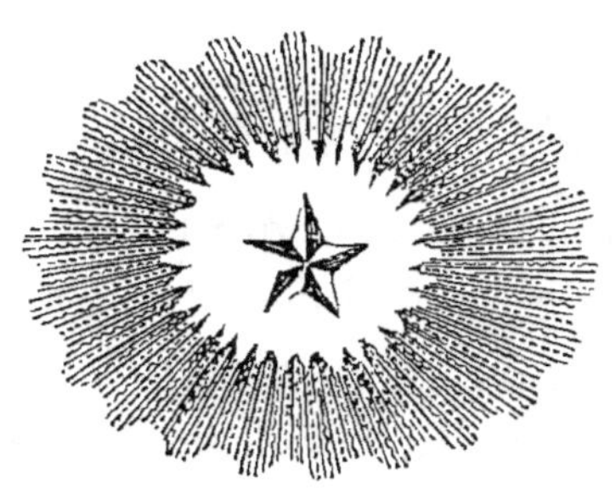

SCIOLTI

DI FRANCO SALFI.

D EL sangue de' suoi figli ancor cosparsa
Vedea la Francia il suo maggior tiranno
Da lei ritrarsi alfin proscritto ; ed ella
Sommetea come attonita la fronte,
Più che al voler de' suoi nimici, al fato,
Che di lor più possente, ancor serbarla
Dovea fra' suoi disastri a dì più lieti.
Allor cedendo a' miei sì lunghi affanni
La dolce patria abbandonava, e a questa
Venni illustre città che al guardo mio,
Nella caduta sua parea più grande.

Qui riposo io sperai; qui già l'aspetto
Mutabile de' regni e degl' imperi
Era oblio de' miei mali, anzi conforto.
Che io ben vedea nel vasto orror de' tempi,
Che il volgo cieco penetrar non osa,
Splener perenne quella prima luce,

TRADUCTION.

Alors que toute baignée du sang de ses fils, la France voyait le plus grand des tyrans fugitif et proscrit ; alors qu'étonnée de ses revers elle cédait, non pas au nombre, ni à la volonté de ses ennemis, mais au Destin, qui, plus puissant qu'eux, lui ordonnait de se réfugier dans la paix, où devait l'attendre une gloire plus solide ; alors, dis-je, instruit par mes anciennes infortunes, je m'éloignai pour jamais de ma douce patrie, et vins chercher un asile dans le sein de cette grande Capitale, plus grande encore à mes yeux depuis ses nouveaux désastres.

Là, j'espérai puiser l'oubli du passé et trouver le calme si nécessaire à mon âme, en contemplant l'instabilité des trônes et les vicissitudes des empires. De l'abîme même de ces révolutions, que le vulgaire aveugle regarde comme de funestes présages, je vois le génie débrouiller le chaos,

Che le discordi dell' orrendo cao
Elementi volubili ridusse
Ad armoniche leggi, e dell' antico
Error le sparse tenebre fugando,
Spigne le menti libere a quell' alto
Segno, che lor natura alma prescrisse,
E che 'l suo dee compir disegno eterno.

Oh età beata! che sol lece appena
Al pensier frale immaginar, qualora
Sovra ale rapidissime s'eleva,
E dispregiando l'europea fortuna,
Nell' avvenir s'inoltra e vi contempla
Quella che ognor s'invoca, e mai non giugne,
Pace dell' alma intera; e dopo tanti
Affanni indarno spesi, oppresso e stanco
A così bella idea, come a securo
Porto, sperando, approda e si riposa.

Nè pur sì cara speme, e le felici
Immagini, che spesso ella ridesta,
Bastanti sono a rattemprar l'angoscia,
Che in noi rinnova lo spettacol fero
Della virtù, ch' empio il delitto incalza
Sì ch' ella invan finor combatte, e sembra
Che ad ora ad ora al suo poter succumba.

Di sì strane vicende anch'io gran parte,
Qual chi scampato dal comun naufragio,

remplir l'espace, soumettre les élémens déchaî-
nés à des lois fixes, pleines d'harmonie, et montrer à l'homme juste le but où doivent tendre ses
efforts pour remplir dignement sa noble destinée
et les décrets éternels de la nature.

O jours de félicité que jusqu'à présent l'âme
seule peut entrevoir dans l'avenir, quand, fatiguée
des malheurs de la terre, elle ose, portée sur les
ailes de la pensée, franchir les âges futurs, goûter
cette longue béatitude, et devancer les époques
de délices si ardemment désirées et toujours vainement attendues, où l'homme, comme dans
un port assuré, jouissant de son indépendance,
pourra se reposer tranquille.

Mais, que ce doux avenir, que les images de
bonheur dont il nous berce sont loin d'adoucir
l'amertume qui nous pénètre à l'aspect du vrai
mérite et de la vertu luttant en vain contre une
fatalité barbare qui les poursuit sans relâche et
sous les coups de laquelle il est parfois prêt à succomber.

En proie moi-même à cette affreuse destinée,
tel qu'un malheureux échappé au naufrage, je me

Alfin serbato m'era a viver questi
Ultimi dì nel più solingo asilo,
E quella pace ivi goder, se alcuna
Pace concede il cielo agl' infelici,
Che sperano essi di provar, gli altrui
E i danni lor commiserando a un tempo.
E in questo amaro stato mio, tu sola,
Cui natura donò capace un' alma
Di sentir gli altrui mali, unico e vero
M'eri conforto, o mia gentil CARLOTTA,
O figlia amata mia, che di sì dolce
Nome, che di natura ancor più santa
Pietà t'impose, invocherotti io sempre.

Privo di patria, di congiunti e amici,
In strania terra, che ospital pur sempre
Al' Italo si offerse esule o stanco,
Te prima io vidi, e te conobbi, e sola
Tu l'egro stato mio scorgendo appieno,
Mi offristi all'uopo il tuo conforto e 'l pianto.
O dolce pianto di due cori afflitti,
Quando amistanza e filiale affetto
L'inspira e versa su gli alterni affanni!

Allor tutto per te sentii quel vuoto,
Da cui natura abborre, e in cui pur l'uomo
Stolto talor s'isola, e la catena
Degli esseri interrompe, ond' ei procede:

voyais condamné à vivre désormais ignoré, à m'ensevelir dans une profonde solitude, pleurant mes infortunes et celles de mes semblables, et attendant d'un ciel moins dur les consolations qu'il promet aux infortunés, mais qu'il ne leur accorde pas toujours, quand, messagère du sentiment, tu vins soulager ma misère, adorable Charlotte, toi que la nature avait douée d'une douce pitié et d'une âme généreuse, toi que j'invoquerai toujours comme ma fille chérie : titre auguste sorti de mon cœur et mille fois plus sacré que s'il te venait du sang.

Sans patrie, sans famille, sans amis, j'errais seul au milieu de ce peuple ami des malheureux, sur cette terre tant de fois hospitalière à l'Italien fatigué d'exil et de besoins. Le Ciel eut pitié de moi : je te connus alors. Profondément émue de ma pénible situation, tu daignas me tendre une main amie, relever mon courage par ton exemple, et donner par tes pleurs un certain charme à mes maux. Oh! comme elles sont bienfaisantes les larmes, quand c'est l'amitié, quand c'est la tendresse filiale qui les verse!

Qu'il me fut alors odieux ce vide que la nature abhorre, ce vide par lequel l'homme aveugle s'isole parfois de son semblable et rompt la chaîne qui l'unit à tous les êtres! Dans cette misérable

Nè si alleva una man, che ne sostenga
L'età cadente, e i moribondi lumi
Ne chiuda alfine, e dopo se qui lasci
Chi ne conservi, oltre la tomba, il nome.
Per te tutti di padre i sacri affetti
Appresi, o figlia; e mi parea fin dolce,
Quanto più ognor venia grave, la vita,
Ch'io vivea fra le tue cure pietose.

E già sperava, ch'io morendo in questa
Terra straniera, che a mia patria elessi,
Lungi da' miei più cari, all'egre membra
Daresti alcun sollievo; e ben tu stessa
Talor dicevi, riserbarti estremo
Ufficio, il dare all'ossa mie riposo,
Ed alzare una pietra al nome mio,
Che mostri al passeggier, che se fortuna
Manca talor, l'altrui pietà non manca,
Che di lagrime onori un cener muto.

O vana speme! o voti all'aura sparsi!
Dal primo dì ch'io ti conobbi, il sole
Pieno ancor non avea la terza volta
L'obliquo giro suo, che te, fra le altre
Elette a far quaggiù brillar sua luce,
E render la virtude ognor più cara,
Più non rivede; ed io, cui pur non era
Morte immatura, nè sì grave al certo,

condition, il se prive d'un soutien pour ses vieux jours, de la main qui doit lui fermer les paupières, de tout moyen pour soustraire son nom à la puissance de la mort. Tes soins affectueux, ô ma fille, ont ouvert mon âme aux sacrés sentimens d'un père; par eux j'ai senti s'alléger le poids des années; par eux la vie retrouvait à mes yeux des charmes depuis si long-temps oubliés.

Loin de tous ceux que mon cœur affectionne, je me voyais déjà sur cette terre étrangère que j'adopte pour ma patrie, appelé à descendre les froides marches du tombeau, tendrement soutenu par tes bras amis. Il m'en souvient, tu me priais parfois de m'en rapporter à toi du soin de mes dernières heures; tu promettais d'élever à ma mémoire une pierre destinée à prouver au passant que si la fortune nous délaisse, il est encore des âmes généreuses pour honorer notre cendre muette, pour nous donner quelques larmes.

Vain espoir! ô vœux trop tôt déçus! Le soleil n'avait pas encore, pour la troisième fois, rempli son cours annuel depuis que je te connaissais, que déjà tu m'échappes pour toujours, ô toi que le Ciel avait placée ici-bas pour nous rendre la vertu plus facile et plus aimable. Je te survis, moi pour qui la mort eût été si douce et si juste, je te survis plus malheureux que jamais. Hélas!

Misero! io vivo ancor di pria più tristo;
Nè mi fu dato almen, sola mercede,
Che a' tanti affanni miei dal ciel pregava,
Anzi morte, del cor lasciarti alcuna
Sincera prova, onde, me spento, ancora
Dir potessi talvolta : *Egli era grato.*
Lasso! non altro a me concesse il cielo,
Che a te prestar quel, che tu a me serbavi,
Ultimo uffizio di dolor verace.

Te feral morbo lungamente strinse;
E te ammirando ognor più saggia e forte
Nel celar le tue pene a' tuoi più cari,
Qual chi guarda la sua tenera prole,
Te seguii mesto insino all' ultima ora.
Ahi fatal giorno! I primi raggi appena
Uscian del sol, che gli ultimi a te furo,
E tu cercando ancor del ciel la luce,
Del primo figlio tuo, che 'l tuo destino
Precorso avea, gridasti il nome, quasi
Raggiugnerlo dovessi e riabbracciarlo.
Tutto l'orror della vicina morte
Ti cinse allora; e più che nel tuo rio
Morbo feral, tu l'avvisasti appieno
Nell' altrui duol, nell' altrui pianto espressa.
Tu il consorte fedel teneramente
Stringevi al collo; ed or la figlia amata,
Or l'amico cercavi almen col guardo
Incerto e grave; ed io pur t'era a fianco,

dans mes nouvelles angoisses je n'ai pu obtenir la seule faveur que j'implorais, celle de te laisser, avant de mourir, une preuve de mon amour, une preuve qui pût te faire dire quelquefois: *Il était reconnaissant.* O douleur cruelle ! Le sort injuste me destinait à faire pour toi ce que j'attendais de ton cœur compâtissant.

Dévorée lentement par une affreuse maladie, je t'ai vue, ô effort admirable ! te montrer plus courageuse, plus patiente pour mieux cacher l'horreur de tes souffrances à ceux qui tenaient le plus près à ton cœur. Comme un père, je ne t'ai point quittée, ma fille, jusqu'à ton heure extrême. Moment fatal ! Le soleil dardait à peine ses rayons naissans, que ce jour fut le dernier pour toi ! Je t'ai vue, les yeux fixés sur la voûte céleste, appeler ton premier né, lui tendre les bras comme pour le rejoindre et l'embrasser de nouveau..... Les tables du Destin se brisent, la mort vient t'envelopper de son voile funèbre..... Tu la vois tout entière, plus encore dans l'horreur qu'elle nous inspire, plus encore dans nos sanglots que dans le coup qu'elle te porte. Alors, tendrement pressée sur le sein de ton époux désespéré, tu promenais des yeux languissans et humides, tantôt sur ta fille, tantôt sur ton ami ;

Celando il duol, che dal cor traboccava,
E consolando invan consorte e figlia,
Che te coprian di baci e in un di pianto;
E tu, quasi tranquilla, ancor godevi
Di quel tenero pianto e di quei baci.
Così passasti placida; ed io chiusi
Le tue spente palpebre, e alcun raccolsi
Da' freddi labbri tuoi respiro estremo:
E morta ancor, sul tuo pallido volto
Parea che la pietà sola vivesse.

Nè però t'abbandono, ancor che altrove
Ita fosse di te la miglior parte.
Col fido tuo dividere le cure
Ultime io volli, che dover supremo
Prescrive a' cori cui pietade è sacra;
Che ancor tua fredda spoglia era al mio sguardo,
Qual sacro tempio squallido e deserto
Da quella, che albergò celeste diva,
La cui memoria a chi da presso il guarda,
Stupore a un tempo e riverenza inspira.
In pure vesti candide ravvolta
Anch'io ti posi in la funerea bara,
Di fiori ornata, testimon dell' alme
Tue virtù, che t' ornaro ognor vivente.
Così fra gli altri tuoi dolenti amici
T'accompagnai sino alla tomba, dove
Da' tuoi divisa eternamente or posi.

tandis que, debout à tes côtés, dévorant la douleur qui brisait mon âme, j'appelais de vaines consolations sur ta fille, sur ton époux, qui t'accablaient de leurs baisers et de leurs sanglots. Tu jouissais encore de ces tendres caresses, ton sein était encore couvert de ces larmes amères, quand, résignée à ton sort, tu cessas de vivre. J'ai clos tes paupières éteintes, et sur tes lèvres glacées j'ai cherché ton dernier soupir. Tu n'étais plus alors, et cependant ton visage décoloré peignait encore l'ineffable bonté de ton cœur.

Je ne t'abandonnai pas, quoique la meilleure partie de ton être ne fût plus avec toi. Je voulus partager avec ton époux infortuné lès tristes devoirs que l'amour et la piété imposent aux cœurs sensibles. Sois sans crainte, ta dépouille mortelle est à mes yeux comme un temple antique écrasé sous ses ruines ; l'auguste déesse qui l'habitait n'y est plus, mais son souvenir pénètre le voyageur de respect et de vénération. Vêtue d'une longue tunique blanche, resplendissante de pudeur et d'innocence, nous te déposâmes dans le cercueil sur un lit de fleurs, symbole des nobles vertus qui te caractérisaient, et, suivi de tes amis éplorés, je t'accompagnai jusques au tombeau sous lequel tu dors séparée pour jamais de ceux qui t'aimeront toujours.

E là vengo talvolta, e là ti chiamo,
E là mi par che tu cangiata fosse
In quelle piante squallide, che intorno
Ti fanno ombra e corona, od in quei fiori,
Onde s'orna per te la terra lieve,
O spiri in esse, od aura pura intorno
Mormorando erri, e ti compiaci almeno
Del culto, che l'altrui dolor ti rende,
Se han senso alcun le piante, i fiori e l'aure.

Ma s'egli è ver, com' è pur dolce a un tempo
L'immaginare e il credere, che sciolta
Dal tuo ingombro mortale, in altra forma
Conversa omai, tu vivi in altra chiostra,
Sia l'Eliso fiorente, o l'alta sfera,
Che il gran padre ALIGHIER trascorse, e seppe
Più che altri ardito a noi ritrarre in carte;
E se, dove che godi, ombra beata,
Memoria serbi delle andate cose,
E alcun di me pensier te segue, accogli
Questi miei carmi lugubri, ch'io spargo
Fra le lagrime mie su la tua tomba.
E lieto io ben sarei, se a te giugnesse
Di questi carmi il triste suon, che nuova
A te non men sarian cagion di gioja.

Ma, se di me, qual pria, cura ti stringe,

Là, je viens te voir quelquefois; là, je t'appelle, et, te croyant vivante dans ces arbustes qui se penchent pour te couvrir de leur ombre religieuse, dans ces fleurs qui s'élèvent du sein de la terre qui te recèle, je t'aspire dans leurs parfums. Lorsque j'entends le zéphir murmurer autour de leurs tiges, il me semble te voir sensible au culte que te rend la douleur. Mais, vaine illusion! le sentiment ne réside point dans les plantes, dans les fleurs, dans les vents légers.

Ah! s'il est vrai, comme il est doux de le penser et de le croire, que, délivrée de ton enveloppe mortelle, tu aies pris une autre forme et que tu respires dans l'Elysée toujours fleuri, ou dans les hautes sphères que le génie audacieux de DANTE parcourut et osa nous décrire; quel que soit le lieu où tu goûtes le bonheur, ombre adorée, si tu te rappelles encore du passé, conserve de moi quelque souvenir, daigne accueillir ces vers élégiaques que je dépose avec mes pleurs sur ta tombe sacrée. Que dis-je? non, je ne peux en douter, si les sons de ma lyre plaintive parviennent jusqu'à toi, tu les écoutes encore avec plaisir.

Si tu me gardes toujours les mêmes sentimens

Deh, cerca pur fra quei tranquilli spirti,
Della cui compagnia lieta or ti godi,
Cerca la vaga GIULIA, e la severa
ELEONORA. Ravvisar puoi l'una
Alla serena maestà del volto,
Al portamento nobile e leggiadro,
Alla pupilla tenera, che avviva
Dolce un sorriso annunziator di pace.
Sol che l'altra favelli, il suo dir pronto
Un' alma forte e libera palesa;
E nel rigido ciglio, anco se tace,
Il suo grave pensier vi leggi impresso.
Per l'una, ancor più audace oltre io mi spinsi
Ne' sacri boschi del parrasio monte,
Onde di qualche alloro inghirlandato
Mertar dall'altrui mano, altra mercede,
Novello serto dell' idalio mirto.
Per l'altra donna, a più tenere in pregio
Gli alti di libertà misteri appresi.
E dessa fu che prima in man mi pose
Il pugnal di Melpomene, onde al vile
Vulgo mostrar quai son quegli che adora
Sul trono o su l'altar numi terreni.
Quanto a lor saria grato aver contezza
Di me, che lasso ancora a lor sorvivo!
Dì lor gli aspri miei casi, ond'io sovente
Ti posi a parte, e che dovunque iniquo
Me spinse il fato, io di cantar non cessi
Pur mai le lor virtudi e i pregi loro:

que naguère, cherche la belle JULIE (1) et l'austère ELÉONORE (2) parmi les bienheureux dont tu
partages les joies célestes. Tu reconnaîtras aisément la première à la majesté de ses traits, à son
maintien noble et gracieux, à son regard tendre,
à ce doux sourire qui peint si bien la sérénité du
cœur. Si la seconde vient à parler, tu la reconnaîtras à son éloquence rapide, à son âme forte
et indépendante; son silence même te la fera découvrir, il imprime à son visage la profondeur
des grandes pensées qui l'occupent. JULIE me fit
pénétrer d'un pas hardi sous les bosquets sacrés
du Parnasse, où j'osai cueillir quelques lauriers
pour mériter à mon amour l'espoir du myrte d'I-
dalie. ELÉONORE me révéla, jeune encore, les
sacrés mystères de la liberté : c'est elle qui remit
en mes mains le poignard de Melpomène, qui
m'imposa l'honneur d'arracher le voile d'iniquité
qui couvre les tyrans, et de les montrer tels qu'ils
sont à l'aveugle vulgaire qui les adore sur les

---

(1) GUILIA TELESIO-FIRRAO, descendante du célèbre
philosophe BERNARDINO TELESIO, de Cosenza.

(2) ELEONORA FONSECA-PIMENTEL, célèbre par son génie
élevé, ses belles poésies, et surtout par sa fin tragique;
elle a péri, en 1799, avec les illustres et nombreuses vic-
times immolées sur les échafauds du crime, dressés par les
agens de ce gouvernement anglais, que l'on trouve toujours
à la tête des bourreaux de l'humanité.

E m'udiro del Po sovente i pioppi
Gementi e consapevoli, come ora
M'odono anch' esse le volubili onde
Della Senna, cui 'l canto italo è caro.

E t'udrà pur la madre mia, che lieta
T'abbraccerà qual mia diletta figlia.
Ah! morì l'infelice, invan più volte
Del suo figlio lontan gridando il nome!
E duolmi ognor, che non potei del grato
Mio cor mai farle intera prova, e dirle
Qual a me fu rimorso il lungo pianto,
Ch' ella sul mio versò destin crudele!

Questi, gentil CARLOTTA, al labbro detta
Veri sensi il cor mio, su la fiorita
Terra, che l'ossa tue molle ricopre;
Nè d'ascoltarli sdegnerà taluno,
Che sia d'amore o di pietà devoto.

trônes et aux pieds des autels. Raconte-leur mes tristes aventures, tu les connus toutes ; dis-leur que partout où le destin cruel m'entraîna, leur souvenir ne cessa d'être avec moi ; apprends-leur que les tristes peupliers du Pô courbèrent souvent leurs tiges amies pour écouter mes gémissemens, comme aujourd'hui la Seine, protectrice des muses italiques, suspend le cours de ses ondes fugitives pour pleurer avec moi.

Ma mère aussi viendra t'écouter ; dans sa joie, elle te pressera comme ma fille bien-aimée..... Hélas ! loin de moi, elle mourut, en m'appelant. Je n'ai pu lui prouver en cet instant fatal toute l'étendue de mon amour ; dans ma douleur, je n'ai pu adoucir les larmes amères qu'elle versa sur ma cruelle destinée.

O trop aimable CHARLOTTE ! prête l'oreille aux sentimens que mon cœur dicte à ma muse ; je les laisse couler sur le tertre fleuri qui mollement s'appuie sur tes cendres, pour que tous ceux qui portent une âme sensible, ouverte à l'auguste pitié, puissent te les répéter en chœur avec moi.

INSCRIPTION FUNÉRAIRE.

CHARLOTTE choisit pour sa dernière demeure le Champ de l'Ouest ; elle voulût être placée près de son fils, mort le jour même de sa naissance, le 2 juillet 1817. J'ai tracé sur sa tombe les lignes suivantes qui la peignent tout entière.

ICI
REPOSE, PRÈS DE SON FILS,
MARIE-THÉRÈSE-CHARLOTTE
DE BERNEAUD-DE RIEGELMANN,
ÉPOUSE
DE J. B. M. A. ARSENNE THIÉBAUT DE BERNEAUD,
L'UN DES BIBLIOTHÉCAIRES DE LA BIBL. MAZARINE ;
NÉE A HANAU-SUR-LE-MEIN, LE 1er AVRIL 1780,
DÉCÉDÉE LE 29 AVRIL 1818, AGÉE DE XXXVII ANS 28 JOURS.
BELLE, MODESTE, SAGE,
APPUI DU MALHEUREUX,
AMIE CONSTANTE,
FILLE TENDRE, ÉPOUSE FIDÈLE, BONNE MÈRE,
ELLE FIT, PENDANT XII ANS, LE BONHEUR
DE SON INCONSOLABLE ÉPOUX.
EN MOURANT, ELLE LUI DIT :
JE RESTE AVEC TOI DANS MA FILLE CHÉRIE,
ELLE TE RENDRA LA FÉLICITÉ ;
JE LUI LÈGUE MON AMOUR POUR TOI.
ADIEU !
PENSE TOUJOURS A MOI.
NOTRE FILS HERMANN M'APPELLE,
JE VAIS LE REJOINDRE.
ADIEU !...

APPENDICE.

APPENDICE.

Plan d'Ermenonville.

Dans les champs inféconds créés par Girardin,
De l'immortel Milton se retrouve l'Eden.
L'art y fut appelé : riche sans imposture,
Sa main sut respecter et parer la nature.

Marnésia, La nature champ., ch. I.

Ainsi que je l'ai dit plus haut (page 50), l'origine du village d'Ermenonville remonte aux dernières années du VIIe siècle de l'ère vulgaire. Les plus anciens diplômes qu'il m'a été possible de consulter m'ont appris qu'il faisait partie des domaines de l'ancienne famille des Bouteillers, de Senlis, descendant du sang de ce Charlemagne qui mérita les éloges de Montesquieu.

Dès 990, Jean Rothold ou Berthold, membre de cette famille, prenait le titre de seigneur de Chantilly et d'Ermenonville.

Foulques, son fils aîné, lui succéda dans cette propriété en 1027, et la transmit en 1060 à Landry, son neveu. Ses petits-fils la conservèrent jusques en 1350, sans s'occuper aucunement d'assainir la vallée où elle est située.

A cette époque toute féodale, Ermenonville passa par alliance dans les mains de Raoul Herpin, dit le *sire d'Erquery*, qui mourut en août 1360, donnant par acte testamentaire à Jean de Laval, que l'on qualifiait de *sire de Laval et Attichy*, toutes ses propriétés, et de grands moyens pour augmenter le domaine d'Ermenonville et arracher à la misère ceux qu'il tenait impitoyablement attachés à la glèbe. Le nouvel héritier ne fit rien pour des hommes qu'alors on était habitué à traiter comme des bêtes de somme, et que des familles privilégiées regardaient comme les instrumens obligés de leur fortune.

Vingt-cinq ans plus tard, le 28 mai 1386, le domaine d'Ermenonville fut vendu par Guy de Laval, avec la terre de Chantilly, la tour de Montmeillan, et Montcy-le-Neuf, à Pierre d'Orgemont, moyennant la somme alors très-considérable de huit mille livres tournois.

Marguerite d'Orgemont, descendante de Pierre, ayant épousé Jean de Montmorency, la terre d'Ermenonville et celles des autres villages passèrent dans la branche aînée des Montmorency, qui ne tarda pas à les démembrer.

En 1421, Ermenonville fut de nouveau vendu. La famille DE VIC en devint propriétaire. Il fut érigé en comté dans l'année 1603, en faveur de ce DOMINIQUE DE VIC qui, durant sa valeureuse carrière, et surtout à la bataille d'Ivri, s'est fait un nom glorieux sous celui de *capitaine Sarrède*.

A la mort de GENEVIÈVE-EUGÉNIE, son arrière-petite-fille, décédée en 1701, GÉDÉON FRANÇOIS LOMBARD, bailli d'épée de Saint-Pierre-le-Moustier, fit l'acquisition du domaine, qui, cinquante-trois ans plus tard, devait être vendu, le 22 juillet 1754, à RÉNÉ HATTE, secrétaire des finances et conseiller d'état privé.

Ce fut de ce dernier que, en février 1763, RÉNÉ DE GIRARDIN en reçut une portion à titre d'héritage de son aïeul maternel, et qu'il acquit de ses cohéritiers la portion à eux échue. Il agrandit aussitôt le domaine, qui renferma dès lors huit cent vingt hectares (plus de 1600 arpens), et devint entre ses mains le plus beau jardin paysager de la France. Son revenu net monta dès lors à 60,230 francs.

La propriété fut encore une fois mise en vente en janvier 1819, par les fils de RÉNÉ DE GIRARDIN, et adjugée à l'enchère, en juillet 1821, moyennant un million quatre cent quatre-vingt-quatre mille sept cents francs, à deux des co-propriétaires, MM. Stanislas et Alexandre de Girardin. Au mois d'octobre 1824, ils en ont vendu la jouissance en viager au duc de Bourbon, propriétaire du domaine de Chantilly.

Après avoir dit tout ce qui doit intéresser le philosophe, l'artiste et l'homme sensible visitant Ermenonville; après avoir peint cette retraite enchantée (qu'un pénible pressentiment me fait craindre de ne voir bientôt plus exister que dans mon livre), il eût manqué quelque chose à mes descriptions, si je ne les eusse accompagnées d'un plan détaillé de tout le pays. Je l'offre donc à mes lecteurs. Il est plus exact encore que celui joint à la seconde édition de cet ouvrage, et a été gravé sur le relevé cadastral fait en 1824.

———

EXPLICATION DES RENVOIS.

1. Le village, partie principale où se trouve l'église.
2. Seconde partie du village.
3. Maison des Voyageurs, connue sous le nom d'*Hôtel de J.-J. Rousseau.*
4. Le manoir.
5. La fontaine.
6. La grotte des Naïades.
7. La petite cascade.
8. Cénotaphe de Réné de Girardin.

9. Le petit lac.

10. La brasserie.

11. L'île des Peupliers où se trouve le tombeau de JEAN-JACQUES ROUSSEAU.

12. Le saule de la Romance.

13. Ile des Boursaudes.

14. Tombeau du peintre MEYRR.

15. Banc des mères de famille.

16. Tombeau du jeune inconnu.

17. Entrée de la forêt et grande route de Mortefontaine.

18. Grotte de la Rêverie.

19. Grotte dite de THOMSON.

20. Temple de la Philosophie moderne.

21. Grotte aux Ossemens.

22. L'Ermitage.

23. Obélisque de la Muse pastorale.

24. Le chêne de *Palémon*.

25. Le temple rustique.

26. Le banc où le jeune inconnu s'est tué.

27. Les deux arbres.

28. La grotte du Berger.

29. Archipel.

30. Prairie arcadienne.

31. Cabane de *Philémon* et *Baucis*.

32. Entrée du Désert, sur la route de Senlis.

33. L'orme heureux.

34. Le Creux du Vent.

35. La cabane de J.-J. ROUSSEAU.

36. Genévrier remarquable par sa grosseur extraordinaire.

37. Monument des anciennes amours.

38. Le grand lac.

39. La tente du Huron.

40. La cabane du pêcheur.

41. La fourrière.
42. Pierre tumulaire élevée au souvenir d'une bonne mère et de son fils.
43. Le lieu de la danse et le grand hêtre.
44. Le jeu de la balle.
45. Le jeu de l'arc.
46. Lieu où les enfans commencent à s'exercer au jeu de l'arc.
47. Chambre où mourut J.-J. ROUSSEAU.
48. Le hameau, sur le chemin de Chaalis.
49. Le bocage.
50. La fontaine des Amours.
51. Grotte de la Fontaine.
52. Temple des Muses et du doux Loisir.
53. Peuplier planté par RÉNÉ DE GIRARDIN, le jour de sa prise de possession du domaine d'Ermenonville.
54. Regard, consacré au souvenir de LAURE.
55. Le moulin.
56. La maison du vigneron.
57. L'île et la tour de *Gabrielle*.
58. Le bac ou va-et-vient de bocage.
59. Petite maison bâtie pour servir de demeure à J.-J. ROUSSEAU.
60. Le potager et le verger.
61. Bâtiment gothique.
62. L'île des platanes, où se trouve l'autel de l'Amitié.
63. La grande cascade.
64. Dépendances du manoir.
65. Orangerie.
66. La ferme.
67. Le souterrain.
68. L'autel druidique.

NOTE I.

Notice bibliographique des ouvrages publiés sur Ermenonville.

I. — *Voyage à Ermenonville*, par Le Tourneur ; Paris, 1788, in-8.

Cet écrit a été rédigé peu de jours après la mort de J.-J. Rousseau; il est d'une lecture attachante, plein de peintures vives et animées, où l'auteur d'*E-mile* respire pour ainsi dire tout entier. C'est un hommage rendu à sa mémoire par un homme sensible. — Il est inséré en tête des OEuvres de Rousseau, publiées de 1788 à 1793 par le libraire Poinçot, tome I, pag. 69 à 176.

II. — *Voyage à Ermenonville*, par J.-B.-E.-B. S. (Sous la date de Paris, le 4 juillet 1783.)

Cette narration, en forme de lettre, offre les souvenirs d'une personne demeurée peu d'heures à Er-menonville, écrivant ce qu'elle a vu très-rapidement, et sans s'assurer, par des recherches exactes, si les faits qu'elle raconte sont vrais. L'auteur est Jean-Baptiste-Etienne-Benoît Soreau, avocat, né à Tours le 21 mars 1738, mort à Paris le 15 août 1808. — Ce morceau se trouve dans le IIIe vol., pag. 173 à 214, d'un Recueil publié à Paris en 1808, sous le titre de *Voyages en France et autres lieux*, in-18, et dans le IVe vol. de la réimpression de ce même ouvrage donnée en 1817.

III. — *Voyage à Ermenonville*, adressé à M. le comte de Cassini, par M. DE MAYER.

Inséré dans le IIIe vol., partie Ire, d'un *Recueil amusant de Voyages, en vers et en prose*, imprimé à Paris, en 1787, petit in-12.

IV. — *Promenade*, ou *Itinéraire des jardins d'Ermenonville*, auquel on a joint vingt-cinq de leurs principales vues, dessinées et gravées par J. MÉRIGOT fils; 1 vol. in-8 de 68 pages d'impression; Paris, 1788.

Le texte de cet ouvrage est de M. STANISLAS DE GIRARDIN, fils aîné du créateur d'Ermenonville; il en a été fait une réimpression en 1811, sans additions ni corrections : elle est pleine de fautes typographiques.

V. — *Ermenonville*, ou *le Tombeau de* JEAN-JACQUES; in-8 de 10 pages.

Ce poème, inséré dans la *Décade philosophique*, année 1794, tom. III, pag. 105 et suiv., est de M. Joseph Michaud, aujourd'hui membre de l'Académie française. Les exemplaires tirés à part sont précédés d'une épître dédicatoire dans laquelle l'auteur de l'*Histoire des Croisades* rappelle à son frère « les

» délicieuses soirées qu'ils ont passées à étudier en-
» semble le *Contrat social.* »

VI. — *Voyage à l'île des Peupliers,* par ARSENNE
THIÉBAUT DE BERNEAUD ; 1 vol. in-12 et in-18 de
173 pages, et quatre figures gravées par MARIAGE ;
Paris, an VII (1798).

L'auteur avait dédié à sa mère cette première édition d'un ouvrage qui est devenu le *vade mecum* des
voyageurs d'Ermenonville. (*Voyez* plus bas, à l'article XVI.)

VII. — *Le Voyageur curieux et sentimental,* ouvrage en deux parties, contenant : 1º le Voyage de
Chantilly et d'Ermenonville ; 2º le Voyage aux
îles Boromées, par LOUIS DAMIN ; 1 vol. in-8 ;
Toulouse, 1800, et Paris, 1801.

La première partie de ce voyage avait paru en
1798, dans le tom. III, pag. 185 à 205, des *Voyages
en France,* publiés par M. LA MÉSANGÈRE. Elle a reparu plus abrégée dans le tom. IV, pag. 53 à 134, des
Voyages en France et autres pays, imprimés en
1808, petit in-12. — L'auteur parle fort peu d'Ermenonville.

VIII. — *Description des nouveaux jardins de la
France et de ses anciens châteaux,* par ALEXANDRE
DE LA BORDE, accompagnée de dessins, par
CONSTANT BOURGEOIS ; in-folio ; Paris, 1808.

Les jardins d'Ermenonville occupent les pag. 83 à
94 ; on y donne dix-sept vues différentes de ce char-

mant pays; toutes attestent le bon goût de l'artiste qui les a dessinées. Le plan du pays seul est mauvais.

IX. — *Description d'Ermenonville en septembre 1809, par* F. FAYOLLE.

Elle a été imprimée séparément in-4o, et insérée dans le *Magasin encyclopédique de* MILLIN, IIe vol. de 1811 (mois de mars), ou tome XCVIII, pag. 280 à 300.

X. — *Lettres à Sophie,* ou *Itinéraire de Paris à Montmorency, à l'Hermitage* (sic) *et à l'île des Peupliers, en passant par Chantilly,* avec des détails historiques sur le séjour de **J.-J.** ROUSSEAU dans ces divers lieux, par **M.** ***, avocat; in-8 de 86 pages; Caen, 1813.

Cet ouvrage, écrit en 1812, est de M. F. LENORMAND; il a reparu successivement sous la date de juillet 1818 et de juillet 1819, avec le titre de *Lettres à Jennie* (sic), *sur Montmorency, l'Hermitage* (sic), *Andilly, Saint-Leu, Chantilly, Ermenonville et les environs, avec des détails inédits ou puisés aux meilleures sources, concernant* JEAN-JACQUES ROUSSEAU, *mesdames d'*EPINAY *et d'*HOUDETOT, SAINT-LAMBERT, GRÉTRY, *le maréchal et madame* DE LUXEMBOURG, *le prince* DE CONDÉ *et autres personnages qui ont habité ces divers lieux;* par M. F. L. ***; 1 vol. in-12 de v et 176 pag., avec une vue de l'Ermitage. — Ce qui est relatif à Ermenonville commence à la page 36 et finit à la 54, et les détails annoncés sont copiés littéralement dans des ouvrages très-connus, tous publiés depuis long-temps. Quant à la prétendue 2e édition, revue et augmentée, comme l'observe le *Journal général de l'imprimerie et de la librairie,* du 31 du même mois de juillet 1819, « il n'y a de réimprimé qu'un » tiers de feuille, savoir : le faux titre, le titre et les » pages 7 et 8, 175 et 176. » C'est la méthode des *grands* écrivains du jour et de presque tous les libraires.

XI. — *Voyage à Ermenonville, dédié à ma femme; suivi de poésies diverses;* par **F.-L. J.**; in-18, Paris, 1813.

Cet ouvrage, daté du mois d'août 1811, est de M. JOURDAN; on le lit avec plaisir : c'est une aimable gaîté. L'auteur s'est laissé induire en erreur sur la fin de JEAN-JACQUES ROUSSEAU; il ne s'est pas donné le temps d'approfondir le sujet qu'il traitait, et de se rendre compte des faits. Son voyage a été l'affaire de trois journées : départ, séjour et retour.

XII. — *Voyage à Ermenonville,* poème en trois chants, suivi de quelques pièces détachées, par A.-J.-P.-L. COHEN; petit in-12; Paris, 1814.

XIII. — *Voyage à Ermenonville,* par madame DE GENLIS. Juin, 1816.

Il fait partie des *Voyages poétiques d'Eugène et d'Antonine,* in-12, Paris, 1816. On le retrouve dans le *Journal de la Jeunesse,* mort presqu'en naissant, tom. III, p. 97 à 118. Ce n'est pas un voyage, encore moins une description des beaux jardins d'Ermenonville, mais un cadre pour injurier J.-J. ROUSSEAU, son ami RÉNÉ DE GIRARDIN, l'auteur de l'ouvrage indiqué au n° VI, les Encyclopédistes, et généralement tous ceux qui ont eu la probité de penser hautement, d'écrire en toute vérité, et d'agir tout autrement que madame la comtesse DE GENLIS.

XIV. — *Le premier Voyage d'un Parisien*, ou *Promenades d'un écolier en vacances*, à Beauvais, Dieppe, le Havre, Rouen, en passant par Mortefontaine (*sic*), Ermenonville, etc.; par M. ***, avocat; in-12; Paris, 1819.

Dans cet ouvrage, de M. BOULANGER, la première journée est consacrée à Mortefontaine et Ermenonville; elle comprend les pages 3 à 35. C'est le résultat de quatre heures de marche. Quand on voit ainsi Ermenonville, il vaudrait mieux, à mon sens, ne pas écrire ce qu'on a vu ou du moins cru voir.

XV. — *Voyage à Ermenonville*, ou *Lettre sur la translation de* J.-J. ROUSSEAU *au Panthéon;* in-8 de 47 pages.

J'indique ici, d'après un bibliographe, cet ouvrage que je n'ai point vu, et qu'il m'apprend être sans date et sans nom d'auteur.

XVI. — *Voyage à Ermenonville*, contenant des anecdotes inédites sur J.-J. ROUSSEAU, le plan des jardins et la Flore d'Ermenonville, publiés, pour la première fois, par ARSENNE THIÉBAUT DE BERNEAUD; Paris, 1819; in-12.

Les exemplaires de cette 2e édition, destinés par

l'auteur à ses amis, étaient précédés d'une petite lettre d'envoi *fac simile* de son écriture. L'ouvrage a été traduit en anglais. L'édition que nous en donnons le 1er janvier 1826 est entièrement refondue, et augmentée dans ce qui a rapport à J.-J. Rousseau.

NOTE II.

Notice sur Alexandre Deleyre.

Alexandre Déleyre naquit le 6 janvier 1726, au petit village des Portrets, près de Bordeaux. Frappé par le malheur en entrant dans la vie, il ne connut aucun des plaisirs de l'enfance. Jusqu'à treize ans il fut presque toujours dans un état de maladie continuelle. Cependant son âme impatiente sort de sa léthargie, le goût des études se développe chez lui spontanément, il montre tout-à-coup une pénétration au-dessus de son âge. Des dispositions aussi heureuses fixèrent les yeux des Jésuites ; ils le demandèrent à sa famille, qui, attendu son peu de fortune, n'hésita point à le leur donner. A quinze ans il prit l'habit de l'ordre. Un zèle aveugle, une dévotion ardente dévoraient alors cette âme neuve et naturellement mélancolique ; mais, quand l'âge eut développé la force de son génie , les prestiges de l'imagination s'évanouirent. DELEYRE aperçut le précipice où l'avaient entraîné son inexpérience et plus encore les artificieuses caresses des Jésuites. Il voulut secouer le joug. Des obstacles de tous les genres s'y opposaient ; son père même, s'il rompait son engagement, le menaçait de l'abandonner : la constance de ses efforts parvint à tout surmonter. C'est à la résistance qu'il éprouva dans cette occasion, qu'il dut ce haut degré d'énergie qui depuis a caractérisé son âme.

DELEYRE vint à Paris. Il était sans nom, il y vécut dans une effrayante solitude. Au milieu de ce chaos de toutes les ambitions, *où, comme il le disait lui-même, les besoins, les travaux, les peines et les jouissances se combattent et se confondent,* il courait les risques de devenir tout-à-fait étranger au monde, si MONTESQUIEU, qui recherchait et favorisait tous les enfans de la province de Guienne, ne l'eût appelé auprès de lui. L'auteur de l'*Esprit des Lois* savait ce qui s'était passé entre les Jésuites et le jeune DELEYRE ; il applaudit à sa résolution, l'engagea à cultiver ses talens, et lui fit connaître J.-J. ROUSSEAU, D'ALEMBERT, DIDEROT, DUCLOS, et ce bon duc DE NIVERNAIS, protecteur de tous les gens de lettres, et littérateur lui-même très-distingué. Tous l'aidèrent de leurs conseils, tous lui donnèrent des encouragemens ; ils l'associèrent en 1754 au *Journal de Trévoux,* et quand ce recueil périodique passa entre les mains des Jésuites, ils l'attachèrent au *Journal Étranger,* dans lequel J.-J. Rousseau a donné quelques articles.

Deleyre terminait à peine sa vingt-neuvième année, qu'il voulut justifier la bonne opinion qu'on avait conçue de lui. En 1755, parut l'*Analyse de la Philosophie du chancelier* François Bacon, 2 vol. in-12. L'on connaissait à peine ce philosophe, et son nom venait, pour la première fois, d'être prononcé par d'Alembert, dans son sublime *Discours préliminaire de l'Encyclopédie.* L'ouvrage de Deleyre eut un plein succès ; il le méritait. Il est écrit avec une grande force d'esprit, d'un style noble et toujours soutenu. Il donne une juste idée des principes du père de la philosophie moderne, et rend plus profitable la lecture de ses œuvres. Souvent Deleyre a joint ses propres pensées à celles de Bacon, et, quoi qu'en ait dit le satirique Fréron, elles ne forment aucun disparate (1). « C'est beaucoup pour un littérateur

---

(1) Naigeon a inséré presqu'en entier cet ouvrage dans son *Dictionnaire de la philosophie ancienne et moderne de l'Encyclopédie méthodique,* article *Baconisme;* mais, cédant à l'injuste Fréron, il a, aux idées et aux réflexions

» que de traduire avec exactitude et talent, disait
» DELEYRE; c'est peu pour un savant, s'il n'ajoute
» de ses propres connaissances à celles qu'il trans-
» met par la traduction. »

En 1756 il donna son article *sur le fanatisme,*
qui fut inséré dans le tome VI de l'Encyclopédie,
et que VOLTAIRE n'a fait qu'abréger pour l'insé-
rer, sans en nommer l'auteur, dans son *Dictionnaire philosophique,* méthode si indiscrètement
suivie de nos jours, où la manie des dictionnaires,
des compilations de tout genre, est devenue un véritable fléau, une maladie pestilentielle et conta-
gieuse. Dans son article, DELEYRE ne s'est occupé
que du fanatisme religieux, qu'il attaque avec calme, avec une raison profonde, et sans la plus légère
déclamation. C'est le résumé d'une partie des malheurs du monde, écrit en présence de leurs tristes
résultats. Il ne cherche pas à faire naître la haine,
à exciter l'indignation, il éclaire l'esprit, il touche
le cœur et dispose l'âme séduite à briser les poignards dont l'erreur, dont une funeste fascination
l'avaient armée. Des tournures piquantes, un coloris vif et toujours naturel, des traits qui péné-
rtent profondément, donnent à ce morceau assez
étendu un caractère d'originalité dont on n'aurait

---

de DELEYRE, substitué des citations de BACON, recueillies,
il est vrai, avec autant de goût que de discernement.

pas cru le sujet susceptible. Il est nourri, fortement pensé, écrit avec goût, et remarquable par
la variété des tons que l'auteur sait y prendre. On
doit regretter que Deleyre n'ait pas considéré le
fanatisme dans toutes ses autres phases, plus particulièrement dans la politique, où il n'est pas
moins féroce que sous les bannières de la religion.

On se doute bien qu'une semblable production
dut attirer tous les regards. Si elle excita l'admiration des bons esprits, elle fut aussi le motif des
longues persécutions qui empoisonnèrent la vie
de son auteur. Les intolérans de toutes les sectes
ne lui pardonnèrent point, et ne lui pardonneront
jamais de leur avoir arraché le masque. L'esprit
de parti est, comme l'envie, prodigue d'excès : il
distille les poisons, poursuit dans l'ombre, mais à
toute outrance; n'épargne rien, ni intrigues, ni
bassesses, ni calomnie d'aucun genre, pour perdre
quiconque ose déchirer le voile, dissiper les prestiges et montrer l'infâme dans toute son horreur.

En 1758, Deleyre publia une traduction de deux
comédies de Goldoni ; l'une intitulée : *le Véritable
Ami*, l'autre, *le Père de Famille*. Il avait entrepris
ce travail pour venger son ami Diderot, qu'on ac-
cusait d'avoir copié le comique italien. Grimm
fut l'éditeur de ces deux opuscules, qu'il fit, selon
son coupable usage, précéder d'un libelle en forme
d'épître dédicatoire. On ne devait pas s'attendre à
autre chose d'un misérable qui fut espion, et mit

son bonheur à faire, à dire, à écrire secrètement du mal, même de ceux qu'il osait traiter en ami. De nos jours, il a plus d'un émule parmi les écrivains mercenaires, et même chez quelques savans, vils esclaves qu'une postérité prochaine frappera du sceau de la réprobation.

Vers l'an 1761, DELEYRE fut attaché à l'ambassade de France à Vienne, et ensuite nommé bibliothécaire du duc de Parme. Là, CONDILLAC le pria de rédiger pour son élève un cours d'histoire; l'ouvrage fut bientôt achevé, mais l'abbé ne le jugea pas écrit dans un esprit convenable. L'auteur, quoique toujours appuyé sur les faits les plus avérés, donnait au prince des leçons justes, mais sévères; ses réflexions étaient trop élevées, j'allais dire trop dans l'esprit des anciens, trop dans l'intérêt des hommes. Il vit, sans murmurer, répudier le fruit de ses veilles; il n'en témoigna même pas le moindre mécontentement à son ami.

DELEYRE demeura huit ans à Parme, et de retour à Paris en 1771, il rédigea le XIXe volume de l'*Histoire générale des Voyages*, que l'abbé PRÉVOST avait eu le bon esprit de lui confier. Ce volume renferme l'histoire et la description du Kamtschatka, du Groënland et de toutes les côtes alors connues dans la mer Glaciale. LA HARPE, qui l'inséra sans aucun changement dans son *Abrégé*, qualifie l'auteur d'écrivain éloquent et philosophe. « Si tous les voyages, ajoute-t-il,

» avaient été rédigés par une plume telle que
» celle de M. DELEYRE, le travail d'un abré-
» viateur serait devenu inutile. »

En 1777, DELEYRE écrivit l'éloge de ROUX,
docteur-régent et professeur de chimie à la Fa-
culté de Paris. C'est l'hommage de l'amitié, le
tribut d'un cœur qui se répand avec franchise,
candeur et effusion. L'ouvrage est bien écrit, plein
de grandes pensées.

Il publia, en 1791, un *Essai sur la vie de* THO-
MAS, qui avait été son plus intime ami. Sans
doute, l'illustre académicien avait des vertus, du
talent, un mérite très-distingué; mais son style
n'est pas toujours pur, tous ses écrits ne sont pas
de la trempe de l'*Éloge de* MARC-AURÈLE, de l'*É-
pître au peuple,* de l'*Essai sur les Éloges.* Ici, DE-
LEYRE eut un grand tort, celui de louer tout, de
louer avec une intempérance vraiment incroyable. Sa belle âme s'épanche, mais sa plume n'a
plus de nerf, n'a plus de méthode. Cependant
on retrouve de temps à autre quelques pensées
saillantes et bien exprimées. Telle est celle-ci :
« Il me semblait, dit-il, en écrivant la vie de
» mon ami, que je l'allongeais pour moi-même,
» et que je l'en faisais encore jouir; il me sem-
» blait qu'il me voyait et qu'il m'entendait; j'étais
» là comme le peintre qui s'entretient avec son
» modèle. »

En 1792, DELEYRE vint siéger à la Convention

nationale comme membre de cette députation de la Gironde, qui réunissait tous les genres de talens, et qui fut dévorée dans un seul jour. DE-LEYRE ne périt point avec ses amis, parce que, peu propre aux combats de la tribune, il vivait ignoré dans le comité d'instruction publique, où il rendit les plus grands services aux gens de lettres, sans s'informer de l'opinion qu'ils avaient embrassée. Il contribua surtout, avec M. GRÉGOIRE, que l'on a proscrit de l'Institut, en 1815, à arrêter les fureurs du vandalisme. On lui doit l'idée de cette Ecole normale, qui réunit les plus grands hommes de l'Europe savante, et que le despotisme impérial écrasa presqu'à sa naissance. C'était une inspiration heureuse et d'autant plus utile, que le grand point, dans la transmission des connaissances humaines, est d'avoir de bons maîtres; mais l'instruction effraie la tyrannie.

DELEYRE fut appelé à l'Institut au moment même de sa fondation. Il appartenait à cette classe des sciences morales et politiques qui fut sacrifiée à l'ambition de NAPOLÉON, aux craintes de ses courtisans et de ses vils ministres. DELEYRE n'y siégea pas long-temps, sa santé délabrée l'entraîna dans la tombe, le 10 mars 1797, laissant aux hommes qui l'avaient connu la mémoire de ses vertus et de ses utiles travaux.

Il portait une âme ardente et sensible à l'excès; il aimait la retraite et recherchait la solitude. Son imagination était encore aussi active au moment de sa mort qu'elle l'avait été pendant les belles journées de son génie. Près de rendre le dernier soupir, il travaillait à une traduction du poème de Lucrèce, demeurée inédite quoique terminée. Il poussa jusqu'à la passion le sentiment de l'amitié. La mélancolie lui inspira plusieurs romances très-touchantes et riches d'images que Rousseau se plut à mettre en musique ; telle est celle-ci, qui plaira long-temps aux âmes sensibles : *Je l'ai planté, je l'ai vu naître,* etc.

J'ai connu personnellement Deleyre ; je l'ai vu pendant les deux dernières années de sa vie, et je l'ai assisté à ses derniers instans. Plusieurs pensées que je recueillis de nos entretiens, me sont encore présentes.

I.— Le monde est rempli de gens ingrats et dédaigneux, qui s'amusent ou profitent de nos travaux, sans s'occuper de notre vie ou de notre mémoire.

II. — La meilleure disposition de l'âme pour la recherche des vérités naturelles est la plus mauvaise pour les dogmes.

III. — L'aspect d'une plaie fait horreur, mais elle perd ce qu'elle a de hideux aux yeux de celui qui la guérit.

IV. — La politesse attire et repousse en même temps.

V. — Le génie qui invente n'est pas toujours propre à enseigner.

VI.—L'envie dispute à l'homme modeste jusqu'aux récompenses qui sont la suite d'une bonne renommée. On sacrifie le savant laborieux au nouvel initié qui flatte et se prête à tout; le jargon l'emporte sur la science; la souplesse, de perfides concessions, de lâches prétentions étouffent les droits du vrai mérite; partout on voit de sourdes menées, de honteux priviléges agiter, bouleverser la république des lettres, pour substituer à la liberté, mère des grands hommes et des grands ouvrages, un esprit de tracasserie, de domination et de vénalité.

Ce que DELEYRE écrivit, en 1780, sur ROUSSEAU, doit trouver ici sa place; je l'ai copié d'une lettre autographe qu'il avait adressée à DUSAULX, le traducteur de JUVÉNAL, qui m'honora de son amitié jusqu'au dernier moment de sa vie. Voici ce morceau :

« Ce ne sont point ses grands talens que j'en-
» vierais à JEAN-JACQUES ROUSSEAU, mais sa
» vertu, qui fut la source de son éloquence
» et l'âme de ses ouvrages. Je l'ai connu et pra-
» tiqué pendant vingt-cinq ans. Toujours le même,
» plein de droiture, de franchise, de simplicité,
» sans aucune espèce de faste, ni de double inten-
» tion, ni d'art pour cacher des défauts ou mon-
» trer des vertus; je l'ai toujours aimé, sans

» attendre ni m'inquiéter qu'il me le rendît. On
» peut pardonner peut-être à ceux qui l'ont dé-
» crié de l'avoir mal connu. Telle était la subli-
» mité de son âme, que moi, qui la voyais, à
» peine ai-je pu la concevoir, tant elle s'élevait
» au-dessus de ma faible portée : car on n'est
» jamais bien jugé que par ses pairs. Quoi qu'on
» pense ou qu'on dise de lui pendant un siècle
» encore (c'est l'espace et le terme que l'envie
» laisse à ses détracteurs), je n'ai jamais vu
» d'homme aussi vertueux, puisqu'il le fut avec
» la persuasion qu'on ne croyait pas à la sincérité
» de ses écrits et de ses actions. Il le fut, malgré la
» nature, la fortune et les hommes, qui l'ont ac-
» cablé de souffrances, de revers, de calomnies,
» de chagrins et de persécutions. Il le fut, avec la
» plus vive sensibilité pour l'injustice et pour les
» peines. Il le fut enfin, malgré des faiblesses que
» j'ignore, mais qu'il a, dit-on, révélées dans les
» mémoires de sa vie ; il arracha mille fois plus
» à ses passions qu'elles n'ont pu lui dérober. Doué
» peut-être de l'âme corruptible et voluptueuse
» d'un Epicurien, il conserva dans ses mœurs,
» au moins depuis que je l'ai connu, la rigidité
» du stoïcisme. Quelque abus qu'on puisse faire
» de ses Confessions, elles prouveront toujours la
» bonne foi d'un homme qui parla comme il
» pensait, écrivit comme il parlait, vécut comme
» il écrivit, et mourut tel qu'il avait vécu. »

On attribue ordinairement à DELEYRE le *Génie de* MONTESQUIEU (1), ouvrage assez médiocre, et l'*Esprit de* SAINT-EVREMONT (2), dont on a dit : C'est un bon choix, fait par un homme de goût dans les écrits d'un auteur qu'on ne lit plus guère. J'ai la certitude que ces deux compilations ne lui appartiennent pas. Il a laissé une fille, qui a publié, en 1807 et 1808, deux intéressans volumes de *Contes dans un nouveau genre pour les enfans qui commencent à lire.*

NOTE III.

Notice sur RÉNÉ DE GIRARDIN.

RÉNÉ-LOUIS DE GIRARDIN naquit à Paris le 25 février 1735, petit-fils d'un ambassadeur envoyé à Constantinople, en 1685. Son père, qui avait observé les hommes, et qui se souvenait de la mort tragique de son aïeul enlevé par le fameux comte BARBEZIÈRES, lui imprima une âme

(1) Un vol. in-12, Paris, 1758.
(2) Un vol. in-12, Paris, 1761.

forte, un esprit juste, une passion très-vive pour l'étude. Ces qualités le firent remarquer dès sa première jeunesse. Obligé de suivre la carrière des armes, il sut en tempérer l'âpreté par la culture des arts. Son mérite personnel, plus encore que ses titres de famille, dont il eut le bon esprit de ne jamais se prévaloir, l'éleva au premier rang dans l'armée, où bientôt il obtint les décorations de la valeur. STANISLAS LECZINSKI, ce dernier roi constitutionnel de la Pologne, qui eut la douleur de survivre à l'indépendance de sa patrie, voulut le posséder à Lunéville, où se trouvaient réunis les hommes qui, à cette grande époque de la littérature française, brillaient avec le plus d'éclat.

PALISSOT publiait alors, en 1755, sa pitoyable comédie des *Originaux* (1), dirigée principalement contre l'auteur d'*Émile*. On n'a pas oublié les vifs débats auxquels cette pièce donna lieu. RÉNÉ DE GIRARDIN défendit avec toute la chaleur de son âme celui à qui, dans la suite, il devait offrir un asile et une tombe. Sa conduite généreuse trouva des censeurs ; pour conjurer l'orage, il crut devoir s'éloigner, et choisir ce moment pour entre-

____

(1) Cinq ans plus tard il donna *les Philosophes,* autre comédie, dans laquelle, oubliant la grâce qu'il avait obtenue par le crédit de J.-J. ROUSSEAU, il l'outrage de nouveau. Maxime digne d'un homme qui n'a jamais eu de conscience comme écrivain.

prendre un voyage qu'il méditait depuis long-temps. Il visita successivement l'Italie, la Suisse, une partie de l'Allemagne et l'Angleterre. Ses observations portèrent principalement sur les productions de la nature et sur les créations du génie dans les beaux-arts. Ce voyage dura trois années. A son retour, en 1763, il prit possession de la terre d'Ermenonville, et conçut le projet d'y réaliser les descriptions fraîches et riantes qui abondent chez les poètes de tous les âges.

Ce lieu n'était alors « (1) qu'un marais imprati-
» cable et d'un aspect repoussant. Son sol tour-
» beux, imbibé de mille sources souterraines, était
» fangeux et mobile. Quatre ou cinq grands ca-
» naux, qui le coupaient en divers sens, n'avaient
» pu le dessécher ; ils augmentaient encore la
» masse de vapeurs malsaines qui, dans toutes
» les saisons, s'élevaient soir et matin. Des plan-
» tations alignées à droite et à gauche déguisaient
» le mouvement du terrain, et en voilaient si
» exactement la marche, que le site, qui est une
» assez large vallée bordée de coteaux très-accen-
» tués, ne laissait voir qu'une espèce de plaine
» maussade et sans accidens. Un ruisseau, en-
» foncé dans la profondeur de ses rives, échap-
» pait aux regards ; les coteaux variés par des
» vallons secondaires qui les entrecoupent, une

(1) Morel, *Théorie des Jardins*, tom. II, p. 48 à 50.

» belle forêt très-voisine, tout cela était ignoré et
» avait été sacrifié à un parterre marécageux,
» enfermé entre deux labyrinthes de charmilles,
» si humides, qu'ils repoussaient ceux qui vou-
» laient en approcher. Tel était l'aspect vu de la
» principale face de la maison ; la face opposée
» avait pour perspective une cour entourée de
» bâtimens mesquins, qui attristaient les regards ;
» une lourde et antique porte donnait sur une rue
» enfermée entre des murs. Cette rue, l'égoût du
» pays, faisait la communication du village à un
» hameau, et servait d'avenue au manoir. Au-
» delà, un potager aquatique, entouré de hautes
» murailles, était terminé par une chaussée re-
» vêtue de pierres et destinée à soutenir les eaux
» d'un étang. Le double rang de tilleuls élevés sur
» cette chaussée rétrécissait le ciel, coupait le
» tableau, et privait l'œil du spectacle de deux
» coteaux couverts de bois. »

Malgré tant d'obstacles et si peu de ressources,
Ermenonville changea aussitôt de face. Une jolie
vallée, d'agréables prairies, une charmante rivière sortirent, comme par enchantement, du
sein d'un marais infect. Partout où régnait une
fatigante monotonie, le génie de l'art sut ména-
ger des scènes majestueuses et touchantes, volup-
tueuses et austères, mélancoliques et riantes.

. . . . Riche sans imposture,
Sa main sut respecter et parer la nature,
Les prés, les eaux, les monts, savamment réunis,
Montrèrent les beautés d'un immense pays (1).

JEAN-MARIE MOREL, célèbre architecte et créateur des parcs de Guiscard, de Malmaison, de Saint-Leu, etc., semble insinuer qu'on lui doit ces étonnantes merveilles : c'est à tort. Le temple des Muses que l'on voyait autrefois dans le bocage et qu'on a relevé en 1820, la fabrique gothique, et de fort mauvais goût, appelée la *Tour de Gabrielle*, et les deux ponts situés du côté du nord, sont les seules choses qu'il ait faites à Ermenonville. Tout le reste, absolument tout, est de la création de RÉNÉ DE GIRARDIN.

L'admiration qu'il eut pour J.-J. ROUSSEAU alla toujours croissant; mais quand il sut que l'exiguité de son revenu le forçait à sortir de Paris, il mit tout en œuvre pour l'attirer à Ermenonville. Ce fut d'abord en s'adressant au docteur LE BÈGUE DE PRESLE, qui fut toujours l'ami du citoyen de Genève ; puis il vint lui-même, avec son épouse, réitérer l'offre de lui donner une retraite dans sa propriété, où il serait pleinement libre, et où son goût pour la botanique

____

(1) MARNÉSIA, *Essai sur la nature champêtre*, chant I, vers 246 et suiv.

trouverait plus de plantes qu'il n'en existe ordinairement dans un rayon de trois à quatre myriamètres (8 à 10 lieues) de terrain. Rousseau,
pénétré de ce procédé généreux, accepta la proposition, et vint s'établir à Ermenonville.

Je cède au plaisir de rapporter cet événement
dans les termes mêmes de Réné de Girardin.
Il parle confidentiellement à une amie, il lui
parle sans faste et en toute vérité : « Je crois,
madame, vous avoir dit, dans ma dernière lettre,
avec quel tendre épanchement de cœur le plus
sensible des hommes avait reçu la proposition
de se retirer à Ermenonville, et qu'il s'y était
rendu d'autant plus volontiers, qu'il lui avait été
impossible de se méprendre sur le sentiment qui
l'avait dictée. Nous partîmes donc sur-le-champ,
ma femme et moi, pour lui faire arranger un
petit appartement, sous un toit de chaume, situé
au milieu d'un ancien verger. Cette habitation
champêtre semblait lui appartenir de droit, puisqu'ayant été entièrement disposée suivant la description de l'Elysée de Clarens, il en était le
créateur; mais quelque diligence qu'on pût apporter au petit arrangement intérieur qui lui con-
venait, l'impatience de son cœur fut encore plus
prompte que la main des ouvriers. Sa poitrine,
oppressée depuis si long-temps, avait un si grand
besoin de respirer l'air pur de la campagne, que,
peu de jours après notre départ, il vint nous trouver

avec un de ses amis et des miens (1). Dès qu'il se vit dans la forêt qui descend jusqu'au pied de la maison, sa joie fut si grande, qu'il ne fut plus possible à son ami de le retenir en voiture. *Non, dit-il, il y a si long-temps que je n'ai pu voir un arbre qui ne fût couvert de fumée et de poussière! Ceux-ci sont si frais! Laissez-moi m'en approcher le plus que je pourrai; je voudrais n'en pas perdre un seul.* Il fit près d'une lieue à pied de cette manière. Sitôt que je le vis arriver, je courus à lui. *Ah! monsieur,* s'écria-t-il en se jetant à mon col, *il y a long-temps que mon cœur me faisait désirer de venir ici, et mes yeux me font désirer actuellement d'y rester toute ma vie.* Et surtout, lui dis-je, s'ils peuvent lire jusque dans le fond de nos âmes. Bientôt ma femme arriva au milieu de tous mes enfans; le sentiment les groupait autour de cette douce et tendre mère d'une manière plus heureuse et plus touchante que n'aurait pu le faire le plus habile peintre : à cette vue il ne put retenir ses larmes : *Ah! madame,* dit-il, *que pourrais-je vous dire? vous voyez mes larmes; ce sont les seules de joie que j'aie versées depuis bien long-temps, et je sens qu'elles me rappellent à la vie.* Il avait laissé sa femme à Paris; elle y était chargée de tous les soins du déménagement, afin de lui en épargner

---

(1) Cet ami, c'est le bon et modeste Le Bègue de Presle.

le tourment et l'agitation ; car plus il était capable de s'occuper de grandes choses, moins il
l'était de s'occuper de petites. Il eût mille fois
mieux gouverné un grand état que ses propres
affaires, et il eût plus aisément dicté des lois à
l'univers, que des clauses et des articles à un pro-
cureur ou à un notaire.

» En attendant que sa chaumière fût arrangée,
il se détermina à s'établir dans un petit pavillon
séparé du château par des arbres. » C'est là que
deux mois après il mourut, pleuré de ses hôtes et
des habitans de toute la contrée, laissant à son
dernier ami ses manuscrits et le soin de publier
une édition complète de ses œuvres (1).

Les travaux littéraires de RÉNÉ DE GIRARDIN
sont tous marqués au coin de l'utilité. Il se serait
fait un nom dans les sciences, s'il eût voulu s'y livrer entièrement. Nous en avons la preuve dans
ses savantes *Observations sur les eudiomètres* (2), et

---

(1) Cette tâche a été remplie de la manière la plus noble
et avec un zèle au-dessus des éloges par RÉNÉ DE GIRARDIN,
aidé de PAUL MOULTOU, de Genève, et P. ALEXANDRE DU
PEYROU, de Neufchâtel. On leur doit l'édition imprimée à
Genève, in-4° et in-8°, en 1779. Je possède une copie au-
thentique de l'acte qui fut passé à cet effet entre les amis
de ROUSSEAU et la Société typographique de Genève.

(2) ROZIER les a publiées dans son *Journal de Physique*,
tom. XI, pag. 248 à 254.

surtout dans l'instrument qu'il inventa pour apprécier la pureté de l'air, et qui a servi de base à celui de VOLTA.

Son *Traité de la composition des paysages* (1), dans lequel il monte de la pratique la plus heureuse à la plus brillante théorie, annonce un goût exquis dans les matières des beaux arts. Il semble que, après avoir fait d'Ermenonville un lieu de délices, il voulut déduire des règles des moyens qu'il avait mis en œuvre. Cet ouvrage, classique en son genre, a détruit le monstrueux échafaudage des jardins chinois, et dégoûté des lignes droites, des formes régulières et compassées qui caractérisent les jardins de LE NÔTRE. Cependant MOREL (2) ne nomme pas une seule fois RÉNÉ DE GIRARDIN, lorsqu'il passe en revue tous les ouvrages nationaux et étrangers publiés sur l'art des jardins jusqu'au XIXᵉ siècle; il oublie à dessein celui qu'il devait citer le premier, et que son silence rappelle davantage à la mémoire du lecteur.

----

(1) Cet ouvrage, imprimé dès 1775, ne parut qu'en 1777; il a eu plusieurs éditions, la dernière est de 1805. On l'a traduit en allemand à Leipsick, en 1779, et quatre ans après en anglais, à Londres.

(2) Dans la préface mise en tête de la 2ᵉ édition de la *Théorie des Jardins,* publiée à Paris en 1802, deux vol. in-8º.

L'écrit de Réné de Girardin sur la *Nécessité de la ratification de la loi par la volonté générale* (1) montre qu'il n'était point étranger aux nobles spéculations de la philosophie morale, et qu'il savait aussi bien soutenir les grands intérêts des peuples, qu'il avait mis d'empressement à soustraire à la persécution le plus éloquent écrivain du XVIIIe siècle. Il a deviné les heureux changemens apportés depuis peu dans les constitutions des Etats de l'Europe; il en promet de plus importans encore aux générations qui doivent nous succéder.

A un grand fonds d'esprit naturel, à une instruction solide et parfaitement digérée, il joignait un excellent cœur qui le rendait cher à tous ses amis. Je ne l'ai connu qu'un moment, mais il m'a suffi pour l'apprécier et le regretter toujours. Il était le père des pauvres et des artistes, l'ami des littérateurs et le défenseur des opprimés. Ses mœurs étaient douces et vraiment patriarcales; il aimait à s'asseoir à la table rustique des bons habitans d'Ermenonville, et à s'assurer par lui-même des besoins et des plaisirs de ceux qu'il appelait ses enfans. Il fit tout pour fixer le bonheur chez eux, et leur donna des terres pour les attacher de plus en plus au sol qu'il venait d'embellir; il aurait fait davantage, mais les événemens politiques préparés à l'étranger, et survenus

---

(1) Brochure in-8°, imprimée à Paris en 1791.

depuis 1793 jusqu'à l'époque de sa mort, ne lui ont pas permis de réaliser ses nobles pensers. Son projet était de diviser en différens petits enclos la partie de la plaine la plus voisine du village, et d'y bâtir des métairies pour les distribuer ensuite aux jeunes gens qui se distingueraient le plus par une bonne conduite et l'amour du travail. Il se proposait encore de fonder un prix annuel d'encouragement pour entretenir l'émulation, et porter l'agriculture de son canton au degré de splendeur où elle s'est élevée chez les Belges, chez les Flamands, et depuis quelques années dans diverses parties du territoire français.

Qui le croirait? Ce généreux citoyen eut à se plaindre de la méchanceté des hommes; il dut, pour leur éviter un crime, s'éloigner de son Eden chéri.

L'enlèvement que l'on fit des cendres de Rousseau déchira son cœur et désenchanta pour lui la terre qu'il avait arrachée à des eaux fétides et malfaisantes. Il revint encore, après ce douloureux événement, passer quelques mois à Ermenonville; mais il cessa d'y faire, comme auparavant, son séjour habituel; il se retira à Vernouillet, près Meulan, département de Seine-et-Oise. Dans la nuit du 19 au 20 septembre 1808, la mort vint y terminer son honorable carrière : il mourut appuyé sur les bras de son épouse, au milieu des tendres embrassemens et des larmes de ses enfans et petits-enfans, qu'il bénit en leur laissant l'exemple de ses vertus.

Si la devise *non omnis moriar* n'est point une chimère, c'est surtout lorsqu'on l'applique à un citoyen généreux, tel que RÉNÉ DE GIRARDIN, dont la vie fut une longue suite de bonnes actions.

NOTE IV.

Réflexions sur la translation de JEAN-JACQUES ROUSSEAU *au Panthéon.*

LE 21 décembre 1790, sur la proposition de ANGE-MARIE D'EYMAR, député de Forcalquier (1), l'Assemblée nationale constituante rendit les premiers honneurs publics à J.-J. ROUSSEAU, en lui décernant une statue avec cette inscription : LA NATION FRANÇAISE LIBRE A J.-J. ROUSSEAU.

---

(1) Dans sa eunesse, il avait reçu de ROUSSEAU des témoignages du plus tendre intérêt.

Au mois d'août 1791, GINGUENÉ, à la tête des littérateurs réunis à Paris, vint demander que les cendres de ROUSSEAU fussent portées au Panthéon. RÉNÉ DE GIRARDIN répondit, le 4 septembre suivant, qu'il ne consentirait jamais à l'exhumation de son ami, ajoutant que les restes de l'auteur d'*Émile* appartenaient à la terre d'Ermenonville, et surtout à cette île des Peupliers, qu'il avait choisie lui-même pour le lieu de sa sépulture. L'on prétendit contre RÉNÉ DE GIRARDIN que les dépouilles mortelles d'un grand homme ne pouvaient jamais être une propriété privée, qu'elles appartenaient au corps de la nation. Les droits de l'amitié ne tardèrent pas cependant à être reconnus : celui qui eut le bonheur de soustraire les derniers jours de ROUSSEAU à l'abandon, aux persécutions, put jouir encore de ses restes précieux ; et, comme les habitans de Montmorency et des environs l'avaient demandé un mois auparavant, on arrêta qu'un cénotaphe serait élevé à J.-J. ROUSSEAU dans le Panthéon, « afin qu'on ne cherchât pas vainement sa place » parmi les grands hommes chers à la patrie. »

Ce triomphe dura peu de temps. Malgré la noble et généreuse résistance de RÉNÉ DE GIRARDIN, une loi du 25 germinal an II (16 avril 1794) ordonna que les restes de J.-J. ROUSSEAU quitteraient les lieux rians où coulèrent ses derniers jours, pour être déposés au Panthéon. Là, comme à Westminster, où l'on est tout surpris de voir entre NEWTON et SHAKESPEARE une comédienne, entre le célèbre vice-amiral TEMPLE et le malheureux YOUNG, un paysan qui n'eut d'autre mérite que de vivre 153 ans (1), on trouve réunis des hommes de génie, d'autres qui se sont rendus utiles à la patrie, et d'autres dont les titres sont d'avoir occupé des emplois éminens et porté de misérables cordons.

Eh! pourquoi donc cacher, barbares que nous sommes,
Loin de l'éclat du jour, les tombeaux des grands hommes?
Oh! que tels n'étaient point ces peuples d'autrefois,
Si rians dans leurs mœurs, si sages dans leurs lois;
En foule dispersés dans un beau paysage,
Les tombeaux d'un héros, d'un poète, d'un sage,
A l'œil religieux s'offraient à chaque pas;
Le grand jour en chassait les ombres du trépas.
Loin ces sombres réduits, loin ces dômes funèbres!
C'est vouloir du trépas redoubler les ténèbres;
C'est d'un indigne exil flétrir les morts fameux.
Ah! laissez, relégués dans leurs caveaux pompeux,
Sous le marbre imposteur qui flatte encor leurs ombres,
Tous ces rois fainéaus, qui, sous ces voûtes sombres,
Ont changé de sommeil, et qu'a jetés le sort
Du néant de la vie au néant de la mort.

------

(1) Ce Nestor de l'Angleterre n'était qu'un paysan peu fortuné, qui vécut ne mangeant que des fruits et du laitage. Il naquit à Salep en 1482, et termina sa longue carrière en 1635, n'ayant ni parens, ni vieux amis pour le pleurer.

Les hommes qui ont rendu des services à l'humanité, qui signalèrent leur passage sur cette terre trop souvent douloureuse, par des œuvres de génie, par des actes de bravoure et d'un noble dévoûment à la patrie, doivent dormir sous de verts bocages, à l'ombre des chênes et des lauriers, à l'endroit même où ils ont cessé de vivre. La sépulture placée dans le lieu du décès excite toujours un intérêt beaucoup plus vif. Ce n'était point dans une étroite enceinte que les Egyptiens plaçaient leurs grands hommes, ils avaient l'île sacrée; les Athéniens, les Céramiques; les Romains, leurs grandes routes et surtout la voie Appienne; les Calédoniens, la plaine mélancolique d'Inishuna, etc.

Mollement inclinés sur ces mânes célèbres,
Des arbres leur prêtaient leurs plus douces ténèbres;
L'olivier cher aux morts, symbole de la paix,
Les lauriers triomphans, mariés aux cyprès,
Ombrageaient les vertus, les arts ou la victoire.
On croyait parcourir les jardins de la gloire;
Le deuil s'y dérobait sous l'éclat des honneurs,
Et leur noble aiguillon pénétrait dans les cœurs (1).

Que diraient les anciens Grecs s'ils trouvaient ailleurs qu'aux Thermopyles le tombeau des trois

---

(1) Ces vers sont de Delille.

cents Spartiates? Le souvenir de GUILLAUME-TELL rend précieux le mont Axis (1) et le Hole-gass (2). La *Torre di Patria* (3) rappelle le souvenir de SCIPION plus encore que les vers d'ENNIUS, plus que les sables brûlans de la Mauritanie, plus que le marbre que l'on montre au Musée capitolin. J'aime mieux voir le tombeau de DANTE à Ravenne qu'à l'église *Santa Croce* de Florence, et celui de TASSO au pied du Capitole, où le peuple romain l'attendait pour le couronner, que d'aller le chercher sur le mont Janicule dans le couvent de *Sant' Onofrio.*

En voulant rendre hommage à ROUSSEAU, la Convention nationale, entraînée par un zèle mal entendu, a troublé les mânes de l'auteur d'*Émile* et violé

---

(1) Sur une saillie de cette montagne, située dans le canton d'Uri, entre Brunnen et Fluelen, sur les bords du lac, est une chapelle consacrée au souvenir de ce moment où TELL s'élança hors du bateau sur lequel le farouche GESLER l'emmenait enchaîné, pour l'enterrer vivant dans la tour de Kusnacht.

(2) Montagne près du lac de Lucerne et du bourg de Kusnacht. C'est dans le défilé, ou chemin creux de ce mont, que le libérateur de l'Helvétie tua le tyran GESLER, le 18 novembre 1307.

(3) Tombeau du grand SCIPION, que l'on voit encore à Liternum, près de Cumes. On la nomme *la Torre di Patria,* parce que le mot PATRIA est seul resté de l'antique inscription.

ses dernières volontés. Ce ne sont pas les voûtes orgueilleuses du Panthéon qui le rendront immortel ; il a des titres plus durables : ce sont ses écrits, son profond génie et cette heureuse révolution qu'il a fait naître dans les mœurs. Sans doute la France doit consoler Rousseau des persécutions qu'il a éprouvées pendant sa vie ; sans doute, plus les lumières s'étendent, plus la raison des peuples se forme, et plus le culte des grands hommes devient imposant et sacré. Mais ces honneurs ne doivent pas être la conséquence de l'enthousiasme d'un moment, ils doivent être le fruit de la vive, de la longue reconnaissance des peuples envers leurs bienfaiteurs.

Le vainqueur d'Arbelles fit rétablir Stagyra, en mémoire d'Aristote qui y avait reçu le jour : lors de la prise de Thèbes, il ordonna d'épargner la famille et même la maison de Pindare. Les Goths et les Vandales ont respecté les tombeaux romains, qui se voient encore aux environs de l'ancienne capitale du monde. Voilà ce qu'a fait un despote, un conquérant ; voilà ce qu'ont fait des nations jusqu'ici reconnues pour barbares, et Jean-Jacques Rousseau ne trouva pas une âme énergique qui, rappelant sa dernière volonté, celle de goûter enfin loin des hommes le repos éternel à l'ombre des pâles peupliers qu'il aimait tant, demandât que ses restes fussent rendus à Ermenonville ! Il en fut arraché le 20 vendémiaire an III (le 11 octobre 1794), pour être enseveli sous les voûtes sombres indignement profanées du Panthéon. A plusieurs reprises, j'ai sollicité les législateurs pour qu'il fût reporté dans la tombe que l'amitié, que l'admiration érigèrent à son génie : mes efforts ont été sans fruit. Des fanatiques ont failli réussir à l'arracher à sa nouvelle sépulture, ils auraient de nouveau fait insulte à ses mânes ; heureusement que la prudence et la politique, pour cette fois d'accord, y mirent ordre ; mais ils ont obtenu que son caveau serait muré. Il y est enfermé avec VOLTAIRE.

NOTE V.

Lettre du jeune inconnu à RÉNÉ DE GIRARDIN.

« MONSIEUR, il est impossible de vous dire tout-à-fait le sujet de ma mort, et quand je le voudrais, je ne le pourrais pas ; l'état violent où je me trouve me rend incapable de toute méditation, et puis il est des secrets qui ne nous appartiennent pas du moment qu'ils se lient aux intérêts des autres. Je vous écris uniquement pour vous

supplier, au nom de ce qui est le plus cher à votre
cœur, de faire déposer mon corps sous quelque
épais feuillage dans un de vos admirables jardins..... Gardez-vous bien de supposer un motif
honteux à ma mort : mon âme fut toujours pure..
Victime de l'amour, victime d'un père qui.....
Qu'allais-je dire ? je lui pardonne tout le mal
qu'il me fait, mais que sa fille..... Je suis à
plaindre, monsieur.

» Je suis d'une famille obscure, je ne sais rien,
je ne fus rien que trompé, que trahi de toutes
parts. Devenu misanthrope, depuis fort long-
temps, j'étais comme un fou qui boude contre le
genre humain, sans cependant cesser d'être bon
dans le fond de l'âme, et d'observer les règles des
honnêtes bienséances. Je n'étais d'aucun pays,
toutes les nations m'étaient indifférentes, j'errais
en vrai cosmopolite sur ce vaste univers. Partout
où je voyais la belle nature, des bois, des coteaux, des prairies émaillées, je me trouvais chez
moi. Ma religion fut celle d'un homme de bien,
d'un être qui sait penser et se rend compte des
merveilles qui constituent l'ensemble de la création..... Voilà, monsieur, la profession de foi à
laquelle on ne m'a jamais vu déroger; elle fut
gravée dans mon cœur par une cause plus efficace
et plus puissante que celle des hommes; aussi
l'autorité des écrits mensongers, ni celle des opinions, n'ébranlèrent jamais mes principes.

» Je vous en prie, monsieur, ne me refusez pas
la sépulture que je vous demande. Je suis un infortuné, mais, peut-être, ne m'auriez-vous pas
jugé indigne de votre cœur généreux.... Si j'osais
encore former un vœu, je voudrais reposer aux
environs de cette île, si chère aux âmes sensibles,
où l'immortel Rousseau dort depuis treize ans...

» Il n'est point dans mon cœur de vous trom-
per, monsieur. N'ordonnez aucune dépense, vous
n'en seriez jamais remboursé. Sans fortune sur
la terre, j'ai vécu depuis quinze ans sans parens,
et maintenant je ne compte plus un ami. Confiez
donc le soin de m'enterrer à deux bons vieillards
qui me plaindront sans me mépriser : je leur
donne tout ce qui se trouvera sur moi.

» Ne me jugez pas trop sévèrement : croyez,
monsieur, que l'honnête homme se trouve parfois
dans des circonstances où la vie n'est plus qu'un
véritable fardeau qui le rend à charge à lui-
même. Quand il est assez sage pour n'en point
imposer à ses propres lumières, il voit les choses
telles qu'elles sont, sans les couvrir du voile trompeur de l'illusion, qui toujours flatte de vaines
espérances..... Plus je réfléchis sur les différentes
causes des malheurs qui m'accablent, plus je vois
que la nature ne m'avait point organisé pour
vivre plus long-temps parmi les hommes, et supporter leurs injustices.....

» On a dit avec raison qu'il faut plus de vertu

et plus de courage qu'on ne pense pour le suicide. Celui-là qui n'a ni cœur ni sentiment n'en est pas capable..... Quand on n'est attaché par aucun lien à la société, quand on n'a ni enfans à protéger, ni père à secourir ; quand on ne possède pas un cœur pour reposer le sien, sans doute on est libre de quitter la vie : à qui peut-on manquer ?..... Au reste, monsieur, ne craignez point la contagion de mon exemple, peu d'hommes seraient dans le cas de m'imiter..... Ce n'est pas l'ouvrage d'un seul jour..... Qui peut le savoir mieux que moi !....

» Mon état est si déchirant qu'il m'est impossible d'achever cette lettre..... Hier, j'ai pu écrire à plusieurs personnes (1) ; mais aujourd'hui je ne saurais exprimer mes idées dans un ordre convenable..... C'est un amour malheureux, c'est la mélancolie et mon excessive sensibilité qui m'ont perdu. La position est trop violente, on n'y résiste pas long-temps.

» Adieu, monsieur ; je meurs le cœur rempli de vous et de vos bienfaits ; je meurs avec la vive persuasion que vous m'accorderez la première et dernière grâce que j'attends de vous. C'est un

---

(1) Il est à présumer que ce fut ce jour-là qu'il écrivit à celle qu'il aimait, puisque, comme on l'a vu plus haut, page 77, elle est venue le 5 de juin à Ermenonville.

devoir sacré que votre cœur vous imposera... Je vais donc parcourir le grand espace, et bientôt savoir la cause qui fait que j'étais né sensible.....

» Ermenonville, 4 juin 1791.

» 3. S. 1. L. S. R..... »

P. S. « Trouvez bon, monsieur, que je taise mon nom. Je suis homme, je suis malheureux, ces titres seuls doivent vous suffire..... Daignez croire que vous n'aurez pas obligé un ingrat, si toutefois il était possible à l'homme d'être reconnaissant après sa mort..... »

Sur le dos de la lettre étaient écrites ces lignes : « Je prie, au nom du Ciel, tous ceux qui trouveront cette lettre, de la faire passer le plus tôt possible à M. le marquis DE GIRARDIN, à qui je l'adresse. Elle n'est écrite que pour un ami de la vérité, exempt de tout préjugé.

» Estimables habitans d'Ermenonville, n'accusez personne; je suis le seul coupable, si toutefois il y en a un..... Je supplie ceux qui découvriront mon corps d'empêcher qu'il soit enterré avant que M. DE GIRARDIN ait pris lecture de ma lettre, qui contient mes dernières intentions. »

NOTE VI.

Conjectures sur le jeune inconnu.

Il s'est élevé dans les journaux une discussion assez vive sur le jeune homme qui se tua à Ermenonville le 4 juin 1791, pour m'imposer l'obligation d'en parler ici, du moins pour montrer que les sentimens émis à ce sujet sont tous dénués de preuves.

Dès le 1er août 1791, un ouvrage périodique anglais intitulé : *The Censor, n. XXIII*, publia l'article suivant : « Un voyageur, qui était der-
» nièrement à **Paris**, nous mande, qu'un jeune
» homme, dont le nom demeure inconnu, est
» allé à Ermenonville dans les premiers jours de
» juin, et s'est brûlé la cervelle près de l'endroit
» où le célèbre Rousseau a été enterré. On n'a pu
» découvrir encore le motif de cet acte de dé-
» sespoir. On suppose qu'un amour malheureux
» l'a conduit à rechercher dans le tombeau la fin

» de ses peines. Nous nous souvenons parfaite-
» ment d'avoir entendu parler d'un jeune homme
» qu'on disait être le fils de Rousseau. Il avait
» découvert son père, et il l'avait même vu. Se
» trouvant en Angleterre après cette intéressante
» découverte, il communiqua son aventure à
» quelques personnes qui lui avaient donné des
» marques particulières d'attention. C'était un
» jeune homme bien fait et fortement enclin à
» la mélancolie. Ses amis disent qu'il se plaisait
» à faire des courses dans la campagne, et qu'il
» passait des heures entières absorbé dans ses
» rêveries. Il avait l'air, comme le dit Shakes-
» peare,

  » *Like patience on a monument*
  » *Smiling at grief.* . . . . (1).

 » Il ne prononçait jamais le nom de Rousseau
» sans être vivement ému. Il paraît cependant
» qu'il n'avait confié son secret qu'à peu de per-
» sonnes : probablement par respect pour la mé-
» moire de son père. Il y a quelques mois qu'il
» retourna dans son pays. Ces circonstances peu-
» vent faire soupçonner que le jeune homme qui
» a commis un suicide à Ermenonville est la
» même personne de laquelle nous venons de

---

(1) De la statue de la Patience assise sur un tombeau,
et souriant à la Douleur.

» parler. Quoique ce ne soit qu'une simple con-
» jecture, nous ne serions pas surpris que des
» recherches ultérieures confirmassent notre soup-
» çon. »

En 1813, M. GUNTHER, d'Aix-la-Chapelle,
a publié dans un numéro du *Mercure de la Roer*,
qui s'imprimait dans cette ville, une notice fort
longue sur cet événement. Il annonce avoir puisé
les faits à des sources qu'il croit certaines, et paraît convaincu de la vérité de ce qu'il raconte.
Voici la substance de sa notice.

Un colon très-riche, nommé *M. Anson*, après
avoir vu périr par une maladie épidémique
toute sa famille aux Indes occidentales, où il était
établi, prit le parti, pour échapper à de tristes
souvenirs, de se transporter en France avec toute
sa fortune. Après son arrivée, il vint, comme font
tous les étrangers, visiter Paris, ses monumens
et ses établissemens publics. En parcourant les
salles de la maison des Enfans-Trouvés, il fut si
vivement frappé de la figure intéressante d'un
jeune garçon de dix à douze ans, qu'il ressentit
sur-le-champ le besoin de le tirer de l'humble état
où il le trouvait. Il n'eut qu'à se faire connaître
et à remplir quelques formalités pour obtenir
l'enfant, à qui il donna le nom de *Germain*, et
qu'il plaça dans une maison d'éducation. Il l'y
laissa jusqu'à sa dix-huitième année ; mais, étant
allé à cette époque pour l'en retirer, il fut séduit

par les charmes de la nièce de l'instituteur, en devint subitement amoureux, et était déjà déterminé à lui donner sa main, lorsqu'il découvrit avec autant de surprise que de douleur que *Germain* était son rival. M. *Anson,* ne se sentant pas assez d'empire sur lui-même pour vaincre sa passion et sacrifier son bonheur à celui de son fils adoptif, lui enjoignit de partir à l'instant pour voyager. Avant de s'en séparer, il lui remit une carte hiéroglyphique trouvée sur lui lors de son exposition : on la lui avait donnée à la maison des Enfans-Trouvés lorsqu'il en avait tiré *Germain.*

Le malheureux jeune homme, après avoir pendant plusieurs années parcouru différens pays, revint en France et alla à Ermenonville. Là, en se promenant dans les bois où ROUSSEAU venait herboriser chaque jour, il y perdit son portefeuille. JEAN-JACQUES le trouva, et par une curiosité assez naturelle, il l'ouvrit : mais que l'on juge quel dut être son étonnement, en y voyant la carte couverte de caractères hiéroglyphiques tracés de sa main, et qu'il avait attachée au bras d'un de ses enfans. Cependant *Germain,* qui s'était aperçu de sa perte, revenait sur ses pas, et voyant son porte-feuille dans les mains de ROUSSEAU, il s'approche et le réclame, en désignant ce qu'il renferme. Le philosophe le regarde un moment en silence, se jette dans ses bras, le serre contre sa poitrine, et lui dit, les larmes aux yeux :

« Jeune homme, tu vois en moi le plus coupable
» des hommes, mais ce coupable est ton père.
» Si tu te sens le courage de lui pardonner, re-
» viens demain ici à la même heure. » *Germain*
revint, mais le lendemain Rousseau n'était plus ;
il n'avait pu résister à une impression aussi vive,
aussi cruelle. Son malheureux fils, en proie à la
plus sombre mélancolie, au lieu d'aller à Paris,
comme il en avait le projet, reprit sur-le-champ
le cours de ses voyages.

Au bout de quelques années, son ancien instituteur, avec lequel il était toujours resté en correspondance, attaqué d'une maladie grave, et
sentant sa fin approcher, lui écrivit pour l'en-
gager à venir le remplacer. A cette nouvelle, *Germain* reprit la route de Paris. Il espérait que
Thérèse, dont son instituteur s'était fait une loi de
ne lui parler jamais dans ses lettres, lui serait
restée fidèle ; mais en arrivant il apprit qu'elle
était l'épouse de M. *Anson,* mère de plusieurs enfans, et qu'il lui fallait renoncer à la seule idée
de bonheur dont il s'était bercé pendant cinq ans
d'exil. Alors n'écoutant plus que son désespoir, il
retourna à Ermenonville, et se brûla la cervelle
sur le tombeau de son père.

Telle est l'anecdote que M. Gunther raconte,
en disant *qu'il se serait dispensé de la publier, s'il
n'avait pas la conviction qu'elle est de la plus exacte
vérité.* L'erreur plaît et convient à tant de gens,

qu'un journal, qui s'est emparé du roman de M. GUNTHER, ajoute qu'il doit ces faits à cet écrivain, *qui a entre les mains tous les renseignemens qui peuvent les affirmer;* ce qui veut donner à entendre qu'on ne saurait les révoquer en doute. Mais on n'a pas fait attention que M. GUNTHER n'a parlé que de sa propre conviction, et non point de tous les renseignemens qui peuvent constater l'anecdote : ce qui est bien différent; car tous les renseignemens qui peuvent affirmer une chose sont nécessairement de nature à entraîner une conviction générale; au lieu qu'une conviction individuelle s'opère quelquefois d'après les indices les plus légers, et il ne serait pas du tout étonnant que M. GUNTHER eût puisé la sienne dans un roman de SAUL ASCHER, intitulé : *Le Fils de J.-J.* ROUSSEAU, publié à Berlin en 1802, et dont son anecdote n'est absolument que le précis. Cette identité jette beaucoup de doutes sur la vérité des élémens de conviction de M. GUNTHER, et rend inutiles les pièces plus ou moins incertaines que l'on pourrait citer pour l'appuyer (1).

A cette époque, les journaux français rapportèrent la fable composée par M. GUNTHER ; le

---

(1) On avait eu, en septembre 1813, la maladresse de mettre cette fable sur la scène de l'Odéon. Les sifflets ont fait justice du drame.

Journal de Paris du 30 juillet 1813, après avoir cité celle du *Censeur* anglais, ajouta : « La lettre » suivante, sur le même sujet, nous a paru digne » de l'attention de nos lecteurs. — « M. le rédac- » teur, dans ce moment, où plusieurs journaux » supposent que l'infortuné jeune homme qui se » donna la mort dans les bois d'Ermenonville, » était un des fils de J.-J. ROUSSEAU, je m'em- » presse de rappeler qu'une semblable conjecture » est depuis long-temps consignée dans un ou- » vrage français intitulé : *Voyage à l'Ile des Peu-* » *pliers,* par ARSENNE THIÉBAUT DE BERNEAUD, » qui parut à Paris en l'an VII (1798). Ce livre » donne les raisons qui portèrent l'auteur à pen- » ser ainsi, et l'on y trouve la lettre du jeune » homme, signée (3. S. 1. L. S. R.....) »

Le 5 août suivant, je réclamai contre cette as- sertion, en ces termes : « Permettez-moi, mon- » sieur, de relever une erreur commise dans votre » feuille du 30 juillet dernier. Je n'ai point assuré » dans mon *Voyage à l'Ile des Peupliers,* publié » en 1798, que le jeune homme qui se donna la » mort le 4 juin 1791, dans les jardins d'Erme- » nonville, fût un fils de J.-J. ROUSSEAU. Cette » opinion n'a jamais été la mienne. J'ai seule- » ment cité le bruit qui circula dans le temps sur » cet objet. Quelques traits de ressemblance avec » JEAN-JACQUES, l'extrême bonté de ce malheu- » reux, sa mélancolie profonde et l'ignorance

» dans laquelle on sera toujours sur son nom, sa
» famille et le lieu de sa naissance, accréditèrent,
» dans le temps, cette prévention; mais rien ne
» la légitime à mes yeux, et rien dans sa lettre,
» que j'ai le premier mise au jour, ne peut rai-
» sonnablement la faire naître. Cette histoire,
» ainsi que celle donnée par MM. Ascher et
» Gunther, sont de véritables romans. Je pu-
» blierai quelque jour les notes curieuses que j'ai
» recueillies sur ce jeune homme, sur son amie
» que j'ai connue, et qui vint, pendant onze ans,
» toujours à la même époque, visiter la tombe
» de celui qu'elle aimait et ne put avoir pour
» époux, etc. »

C'est ici l'occasion de raconter une anecdote
qui me revient à la pensée. Le fait appartient à
l'année 1790; j'avais alors treize ans. Ma mère,
mon excellente mère, était connue par son enthousiasme pour Rousseau. Un jeune homme
nouvellement arrivé dans le département des
Vosges, où ma famille résidait alors, demanda
à lui parler : sa figure était intéressante; il paraissait fort enclin à la mélancolie. Il déclare à ma
mère qu'il est fils de Rousseau, qu'il porte sur
une épaule et au talon un signe que son père y
imprima avant de le faire mettre aux Enfans-
Trouvés, et que le secret de sa naissance lui avait
été révélé à Genève par M. Moultou, l'ami le
plus fidèle de Jean-Jacques. Il ajoute que son

intention est de se rendre à Paris, pour se faire reconnaître par l'Assemblée nationale. Il est porteur de lettres de recommandation de M. MOULTOU, dans lesquelles on atteste les faits qu'il avance (1); ses récits eux-mêmes ont un air de vérité capable de séduire les moins crédules. Ma famille lui fit bon accueil : il y parut fort sensible. Avant de s'en aller, il nous laissa un portrait de ROUSSEAU, qu'il disait avoir modelé d'après celui que possédait M. MOULTOU, que j'ai conservé long-temps, et qui s'est perdu pendant mon long séjour en Italie. Ma mère lui donna l'argent nécessaire pour continuer commodément sa route; de son côté, mon père, qui ne demandait qu'à rendre service, mon père l'accompagna de plusieurs lettres de recommandation pour Paris. Depuis ce temps-là, malgré toutes nos recherches, nous n'en avons plus entendu parler.

Ce jeune homme aura été reconnu pour imposteur par tous ceux qui se seront rappelé

____

(1) Ces lettres étaient controuvées et de la même fabrique que celles que l'on dit copiées sur les originaux de ROUSSEAU par un Suisse qui, en 1763, se piquait d'imiter l'écriture et l'orthographe du grand homme. On découvre de ces prétendus autographes chez les amateurs. Je nommerai dans ce genre un distique sur FRÉDÉRIC II, une lettre au doyen GRUMET, curé d'Ambérieux; un traité de mathématiques, etc., que l'on assure être authentiques et qui ne le sont aucunement.

1° que Rousseau avait fait mettre un chiffre dans les langes de l'aîné des enfans de Thérèse, mais que douze ou quatorze ans après, le chiffre à la main, on ne put retrouver l'enfant (*Confessions*, liv. XI); 2o que le dernier de ces enfans, dont on ignore le sexe, vint au monde en 1757, qu'il aurait eu trente-quatre ans en 1790 : ce calcul seul détruisit le prestige, et montre l'impossibité de tout rapport du jeune inconnu d'Ermenonville avec J.-J. Rousseau.

NOTE VII.

Flore d'Ermenonville.

Durant les courtes journées que J.-J. Rousseau passa dans le village d'Ermenonville, il s'occupa de recueillir les matériaux de cette Flore. Son herbier existe encore ; je l'ai consulté, et dans la nomenclature des plantes que je vais donner, j'aurai soin de montrer celles que le grand homme avait ramassées, en les accompagnant de l'initiale de son nom.

Cet essai, fruit de quelques herborisations faites

à diverses époques, pendant mes différens séjours à Ermenonville, est loin d'être parfait : ce n'est qu'une ébauche qu'un botaniste plus habile finira quelque jour.

Au lieu de suivre la méthode ordinaire des auteurs, j'ai cru devoir adopter l'époque précise de la floraison ; elle m'a semblé le moyen le plus certain de satisfaire, d'une manière prompte et agréable, la curiosité de l'élève botaniste, des amateurs, et celle des dames qui visitent les jardins d'Ermenonville. On aime à lier connaissance avec les plantes qui embellissent les lieux où l'on vient chercher des sensations douces et se reposer des fatigues de la ville. C'est d'ailleurs, je crois, la marche la plus régulière et la plus convenable pour donner une Flore locale et répondre à l'expression rigoureuse de ce mot.

Après le nom scientifique, je donne le nom vulgaire ; je rappelle ensuite la couleur la plus constante de la fleur, et je termine cette espèce de signalement en indiquant par des chiffres la classe et l'ordre que la plante occupe dans le système du grand LINNÉ (1). Je n'ai pas dû me permettre d'autres détails que fournissent tous les livres de botanique.

---

(1) Quand ces indications manquent, c'est qu'elles sont les mêmes que pour la plante précédente.

AVRIL.

Acer campestre. — Érable ordinaire. — Fleurs d'un jaune pâle. — Classe XXIII, ordre 1.

— *plantanoïdes.* — Érable plane.

— *pseudo-platanus.* — Sicomore.

Adoxa moschatellina. — Moscatelle, herbe du musc. — Verdâtres. — VIII 4.

Agrostis minima. — Petit foin, agrostis mignon. — Fleurs légèrement violacées. — III. 2.

Aira præcox. — Canche, erbin précoce. — Herbacées.

Allium ursinum. — Ail d'ours, moly d'oursin. — Blanches. — VI. 1.

Alyssum calycinum. — Corbeille d'or, alysse caliculée. — Jaunes. — XV. 1.

— *spinosum.* — Thlaspi épineux. — Blanches.

Anemone nemorosa. — Anémone ou renoncule des bois. — Blanches, légèrement marquées de rouge. — XIII. 10. — R.

— *ranunculoïdes.* — Sylvie jaune. — Jaunes.

Anthoxanthum odoratum. — Fleur des Bressans, flouve odorante. — Herbacées. — II. 2.

Asarum europæum. — Cabaret, oreille d'homme. — Pourpre noir. — XI. 1.

Betula alba. — Bouleau, arbre d'amour et de la sagesse, sceptre d'école. — Jaune-soufre. — XXI. 4.

— *alnus.* — Aune, bouleau vergne. — Jaunes.

Brassica napus. — Navet. — Jaunes. — XV. 2.

— *oleracea.* — Chou ordinaire ou potager. — Couleur de soufre.

— *rapa.* — Rave. — Violettes pâles.

Buxus sempervirens. — Buis ordinaire ou bénit. — Blanc-sale. — XXI. 4.

Caltha palustris. — Souci des marais, populage. — Fleurs jaunes. — XIII. 10.

Callitriche verna. — Étoile d'eau. — Jaunâtres. — I. 2. — R.

Cardamine amara. — Cresson amer. — Blanches. — XV. 2. — (Peu commune.) R.

— *hirsuta.* — Cardamine velue. — Fleurs blanches.

— *pratensis.* — Cresson élégant, cressonnette. — Lilas ou violettes. — R.

Carex arenaria. — Laiche des sables. — Jaune soufre. — XXI. 3.

— *brizoïdes.* — Laiche briza.

— *cœspitosa.* — L. en gazou.

— *dioica.* — Caret dioïque.

— *distans.* — Laiche à épis écartés, caret espacé.

— *flava.* — L. jaune ou blonde.

— *fulva.* — L. fauve.

— *glauca.* — L. glauque.

— *hirta.* — L. velue.

— *humilis.* — L. humble.

— *longifolia.* — L. à longues feuilles.

— *melanochloros.* — L. noire-verte.

— *montana.* — L. des montagnes.

— *muricata.* — L. piquante, caret muré.

— *nigra.* — L. à épis noirs.

— *panicea.* — L. miliée.

— *pendula.* — L. pendante.

— *pilulifera.* — L. porte-pilules.

— *pseudo-cyperus.* — Faux souchet.

— *ringens.* — L. à épis roides.

— *vesicaria.* — L. à vessie.

— *virens.* — L. verdoyante.

— *vulpina.* — L. hérissée, caret des renards.

Carpinus betulus.—Charme, bétille, charmille.—Fleurs rousses. — XXI. 13.

Cerastium semi-decandrum.—Mouron printanier.—Blanches. — X. 5.

Chærophyllum sylvestre. — Persil d'âne, cerfeuil sauvage, cicutaire officinale. — Blanches. — V. 2.

Cheiranthus cheiri. — Giroflée des murailles, ravenelle, bâton d'or.—Jaune doré. — XV. 2.

Chrysosplenium alternifolium. — Saxifrage dorée, dorine, hépatique des marais. — Jaunes. — X. 2.

Corylus avellana. — Noisetier, coudrier, avellanier. — Fleurs mâles, jaunes; femelles, rouges. — XXI. 13.

Crepis biennis. — Crépide - pissenlit, fuselée biennale. — Jaunes. — XIX. 1.

Daphne mezereum. — Bois gentil. — Rouges. —VIII. 1.

— *laureola.* — Lauréole, garou.

Draba muralis. — Drave des murailles. — Blanches. — XV. 1.

— *verna.* — Drave printanière.

Erica scoparia.— Bruyère à balais. — Grises.—VIII. 1.

Evonymus europæus.—Fusain, bonnet d'âne ou de prêtre. —Blanc-verdâtre.—V. 1.

Fragaria sterilis.—Fraisier sterile.—Blanches.—XII. 10.

— *vesca.* — Fraisier odorant.

Fumaria bulbosa.—Fumeterre bulbeuse.—Rouges ou blanches.— XVII. 6.

Genista pilosa.—Genêt tomenteux, génestrole rampante. — Jaunes. — XVII. 10.

Glecoma hederacea.—Lierre terrestre, herbe de saint Jean. — Bleues. — XIV. 1.

Helleborus fœtidus. — Pied de griffon. — Vertes, bordées de rouge. — XIII. 10.

— *hiemalis.*— Hellébore jaune ou d'hiver. — Jaunes.

Holosteum umbellatum. — Morgeline, holostée. — Fleurs blanches. — III. 3.

Iberis nudicaulis. — Petit cresson, petite bourse du berger. — Blanches. — XV. 1.

Iris pumila. — Petite flambe, iris naine. — Principalement purpurines. — III. 1.

Juniperus communis. — Genévrier. — Fleurs mâles, couleur de soufre; femelles, vertes. — XXII. 16.

Lamium purpureum. — Pain de poulet, lamier rouge ou pourpré. — Purpurines. — XIV. 1.

— *hybridum.* — Lamier bâtard. — Blanches.

— *amplexicaule.* — L. embrassant. — Rouges.

Lepidium petrœum. — Passerage des rochers. — Blanches. — XV. 1.

— *procumbens.* — P. couchée.

Luzula campestris. — Jonc des champs. — Jaune pâle. — VI. 1.

— *forsterii.* — J. de Forster. — Jaunâtres.

— *pilosa.* — J. velu.

— *congesta.* — J. des bois. — Rousses.

Mercurialis perennis. — Mercuriale des bois. — Blanc sale. — XXII. 9.

Myrica gale. — Galé odorant, piment royal, thé de Simon Pauli. — Jaunâtres. — XXII. 4. — R.

Narcissus pseudo-narcissus. — Faux narcisse. — Jaunes. — VI. 1.

Orchis incarnata. — Orquis incarnat. — Purpurines. — XX. 2.

— *latifolia.* — O. palmet ou palmé. — Rouges.

— *mascula.* — Orquis à fleurs tachées; satirion mâle. — Fleurs rouges.

— *militaris.* — Casque de militaire. — Rouge-pâle.

— *pallens.* — O. rose ou pâle. — Jaunâtres.

Ornithogalum luteum. — Ornithogale jaune. — Fleurs jaunes. —VI. 1.

— *minimum.* — O. plume d'oiseau.

Orobus tuberosus.—Orobe tubéreuse.—Rouges-bleuâtres. — XVII. 10.

Oxalis acetosella. — Alleluia, pain de coucou, oseille des bucherons, surelle. — Blanches. — X. 5.

Populus fastigiata. — Peuplier d'Italie. — Rouge de brique. — XXII. 8.

— *alba.* — P. blanc. — Fleurs mâles, rouges de brique ; femelles, couleur cendrée.

— *nigra.* — P. noir. — Rouge de brique.

— *tremula.* — Tremble.

Potamogeton crispum. — Laitue de grenouilles, épi d'eau frisé. — Blanc sale. — IV. 4.

Potentilla verna. — Farcinière, quintefeuille printanière. —Jaunes. — XII. 10.

Primula veris. — Primevère.—Jaunes. —V. 1.

— *elatior.*—Fleur de coucou.—Jaune d'or.

— *grandiflora.* — Printanière. — Jaune pâle.

Prunus cerasus. — Cerisier.—Blanches-rosées. — XII. 1.

— *spinosa.* — Prunellier. — Blanches.

Pyrus malus. —Pommier. —Blanches marquées de rouge. — XII. 5.

Ranunculus bulbosus. — Bassinet, grenouillette.—Jaunes. — XIII. 10.

— *ficaria.*—Ficaire, éclairette.

Salix alba. — Saule commun. — Jaune - soufre. — XXII. 2.

— *arenaria.*—Saule des sables, saule nain.—Fleurs blanchâtres.

— *capræa.*— S. marsault, chaleb. — Jaunes.

— *ulmifolia.* — Saule à feuilles d'orme.—Jaune-soufre.

Salix viminealis. — Osier blanc, vert ou noir, zénigole.
— Fleurs jaunes. — XX. 2.

— *vitellina*. — Osier jaune, bois jaune, amarinier. —
Jaune-soufre.

Saxifraga granulata. — Perce-pierre. — Blanches. — X. 2.
— R.

Scrophularia vernalis. — Herbe du printemps. — Jaunes
— XIV. 2.

Taxus baccata. — If. — Fleurs mâles, couleur de soufre ;
femelles, vertes. — XXII. 16.

Trifolium procumbens. — Trèfle nain, triolet couché. —
Jaunes. — XVII. 10.

Tussilago farfara. — Pas d'âne, herbe de saint Quirin. —
Jaunes. — XIX. 2.

—*petasites*. — Pétasite, herbe aux teigneux. — Rouges, tachées de blanc.

Ulmus campestris. — Orme ordinaire ; arbre au pauvre
homme. — Herbacées et légèrement rosées. — V. 2.

— *pedunculata*. — O. pédonculé.

Ulex europæus. — Ajonc, jonc marin, genet épineux. —
Jaunes. — XVII. 10.

Vaccinium myrtilus. — Raisin des bois, myrtille, brimbelle.
— Rougeâtres. — VIII. 1.

—*oxycoccos*. — Canneberge ; cossinet, airelle des marais.
— R.

Veronica arvensis. — Véronique des champs. — Fleurs
bleues. — II. 1.

— *hederæfolia*. — V. à feuilles de lierre. — Bleues ou blanches.

— *triphyllos*. — V. à trois feuilles ou tréflée.

— *verna*. — V. printanière.

Vicia lathyroïdes. — Vesce-lathyroïde, vesce gessière. —
Rouges. — XVII. 10.

Viola canina.—Violette des chiens ou sauvage.—Fleurs violettes.—XIX. 6.

— *hirta.*—Ipécacuana bâtard.

— *odorata.*— Violette odorante.

Zanichellia palustris.— Algoïde des marais.—Blanc sale. — XXI. 1.—R.

MAI.

Æsculus hippocastanum.—Marronnier d'Inde.—Blanches et tachées de rouge.—VII. 1.

Aira cariophyllea. — Canche à feuilles d'œillet, erbin-œilleton. —Herbacées.—III. 2.

Allium moly.—Moly jaune, ail doré.—Jaunes. — VI. 1.

Alyssum alpestre. — Petite cameline.—Jaunes.—XV. 1. — R.

— *minimum.*— Petite corbeille dorée.

— *montanum.* — Alysse des montagnes.—Beau jaune.

Anemone pulsatilla.—Coquelourde, pulsatille.—Violettes. —XIII. 10.

— *sylvestris.* — Anémone des champs. — Fleurs blanches.—R.

Anthemis arvensis.—Camomille des champs.—Blanches. — XIX. 2.

— *cotula.* — C. puante, maroute fétide.

Arum maculatum.—Pied de veau, gouet, racine amidonnière.—Blanc sale.—XX. 13.

Asclepias vincetoxicum.—Dompte-venin, asclépiade blanche.—Blanches.—V. 2.

Asperula odorata.—Reine des bois, hépatique étoilée.— Blanches.—IV. 1.

Berberis vulgaris. — Epine vinette, vinetier.—Jaunes.— VI. 1.

Bromus sterilis. — Brome stérile, averon. — Fleurs herbacées. — III. 2.

— *tectorum.* — Brome ordinaire ou des toits.

Campanula rapunculus. — Raiponce — Bleues ou blanches. — V. 1. — R.

Cardamine impatiens. — Cardamine élastique, cresson à
pétale. — Blanches. — XV. 2. — R.

Carduus acanthoïdes. — Chardon acanthin ou épineux. —
Rouges. — XIX. 1.

— *marianus.* — Chardon-marie ou argenté.

Carex dioica. — Laiche dioïque. — Jaune-soufre. — XXI. 3.
— R.

— *filiformis.* — L. filiforme.

— *hordeiformis.* — L. orge.

— *ovalis.* — L. ovale.

— *pulicaris.* — L. pulicaire, caret pucier.

Chelidonium majus. — Grande chélidoine, éclaire, herbe
de l'hirondelle. — Fleurs jaunes. — XIII. 1.

Convallaria bifolia. — Muguet à deux feuilles, mugueret.
— Blanches. — VI. 1.

— *maialis.* — Muguet ordinaire, lis des vallées.

— *multiflora.* — Grand sceau de Salomon, mainte-
fleurs.

— *polygonatum.* — Petit sceau de Salomon, genouillet,
herbe de rupture.

Cornus mascula. — Cornouiller mâle. — Jaunes.

Cratægus aira. — Alouchier-cirier, alisier commun, drouil-
lier. — Blanc sale. — XII. 2.

— *oxyacantha.* — Epine blanche, noble épine, sénellier.
— Blanches.

— *oxyacanthoïdes.* — Aubépine à feuilles rondes.

— *torminalis.* — Alisier ordinaire, sorbier tranchant, tor-
minal. — Blanc sale. — R.

Cytisus laburnum.—Aubour, cytise des Alpes. — Fleurs jaunes. — XVII. 10. — R.

Eriophorum polystachion. — Lin des marais, chenuelle.— Herbacées. — III. 1.

— *vaginatum.*—Linaigrette vaginée ou à graine.

Fagus sylvatica. — Hêtre, foyard.—Herbacées.— XXI. 13.

Festuca duriuscula. — Fétuque durette, feugerolle.—Herbacées — III. 2.

— *elatior.* — F. élevée.

— *fluitans.* — F. flottante, herbe de Pru.se ou à la manne. — R.

Fragaria magna. —Grand fraisier. —Fleurs blanches. — XII. 10.

Fraxinus excelsior. — Frêne. — De couleur brune. — XXI. 3.

Galeopsis galeobdolon. — Ortie jaune, lamier jaune. — Jaunes.—XIV. 1.

Galium uliginosum.— Caillelait des marécages.—Blanches. — IV. 1.

— *parisiense.* — Petit grateron, caillelait délicat. — Herbacées.

Genista tinctoria. —Genêt des teinturiers, genestrole. — Jaunes. — XVII. 2.

Globularia vulgaris. — Globulaire commune. — Ordinairement bleues. — IV. 1.

Hedera quinquefolia. — Vigne vierge, quintefeuille. — Blanc sale.—V. 1. — R.

Hedysarum onobrychis.—Sainfoin, gros foin, esparcette, tête de coq. — Herbacées. — XVII. 10. — R.

Hesperis matronalis. — Julienne.— Blanc-violet.—XV. 2. — R.

Hieracium sylvaticum. — Epervière des bois. —Jaunes. — XIX. 1.

Hottonia palustris.—Mille feuilles aquatique, plumeau.—
    Fleurs blanches rosées.—V. 1.
Hyacinthus cernuus.—Jacinthe de mai.—Bleues.—VI. 1.
— *comosus.*—Vaciet, jacinthe à toupet.—Bleu pâle.—R.
— *Non scriptus.*—Jacinthe des bois ou de mars.—Bleues.
— *racemosus.*—Ail des chiens, jacinthe à grappes.
Iris germanica. — Flambe ordinaire, iris d'Allemagne. —
    Bleues.—III. 1.
Lemma arhiza. — Lentille d'eau sans racines. — Fleurs
    d'un blanc sale. — XXI. 2.
— *gibba.* — La bosse, grande lentille d'eau.—R.
— *minor.*—Petite lentille d'eau, cannilée.—R.
— *polyrhiza.*—Lentille d'eau à racines nombreuses.
Lithospermum arvense.—Gremillet, petit gremil, granelle
    champêtre. — Blanches.—V. 1.
Lysimachia nemorum. — Nummulaire des bois, mouron
    jaune.—Jaunes.—R.
Melica nutans.—Mélique penchée ou brandillante.—Her-
    bacées.— III. 2.
Melittis melissophyllum.—Mélisse des bois, mélissière.—
    Blanches, tachetées de pourpre. — XIV. 1.
Menyanthes trifoliata.—Tréfle d'eau.—Blanches.—V. 1.
Milium lendigerum. — Millet lendigère. — Herbacées. —
    III. 2.—R.
Miagrum bursifolium. — Cameline, tabouret.—Jaunes.—
    XV. 1.
Narcissus poeticus. — Jeannette, narcisse des poètes. —
    Jaunes ou blanches.—VI. 1.
Ophrys anthropomorpha. — Pantine, ophrys-homme. —
    Blanc jaunâtre. — XX. 2.—R.
— *arachnites.* — Ophrys-araignée.— Roses.—R.
— *insectifera.*—Ophrys-bourdon, moucherolle, frelane.
    — Blanc rosé.— R.

Ophrys myodes. — Ophrys-mouche. — Fleurs purpurines. — XX. 2. — R.

— *nidus-avis.* — Nid d'oiseau. — Verdâtres. — R.

— *paludosa.* — Ophrys des marais. — Fleurs verdâtres.

Orchis maculata. — Orquis maculé.

— *morio.* — Morion femelle, orquis bouffon. — Rouges.
— R.

— *pyramidalis.* — Orquis pyramidal.

Ornithogalum umbellatum. — Dame d'onze heures. —
Blanc de lait. — VI. 1.

Papaver rhœas. — Coquelicot, pavot rouge. — Rouges. —
XIII. 1.

Pedicularis palustris. — Pédiculaire des marais. — Rouges.
— XIV. 2.

— *sylvatica.* — Herbe aux pois des forêts, fistulaire.

Phalaris phleoïdes. — Alpiste-fléole, phalaris massette. —
Herbacées. — III. 2.

Pimpinella glauca. — Boucage glauque. — Blanches. — V. 2.
— R.

Pinguicola vulgaris. — Herbe grasse, grassette. — Violet
pâle. — II. 1.

Pinus abies. — Sapin, pesse. — Couleur de soufre. —
XXI. 16.

— *larix.* — Mélèse.

— *picea.* — Epicea.

— *sylvestris.* — Pin des montagnes. — R.

Pisum arvense. — Pois de pigeon. — Rouge-pourpre. —
XVII. 2.

— *sativum.* — Pois ordinaire. — Blanches.

Poa bulbosa. — Paturin-échalotte. — Herbacées. — III. 2.
— R.

— *crispa.* — Paturin frisé.

Poterium sanguisorba. — Pimprenelle ordinaire. — Fleurs d'un blanc sale. — XXI. 13.

Prunus domestica. — Prunier ordinaire, prunier sans épines. — Blanches. — XII. 1.

— *padus.* — Cerisier à grappes, putiet. — R.

Pulmonaria officinalis. — Pulmonaire, herbe aux poumons. — Blanches et rouges. — V. 1.

Pyrus communis. — Poirier. — Blanc-rosé. — XII. 5.

Quercus robur. — Chêne-roure, roi des arbres. — Roussâtres. — XXI. 13.

Ranunculus auricomus. — Bouton d'or, tête d'or, renoncule blonde. — Jaunes. — XIII. 10.

— *parviflora.* — Renoncule à petites fleurs.

Rhamnus catharticus. — Nerprun purgatif, bourg-épine. Blanc sale. — V. 1.

— *frangula.* — Bourgène, aune noir. — Verdâtres.

Rhinanthus cristagalli. — Crête de coq, cocriste jaune, pédiculaire jaune. — Jaune-soufre. — XIV. 2.

Robinia pseudo-acacia. — Robinier, faux acacia. — Blanches — XVII. 10. — R.

Scirpus cæspitosus. — Scirpe en gazon. — Herbacées. — III. 1.

— *sylvaticus.* — Scirpe des bois.

Scorzonera angustifolia. — Salsifis des marais. — Jaunes. — XIX. 2.

Secale cereale. — Seigle. — Herbacées. — III. 2.

Sisymbrium amphibium. — Raifort sauvage ou des marais. — Jaunes. — XV. 2.

Smyrnium olusatrum. — Gros persil, maceron, ache large. — Jaunes. — V. 2.

Sorbus aucuparia. — Sorbier des oiseaux, cochène. — Fleurs d'un blanc sale. — XII. 3.

— *domestica.* — Cormier. — R.

Spartium scoparium.—Genêt à balais.—Jaunes.—XVII. 8.

Stellaria holostea. — Etoile des bois, langue d'oiseau. — Blanches.—X. 3.—R.

Stipa pennata.—Plumet-panache, aigrette, étièpe.—Blanches.—III. 2.

Syringa vulgaris. — Lilas.— Violacées.—II. 2.

Thuya occidentalis. — Arbre de vie. — Rougeâtres. — XXI. 16.

Typha latifolia.—Masse d'eau.—Jaune soufre.—XXI. 3.

— *angustifolia.*— Massette.

Tragopogon pratense. — Barbe de bouc, bombarde, salsifis des prés. — Jaunes.—XIX. 1.

Trifolium hybridum. — Trèfle hybride. — Incarnates. — XVII. 10.

—*flexuosum.*—Trèfle courbe.

Tulipa sylvestris.—Tulipe jaune.—Jaunes.—VI. 1.

Valeriana officinalis.—Valériane des boutiques. — Blanches. —III. 1.

Verbascum blattaria. — Blattaire aux mites, mitier. — Jaunes. —V. 1.

Veronica teucrium. — Teucride d'Allemagne, véronique des prés, teucriette.—Blanches. — II. 1. — R.

— *chamœdris.*—Chenette, véronique des haies. — Bleues.

Viburnum lantana.— Mentiane, viorne, hardeau, bourdaine blanche. —Blanches.—V. 3.—R.

— *opulus.*— Obier, viorne lobée.

Vicia faba. — Féve de marais. — Blanches.—XVII. 2.

Vinca major.— Grande pervenche.—Bleues.—V. 1.—R.

— *minor.*— Petite pervenche, pucclage.

Viola montana. — Violette de montagne. — Violettes. — XIX. 6.

Vitis vinifera.—Vigne, plante de Bacchus ou de Noé. — Blanc sale. — V. 1.

JUIN.

Achillea millefolium. — Millefeuille ordinaire, herbe aux voituriers. — Fleurs blanches. — XIX. 2.

— *ptarmica.* — Herbe à éternuer, achillière sternutatoire.

Adonis œstivalis. —Adonide d'été, brunette, rougeotte.— Rouge foncé. — XIII. 10.—R.

Agrostema githago. — Nielle des blés. — Rouge pourpre. — X. 5.

Agrostis alba.—Foin blanc.—Herbacées.—III. 2.—R.

— *canina.*—Foin de chien.—R.

— *capillaris.*—Foin capillaire.—R.

— *rubra.* — Foin rouge.

— *spicaventi.* — Epi de vent.

— *stolonifera.*—Foin rampant, tremme, éternue traçante. — R.

Aira canescens.—Canche-cendrée.—Herbacées.

— *cœspitosa.*—Canche-gazon, herbin élevé.

— *flexuosa.*—Canche flexible.—Fleurs herbacées.

— *montana.*— Canche des montagnes.

Ajuga chamœdris. — Petit chêne, chenette. — Rouges. — XIV. 1.

— *pyramidalis.*— Bugle pyramidale.— Bleues.

— *reptans.*—Bugle rampante, consoude moyenne.

— *scordium.*—Germandrée d'eau. — Rouges.

Allium pallens.—Ail paillet.–Couleur de paille.—VI. 1.

— *sphærocephalon.*—Ail sphérique.—Rouges.

Alopecurus geniculatus.—Vulpin aquatique ou genouillé. —Rouges. — III. 2.—R.

— *pratensis.*—Queue de renard des prés. — R.

Alsine segetalis.—Morgeline des moissons.—Blanches.— V. 3.

Althœa hirsuta. — Guimauve velue, bisalce. — Fleurs rouges.—XVI. 13.

Ammi majus.—Grand ammi. — Blanches.—V. 2. — R.

Anagallis tenella.—Mouron délicat. — Couleur de chair. —V. 1.

Anthemis mixta.—Pyrêthre sauvage.—Blanches.—XIX. 2.

Anthericum liliago. — Phalange.—Blanches.—VI. 1.

Antirrhinum arvense. — Linaire visqueuse, mullier des champs.—Jaunes.— XIV. 2.

— *linaria.* — Linaire.

— *majus.*—Grand mufle de veau.—Rouges. — Rare. — R.

— *minus.* — Petit mufle de veau. —Fleurs blanc purpurin.

— *repens.* — Linaire couchée, mufflier strié. — Bleues ou blanches.

— *supinum.* — Linaire des sables. —Jaunes.

Aphanes arvensis. — Petit pied de lion. — Jaune pâle. — IV. 2.

Aquilegia vulgaris. — Ancolie, aiglantine. — Bleues. — XIII. 5.

Arabis turrita.—Chou bâtard.—Jaune très-pâle.—XV. 1.

Arctium lappa. — Glouteron. —Purpurines. —XIX. 1.

Arenaria juniperina. — Sabline-genévrier. — Blanches. — X. 3.

— *rubra.* — S. rouge, sablière membraneuse.—Rouges.

— *saxatalis.*—S. des rochers.—Blanches.

— *trinervia.*—S. à trois nervures.

— *viscidula.*—S. visqueuse.

Aristolochia clematitis.— Aristoloche ordinaire.—Jaunâtres. — XX. 6.

Arthemisia absinthium.—Absinthe, aluine.—Jaune-soufre. XIX. 2.

Asparagus sylvestris.—Asperge. — Blanc sale.—VI. 1. — Rare.—R.

Asperugo vulgaris. — Rapette, porte-feuille. — Fleurs
bleues.—V. 1.—R.

Asperula arvensis. — Aspérule des champs. — Bleues. —
IV. 1.

—*cynanchica.* — Herbe à l'esquinancie, garance de chien.
— Blanches.

Astragalus glyciphyllos.—Réglisse bâtarde.—Jaune pâle.
— XVII. 10.

Atriplex hortensis.—Bonne dame, follette, irible, arroche
cultivée.—Fleurs d'un blanc sale.—XXIII. 1.

Avena elatior. — Fromentale.—Herbacées.—III. 2.

—*fatua.*—Folle avoine, coquioule.

—*flavescens.*—Avoine jaunâtre, avernette blonde.

— *nuda.*—Avoine nue.

— *sativa.* — Avoine noire on cultivée.

— *sterilis.*— Avron.

Beta vulgaris. —Poirée. — Blanc sale.—V. 2.

Borrago officinalis.—Bourrache.—Bleues ou blanches.—
V. 1.

Briza media.—Amourette, brize tremblante.—Herbacées.
—III. 2.

— *minor.* — Petite amourette, tremblin.

Bromus pratensis.—Brome des prés.—Herbacées.

— *racemosus.*—B. à grappes.

-- *secalinus.*—B. des seigles ou velouté, droue, fétu.

Buplevrum tenuissimum. — Buplèvre délicat, boret. —
Jaunes.—V. 2.—R.

Campanula grandiflora seu medium.—Mariane. —Bleues.
—V. 1.

— *hederacea.* — Campanule à feuilles de lierre.

— *rotundifolia.* — C. à feuilles rondes, C. mineure, clo-
chette.

— *speculum.* — Miroir de Vénus, campanule-doucette.

Cannabis sativa.—Chanvre cultivé.—Fleurs mâles, jaunes; femelles, blanc sale.—XXII. 5.

Carduus nutans.— Chardon à tête penchée, pendeloque. —Rouges. —XIX. 1.

— *palustris.*—Chardon des marais, cirsion des marécages. —Fleurs rouges.

Carex molinifera.—Laîche molinifère.—Jaune soufre.— XXI. 3.

Carlina vulgaris.—Carline sauvage.—Blanc sale.—XIX. 1.

Centaurea cyanus.—Bleuet, barbeau.—Bleues.—XIX. 3.

Centunculus minimus.—Centenille aquatique.—Blanches. IV. 1.

Chærophyllum pecten.—Peigne de Vénus.—V. 2.

— *temulum.*—Persil d'âne dangereux, cerfeuil enivrant.

Chara vulgaris.—Charagne, girandole d'eau.—Rouge ferrugineux.—XXI. 1.

Cheiranthus erysimoïdes.—Giroflée sauvage, violier.— Jaune soufre.—XV. 1.

Chenopodium album.—Ansérine blanche, patte d'oie blanche.—Blanc sale.—V. 2.

— *glaucum.*—A. glauque, patte d'oie bleuâtre.

— *multifolium.*—A. feuillue.—Rare.—R.

— *viride.*—A. verte.

— *vulgare.*—A. commune.

— *vulvaria.*—Vulvaire, olidaire, arroche puante.

Chrysanthemum inodorum.—Marguerite inodore, orfleur. —Blanches.—XIX. 2.

— *leucanthemum.*—Grande marguerite.

Cicer arietinum.—Pois gris, pois chiche.—Fleurs blanches.—XVII. 10.

Cineraria minor.—Petite jacobée.—Jaunes.—XIX. 2.

Cistus elianthemum.—Fleurs du soleil.—Jaunes.—XIII. 1.

— *hirsutus.*—Herbe d'or.

Cistus umbellatus. — Ciste à bouquets. — Fleurs blanches. — XV. 1.

Cochlearia armoracia.—Moutarde des Allemands, cranson rustique.—XV. 1.

— *draba.*—Cranson dravier, drabette.

Conium maculatum.—Ciguë.—V. 2.

Cornus sanguinea.—Cornouiller sanguin, bois punaise.—Jaunes.—IV. 1.

Crepis pulchra.—Crépide élégante, belle fuselée.—Jaunes.—XIX. 1.—R.

Cynoglossum officinale.—Langue de chien, chiendent.—Du rouge au bleu.—V. 1.—R.

Cynosurus cristatus.—Cretelle hupée ou à crête.—Herbacées.—III. 2.

Dactylis glomerata.—Dactyle pelotonnée.

Datura stramonium.—Pomme épineuse, chasse-taupe, endormie, estramon.—Blanches.—V. 1.

Daucus carota.—Carotte.—Blanches.—V. 2.—R.

Delphinium consolida.—Pied d'alouette, delphinette.—Bleues—XIII. 3.

Dianthus armeria.—OEillet velu.—Rouges.—X. 2.

— *caryophyllus.*—OEillet ordinaire.—Rouges, panachées, etc.

— *carthusianorum.*—OEillet des chartreux ou des montagnes.

— *prolifer.*—OEillet prolifère.

Digitalis lutea.—Digitale jaune, penchée, ou parviflore.—Fleurs jaunâtres.—XIV. 2.

— *purpurea.*—Grande digitale, gantelée.—Rouges ou blanches.—R.

Drosera longifolia.—Rosée du soleil, rossolis.—Blanches.—V. 5.

Echium vulgare.—Herbe aux vipères.—Bleues.—V. 1.

Elatine alsinastrum.—Recure-crapaud, marginate, gratio-line, élatine verticillée. — Fleurs d'un blanc sale. — VIII. 3.

Epilobium angustifolium.—Osier saint Antoine, neriet.—Purpurines.—VIII. 1.

—*montanum.*—Epilobe des montagnes.—R.

—*palustre.*—E. des marais.

Erica tetralix. — Bruyère à tête. — Couleur de chair. — VIII. 1.—R.

Erigeron acre.—Vergerette âcre.—Bleu pâle.—XIX. 2.

—*canadense.*—Verge d'or du Canada.—Jaunes et blanches.

Erysimum cheiranthoïdes.—Fausse giroflée, velar giroflier, crysime-tourrette.—Jaunes.—XV. 1.

—*officinale.*—Herbe du chantre, tortelle.

Euphorbia cyparissias. —Tithymale-cyprès. — Jaunes.— XI. 3.

— *esula.* — Esule.

— *helioscopia.*—Réveille-matin. — R.

— *lathyris.*—Epurge, catapuce.—Jaune pâle.

— *multicaulis.*—Euphorbe multicaule.

— *palustris.* — Grande ésule, turbith noir, euphorbe des marais.—Jaunes.

— *peplis.*—Euphorbe auriculée.—Fleurs d'un jaune pâle. — R.

Euphrasia officinalis. — Euphraise. — Jaunes. — XIV. 2. — R.

Festuca bromoïdes. — Fétuque brome. — Herbacées. — III. 2.

— *decumbens.* — F. couchée.

— *fallax.*—F. trompeuse.

— *myurus.* — F. queue de rat.

— *ovina.* — F. de brebis, petit foin, poil de loup.

27

Festuca phœnix.—Fétuque élégante.—Fleurs herbacées.
— III. 2.

— *pratensis.* — F. des prés.

— *rubra.* — F. rouge.

Fumaria capreolata.—Fumeterre blanche ou à vrilles.—
Rouge pâle.—XVII. 6.

— *officinalis.* — F. ordinaire. — Rouges.

Galium aparine.—Grateron, reble.—Blanc sale.—IV. 1.

— *lucidum.*—Bec de grue luisant.

— *mollugo.* — Caillelait blanc. — Blanches.

— *palustre.* — C. des marais.

— *spurium.* — Faux grateron.

Geranium chœrophyllum.—Geranion-ciguë.—Rouges.—
XVI. 10.

— *columbium.*—Pied de pigeon.

— *dissectum.* — Bec de cigogne, géraine disséquée.

— *pilosum.*—Bec de grue poilu.

— *pratense.* — Bec de grue des prés. — Bleu purpurin.
—R.

— *robertianum.* — Herbe à Robert. — Rouges.

Gratiola officinalis. — Herbe au pauvre homme. — Blanc
jaunâtre. — II. 1. — R.

Heracleum spondylium.—Fausse brancursine, berce officinale. — Blanches. — V. 2.

Hieracium dubium.— Grande oreille de rat. — Jaunes.—
— XIX. 1.

— *pilosella.* — Piloselle.

Holcus mollis.—Houque soyeuse.—Blanches.—XXIII. 1.

Hydrocotyle vulgaris.—Ecuelle d'eau, nombril de Vénus
aquatique.—Jaunâtres.—V. 2.—Très-commune.

Hypericum androsœnum. — Toute-saine. — Jaunes. —
XVIII. 13.

— *humifusum.* — Millepertuis couché. — R.

Hypericum perforatum.— Millepertuis ordinaire.—Fleurs jaunes.—XVIII. 13.

— *pulchrum.* — M. élégant.

Hyosciamus niger. — Jusquiame, hannebane, potelée, herbe aux engelures. — Jaunâtres, rayées de noir.— V. 1.

Iberis amara.—Thlaspi des jardiniers, ibéride amère. — Blanches.—XV. 1.

Ilex aquifolium. — Houx, bois franc. — Blanches. — IV. 4.

Inula hirta.— Inule dure.—Jaunes. — XIX. 2.

— *salicina.* — I. à feuilles de saule.

Iris fœtida.— Glayeul puant, spatule, iris gigot.—Bleuâtres.—III. 1.

— *pseudo-acorus.* — Iris jaune, flambe d'eau.—Jaunes.

Juncus acutus.—Jonc aigu.—Jaune pâle.—VI. 1.

— *articulatus.*—J. articulé.

— *bulbosus.*—J. bulbeux.

— *bufonius.*—J. des crapauds.

— *conglomeratus.*—J. à tête.

— *effusus.*—J. à mèche ou éboulé.

— *inflexus.*—J. penché.

— *intermedius.*—J. intermédiaire.

— *squarrosus.*—J. articulé ou rude.

Lactuca virosa. — Laitue vénéneuse. —Jaunes.— XIX. 1. — R.

Lathyrus palustris.—Gesse des marais.— Rouge pourpre. XVII. 10.— R.

— *tuberosus.* — Macusson, gland de terre.— Beau rouge. — R.

Leontodon hastile.—Dent de lion à fer de lance.—Jaunes. —XIX. 1.

— *taraxacum.* — Pissenlit.

Leonurus cardiaca.—Agripaume.— Fleurs purpurines ou blanches. — XIV. 1.— R.

Lepidium iberis.—Petite passerage.—Blanches.—XV. 1.

— *sativum.* — Cresson alénois, passerage des jardins, nasitor.

Ligustrum vulgare.—Troène, fresillon. — II. 1.

Lithospermum officinale.—Herbe aux perles.—V. 1.

Littorella lacustris. — Plantain uniflore. — Blanc sale. — XXI. 3.

Lonicera periclimenum. — Chèvre-feuille des bois. — Rose pâle, mêlé de jaune.—V. 1.

— *xilosteum.* — Camerisier des bois. — Blanc sale.

Lychnis dioïca. — Compagnon blanc, lichnide jacée. — Blanches.—X. 5.—R.

— *flos cuculi.* — Fleur de coucou, lampette, lichnide déchirée. — Rouges.

— *rubra.* — Compagnon rouge.—Peu commune.—R.

— *viscaria.*—Attrape-mouche, bourbonnaise.—R.

Lycium europæum.—Liciet, jasmin bâtard.—Rouge pâle et violacées.—V. 1.

Lycopsis arvensis. — Petite buglosse, face de loup. — Bleues.

Lysimachia nummularia. — Herbe aux écus, herbe à cent maladies.—Jaunes.—R.

Malva moschata. — Mauve mouchetée. — Incarnates.— XVI. 13.

— *rotundifolia.*—Petite mauve, fromageon.—Blanc mêlé d'incarnat.

— *sylvestris.* — Mauve commune. — Rouges.

Medicago falcata.—Luzerne en fer de faux. — Jaunes.— XVII. 10.

— *minima.* — Petite luzerne.

— *polymorpha.* — L. variante ou barillet.

Medicago sativa. — Luzerne ordinaire, foin de Bourgogne. — Fleurs violettes. — XVII. 10.

Melampyrum sylvaticum. — Blé de vache des bois. — Jaunes. — XIV. 2.

Melilotus alba. — Mélilot blanc. — Blanches. — XVII. 10.

— *officinalis.* — Mélilot ordinaire. — Jaunes.

Mentha aquatica. — Menthe aquatique ou rouge. — Rougeâtres. — XIV. 1.

— *gentilis.* — M. élégante. — Blanc sale.

— *sylvestris.* — M. sauvage, chevaline. — Rougeâtres.

— *viridis.* — Baume vert.

Mercurialis annua. — Mercuriale ordinaire. — Blanc sale. — XXII. 9. — Peu commune.

Montia fontana. — Petit pourpier aquatique. — Blanc sale. — III. 3.

Myagrum paniculatum. — Cameline paniculée, rapiste à panicule. — Jaunes. — XV. 1.

Myosotis lappula. — Scorpione des murailles, grippe, lappule. — Bleues. — V. 1. — R.

— *palustris.* — S. des marais.

— *scorpioïdes.* — Oreille de souris, perlette, souvenez-vous de moi. — Très-beau bleu de ciel. — R.

Myosurus minimus. — Queue de souris, ratoncule. — Blanc sale. — V. 10.

Myriophyllum spicatum. — Volant d'eau en épi. — XXI. 13.

— *verticillatum.* — Volant d'eau verticillé.

Nepeta cataria. — Cataire, herbe aux chats. — XIV. 1.

Nymphœa alba. — Nénuphar blanc. — Blanches. — XIII. 1.

— *lutea.* — N. jaune, plateau ou lis d'eau. — Jaunes.

OEnanthe crocata. — OEnanthe safranée. — Blanches. — V. 2.

— *filipenduloïdes.* — OE. filipendule.

OEnanthe fistulosa.—OEnanthe fistuleuse ou aquatique. — Fleurs blanches. —V. 2. — R.

OEnothera biennis. — Onagre, herbe aux ânes. — Jaunes. —VIII. 1.— R.

Ononis antiquorum.—Arrête-bœuf des anciens. — Purpurines. — XVII. 10.

— *arvensis.* — A. ordinaire.

Orchis adoratissima.—Orchis-giroflée.—Rouges.—XX. 2.

Parietaria officinalis.—Pariétaire ordinaire. — Blanc sale. — XXIII. 1.

— *judaica.* — Petite pariétaire.

Peplis portula.—Pourpier aquatique.— Blanc sale.—V. 1.

Phalaris arundinacea.—Alpiste roseau ou ruban.—Blanchâtres.—III. 2.

Phleum alpinum.— Fléole des Alpes.— Herbacées.

— *pratense.* —F. des prés, massette.

Phyteuma spicata.—Raiponse tubéreuse ou à épi.—Bleues ou blanches.—V. 1.— R.

Pimpinella pratense. — Boucage des prés. — Blanches. — V. 2.—R.

Plantago coronopifolia.— Corne de cerf, coronope, pied de corneille. —Blanc sale. — IV. 1.

— *lanceolata.*—Plantain lancéolé ou mineur. —R.

— *major.* — P. ordinaire.— R.

— *media.*—P. moyen ou cotonneux.—Blanches.

— *psyllium.*— P. des sables. — Peu commun. —R.

Poa annua. — Paturin annuel. — Herbacées.— III. 2.

— *cristata.*— P. en crête.

— *palustris.*— P. des marais.

— *debilis.* — P. débile.

— *nemoralis.* — P. des bois.

— *pratensis.*—P. des prés.

— *rigida.* — P. dur, poil de loup.—R.

Polygala monspeliaca.—Herbe à lait.—Fleurs bleues.—
XVII. 8.—Rare.—R.

Polygonum aviculare.—Traînasse, centicorde, herbe à
cent nœuds, renouée.—Blanc sale ou rougâtres.—
VIII. 3.—R.

— *convolvulus.*—Sarrasin bâtard ou grimpant, liseronne.
—Blanc sâle.

Potamogeton natans.—Epi d'eau.—IV. 4.

— *perfoliatum.*—Epi d'eau perfolié.

Potentilla anserina.—Argentine des herboristes, bec d'oie.
—Jaunes.—XII. 10.

— *argentea.*—Quintefeuille argentée.

— *grandiflora.*—Potentille à grandes fleurs.

— *reptans.*—Quintefeuille ordinaire.

— *supina.*—Potentille ailée, argentine rampante.

Prunella vulgaris.—Brunelle, charbonnière.—Bleues.—
XIV. 1.

Pyrola rotundifolia.—Pyrole ordinaire.—Blanches.—
X. 1.

Ranunculus acris.—Bouton d'or, bassinet.—Jaunes.—
XIII. 10.

— *aquatilis.*—Grenouillette, renoncule capillaire.—Blanches.

— *arvensis.*—Chaussetrape des prés.—Jaunes.

— *flammula.*—Petite douve.

— *lingua.*—Grande douve.

— *repens.*—Renoncule, pied de corbeau.

— *reptans.*—Petite flamme.

— *sceleratus.*—Renoncule scélérate.

— *sylvaticus.*—R. des bois.

Raphanus raphanistrum.—Ravenelle, rapistre.—Blanches,
jaunes, purpurines.—XV. 1.

— *sativus.*—Raifort des Parisiens.—Rosées.

(320)

Reseda lutea. — Herbe aux Maures, gaude jaune. — Fleurs d'un jaune pâle. — XII. 3. — R.

— *phyteuma.* — Petit réséda, gaude caliciniére. — Blanc sale.

Rosa arvensis. — Rosier sauvage. — Blanches. — XII. 10.

— *canina.* — Rose de chien, gratte-cul. — Blanc rosé.

— *dumetorum.* — Rosier des buissons. — Blanches, rougeâtres.

— *rubiginosa.* — Eglantier odorant. — Très-variées.

— *spinosissima.* — Rosier très-épineux. — Rouges.

— *villosa.* — Rosier à fruits hérissés. — Rougeâtres.

Rubus cæsius. — Ronce bleue ou rampante. — Blanches.

— *idæus.* — Framboisier ordinaire. — Peu commun.

— *fruticosus.* — Ronce commune, mûrier des haies.

Rumex acetosella. — Petite oseille, vinette des brebis. — Blanc sale. — VI. 3. — R.

— *acutus.* — Patience aiguë.

— *crispus.* — Patience frisée, parcille frisée.

— *pulcher.* — Belle patience, violon.

— *sanguineus.* — Oseille rouge, sang-dragon.

Sagina procumbens. — Sagine couchée. — Blanches. — IV. 4.

Sagittaria sagittifolia. — Sagittaire, fléchière, queue d'arondelle. — Blanches. — XXI. 13.

Salvia pratensis. — Sauge des prés, toute-bonne sauvage. — Bleues ou blanches. — II. 1.

— *sclarea.* — Orvale.

Sambucus ebulus. — Hièble, sureau nain. — Blanches. — V. 3.

— *nigra.* — Sureau ordinaire.

Samolus valerandi. — Mouron d'eau. — Blanches. — V. 1.

Saponaria vaccaria. — Saponaire des vaches ou des blés. — Rouge pâle. — X. 2.

Satyrium hircinum. — Satyrion puant. — Fleurs roussâtres, tachetées de pourpre. — XX. 2.

— *viride.* — S. des marais ou grenouillard. — Verdâtres.

Scabiosa arvensis. — Succise ordinaire, scabieuse vulgaire. — Bleuâtres. — IV. 1. — R.

Scirpus fluitans. — Scirpe flottant. — Herbacées. — III. 1.

— *palustris.* — Scirpe des marais, jonc à masse, jonquine.

Scrophularia aquatica. — Bétoine d'eau, herbe du siége, scrophulaire aquatique. — Pourpre noirâtre. — XIV. 2.

Sedum acre. — Vermiculaire brûlante, poivre de muraille, orpin âcre. — Jaunes. — X. 5. — R.

— *album.* — Trique-madame, joubarbe blanche. — Blanches.

— *cepæ.* — Orpin à fleur d'ognon, sedon étoilé. — Jaunâtres.

— *rupestre.* — Pain d'oiseau, orpin de roche. — Jaunes. — R.

Selinum palustre. — Persil laiteux, rivache des marais, tisselin. — Blanc sale. — V. 2.

Senecio jacobæa. — Jacobée vulgaire. — Jaunes. — XIX. 2.

— *paludosus.* — Séneçon des marais.

— *sylvaticus.* — S. des bois.

Serapias ensifolia. — Helleborine à grandes fleurs. — Blanches. — X. 2.

Serratula arvensis. — Sarrête à tige bulbeuse, chardon aux ânes. — Rouges. — XIX. 1.

— *tinctoria.* — S. des teinturiers.

Silene conica. — Silène conique. — Blanc sale. — X. 3.

— *conoïdea.* — Conillet rouge. — Rouges.

Sinapis alba. — Sénevé blanc. — Jaunes. — XV. 1.

— *arvensis.* — S. ordinaire, moutarde sauvage.

— *nigra.* — Sénevé noir.

Sisymbrium arenosum. — Sisymbre des sables. — Bleues.

Sysimbrium nasturtium. — Cresson de fontaine. — Fleurs
　　blanches.—XV. 1.

— *supinum.* — Roquette couchée. — Blanc sale.

— *sylvestre.* — Cresson de rivière, roquette des marais. —
　　Jaunes.

— *tenuifolium.*—Roquette sauvage.

Sium latifolium.—Grande berle.—Blanches.—V. 2.—R.

Sparganium erectum. — Ruban d'eau, platanaire. — Blanc
　　sale. — XXI. 3.

— *natans.*—Petit ruban d'eau.

Spergula arvensis. — Spergoule, fourrage de disette. —
　　X. 5.—R.

— *nodosa.* — Spargoule noueuse. — Blanches.

Spiræa filipendula. — Filipendule.— Blanches, tachetées
　　de rouge.—XII. 5.—Assez rare.—R.

Stachys bufonia.— Crapaudine.—Rouges.—XIV. 1.

— *sylvatica.*— Epiaire des bois.

Stellaria arenaria. —Stellaire des sables. — Blanches. —
　　X. 3.

— *nemorum.* — S. des bois.

Tamus communis.—Sceau Notre-Dame, couleuvrée noire.
　　—Blanc sale.— XXII. 6.

Thymus acinos.—Boulette. — Rougeâtres. —XIV. 1.

— *serpyllum.* — Serpollet.— Rouges.

Tilia europæa. — Tilleul. — Blanc jaunâtre. — XIII. 1.

Tordylium nodosum. — Tordilier, manchotte nodiflore,
　　caucalier noueux.—Blanches.—V. 5.—R.

Trifolium agrarium. — Tréfle - houblon. — Jaunes. —
　　XVII. 10.

— *incarnatum.* — T. rouge. — Rougeâtres.

— *pratense.*—T. des prés.—Rouges.

— *repens.*—Triolet.—Blanches.

Trigonella fœnum græcum.—Fenugrec.—Blanc sale.—R.

Triticum œstivum. — Blé d'été, épeautre. — Fleurs herbacées. — III. 2.

— *canicum.* — Elyme des chiens.

— *glaucum.* — Chiendent glauque.

— *junceum.* — Gros chiendent.

— *repens.* — Chiendent des boutiques.

Urtica pilulifera. — Ortie romaine. — Blanc sale. — XXI. 3.

— *urens.* — O. grièche.

Valantia cruciata. — Valériane des marais. — Blanches, mêlées de rose. — III. 1.

Verbascum alopecurus. — Molène, queue de renard. — Jaunes. — V. 1.

— *nigrum.* — Bouillon noir, molène noir.

— *thapsus.* — Bouillon blanc, herbe de saint Fiacre.

Verbena officinalis. — Verveine sacrée. — Bleues. — II. 1.

Veronica officinalis. — Thé d'Europe, véronique mâle. — Bleues ou blanches.

— *scutellata.* — Véronique à écusson. — Blanches.

— *spicata.* — V. à épi. — Fleurs bleues. — Très-belle, mais peu commune.

Vicia cracca. — Vesce à bouquets. — Rouges. — XVII. 10.

— *dumetorum.* — V. des buissons.

— *sepium.* — V. des haies.

Viola tricolor. — Pensée. — Blanches ou tricolores. — XIX. 6.

Xanthium strumarium. — Lampourde, petite bardane, herbe aux écrouelles. — Blanc sale. — XXI. 5.

JUILLET.

Ægopodium podagraria. — Herbe aux goutteux, pied de chèvre. — Blanches. — V. 2.

Agrimonia eupatoria. — Aigremoine, épuratoire des Grecs. — Jaunes. — XII. 2.

Agrostis dubia.—Faux-foin.—Fleurs herbacées.—III 2.

— *varians.*—Foin variant.

Aira aquatica.— Canche aquatique.

Alisma natans.— Fluteau nageant.—Blanches.—VI. 10.

— *plantago.*— Plantain aquatique, fluteau trigone.

Alsine media.— Mouron des oiseaux.—Blanches.—V. 3.

Althæa officinalis. — Guimauve officinale. — Blanches, teintes de rose.—XVI. 13.

Anagallis arvensis.—Mouron rouge ou mâle.—Rouges.— V. 1.

— *cœrulea.*— Mouron bleu.— Bleues.

Anchusa officinalis. — Buglosse des boutiques, langue de bœuf.

Anethum fœniculum.— Fenouil doux.—Jaunes.—V. 2,

— *graveolens.* — F. puant, aneth.

— *segetum.*—Anis des moissons.

Apium graveolens. — Ache des marais, persil odorant. — Blanches.

Arenaria sexangulare. — Tête de souris.— X. 3.

Arundo calamagrostis. — Roseau des bois ou branchu.— Herbacées. — III. 2.

Avena pratensis.—Avoine des prés, avenette argentée.

Ballota nigra. — Marube noire. — Rougeâtres. — XIV. 1.

Bellis perennis. — Petite marguerite, petite consire. — Jaunes. — XIX. 2.

Betonica officinalis. — Betoine. — Rouges ou blanches. — XIV. 1.

Caucalis grandiflora. — Caucalis à grandes fleurs, hérissonnée, giroville.—Blanches.—V. 2.

Cenchrus racemosus. — Râcle à grappes. — Herbacées. — III. 2. — R.

Centaurea scabiosa. — Jacée, scabieuse. — Purpurines. — XIX. 3.

Cerastium aquaticum.—Céraiste aquatique.—Fleurs blanches.—X. 5. — R.

Chondrilla juncea.—Condrille joncée.—Jaunes.—XIX. 1.

Chrysanthemum segetum. — Marguerite dorée, crisaine.— Beau jaune. — XIX. 2.

Cichorium intybus.—Chicorée sauvage.—Bleues.—XIX. 1.

Cochlearia coronopus. — Ambroisie des anciens, cranson corne de cerf. — Blanc sale. — XV. 1.

Coluthea arborescens.—Baguenaudier. —Jaunes.—XVII. 10.— R.

Convolvulus arvensis. — Petit mouron rouge. — Blanches et purpurines.—V. 1.

— *sepium.* — Grand liseron. —Blanches, rosées.

Coronilla minima.—Petite coronille.—Jaunes.—XVII. 10.

— *varia.* — Coronille changeante. — Bigarrées.

Cyperus flavescens. — Souchet jaune.—Jaunâtres.—III. 1. — R.

Dipsacus fullonum. — Chardon à bonnetier, cuve de Vénus, cardère. — Purpurines. — IV. 1.

Euphorbia dulcis.— Euphorbe à lait doux. — Rougeâtres. — XII. 3.

— *segetalis.*—Tithymale des moissons.—Jaunes.

Galega officinalis.—Rue de chèvre.—Blanches et bleuâtres. — XVII. 10.

Geum urbanum. — Benoîte. —Jaunes. — XII. 10.

Gnaphalium luteo-album. — Immortelle des marais, perlière glomérulée. — Jaunâtres. — XIX. 2. — Rare.

Heliotropium europæum.—Herbe aux verrues, verrucaire. — Blanches.—V. 1.

Hippuris vulgaris.—Pin d'eau, renouée femelle. — Blanc sale. — I. 1. — R.

Hydrocharis morsus ranæ.—Mors de grenouille, morène. — XXII. 9.

Hypericum elodes. — Millepertuis des marais, élode. — Fleurs jaunes. — XIII. 13.

Inula britannica.—Enule britannique. — XIX. 2.

— *helenium.* — Aunée, lionne, énule campane.

Lamium album.—Ortie blanche.—Blanches.— XIV. 1.

Limosella aquatica.—Limoselle aquatique, phantaginelle. —Blanc sale.—XIV. 2.

Lolium temulentum.—Ivraie, vorge, zizanie. — Herbacées. —III. 2.—R.

Lycopus europæus.—Pied de loup, crumène.—Blanches. — II. 1. — R.

Matricaria parthenium. — Matricaire ordinaire. — Blanches. — XIX. 2. — Rare. — R.

— *camomilla.* — Vraie camomille.

Phyteuma orbicularis.—Herbe d'amour, raiponce orbiculaire. — Bleues.—V. 1.

Platanus occidentalis.—Platane d'Occident.—Herbacées. —XXI. 13.

— *orientalis.*—Platane d'Orient.

Potamogeton compressum. — Epi d'eau aplati. — Blanc sale.— IV. 4.

— *pectinatum.*—Epi d'eau pectiné.

— *pusillum.*—Petit épi d'eau.

Ranunculus cæspitosus.—Salade des grenouilles.—Blanches. — XIII. 10.

— *peucedanifolius.*—Renoncule queue de pourceau.

— *polyanthemos.*—R. multiflore.—Jaunes.

Rubus tomentosus.—Ronce drapée.—Blanches.—XII. 10.

Rumex aquaticus. — Patience aquatique, parelle d'eau. — Blanc sale.—VI. 3.

— *limosus.* — Oseille marécageuse.

Sanguisorba officinalis.—Pimprenelle commune.—Purpurines. — IV. 1.—R.

Saponaria officinalis.—Saponaire.—Fleurs rosées.—X. 2.
— Peu commune.

Scabiosa columbaria. — Scabieuse ciliée, astrochef. —
Bleues.—IV. 1.

Schœnus albus. — Choin blanc.—Herbacées. — III. 1.

— *setaceus.* — C. sétacé.

Sedum villosum.—Orpin velu, patte de lapin.—Blanches
et rougeâtres. — X. 5.—R.

Serapias rubra. — Helléborine rouge. — Purpurines. —
XX. 2.

Sison amomum.—Amomon, berle aromatique.—Blanches.
—V. 2.

— *inudatum.*—Sison aquatique.

— *segetum.*— S. des moissons, berle des blés.

— *verticillatum.* — S. verticillé.

Solanum dulcamara. — Douce amère, vigne de Judée. —
Violettes.—V. 1.

Stachys palustris.—Epiaire des marais, panacée des labou-
reurs. — Rouges. — XIV. 1.

Statice armeria.—Herbe à sept têtes, gazon d'Espagne ou
d'Olympe.—Purpurines.— V. 5.—R.

Tanacetum vulgare.—Tanaisie ordinaire, herbe aux vers.
— XIX. 2.

Teucrium scorodonia. — Sauge des bois, germandrée sauvage. — Blanc sale. — XIV. 1.

— *chamœpitis.*—Petite ivette.—Jaunâtres.

Thalictrum flavum.—Rue des prés, rhubarbe des pauvres.
—Jaunes.— XIII. 10. — Peu commune.

Thlaspi arvense. — Monnoyère, tabouret des champs. —
Blanches. — XV. 1.

—*bursa pastoris.* — Bourse des pasteurs, mallette.

Tillœa aquatica.—Tillée d'eau.—Blanches.—III. 3.

Trapa natans. — Châtaigne d'eau, macre flottante, truffe

et tribule aquatique.— Fleurs blanches.— IV. 1.— R.

Verbascum blattaroïdes. — Fausse blattaire, herbe aux mites.—Jaunes.—V. 1.

— *lychnitis.* — Bouillon femelle, molène lychnite.

— *parisiense.*—B. rameux.

— *phlomoïdes.* — B. cotonneux.

— *pulvinatum.* — B. poudré.

Thapsoïdes. — Faux bouillon.— Rare.

Veronica beccabunga. — Véronique aquatique, mouron d'eau.— Bleues. — II. 1.

AOUT.

Æthusa cynapium. — Petite ciguë.— Blanches.—V. 2.

Aira atrovirens. — Canche noire-verte. — Panachées. — III. 2.

— *cœrulea.* — C. bleue.—Panachées de vert et violet.

Ajuga montanum.—Germandrée des montagnes.—Blanchâtres.—XIV. 1.

Alisma ranunculoïdes. — Plantain d'eau, renoncule.— Blanches.—VI. 10.

Ammi visnaga. — Herbe aux cure-dents, visnage, carotte-fenouillette. — Blanches.—V. 2.

Andropogon ischæmum. —Barbe de Dieu, brossière. — Herbacées. — XXIII. 1.

Angelica sylvestris. — Angélique sauvage. — Blanches.— V. 2.

Arenaria laricifolia.— Sabline à feuilles de mélèze. — Blanchâtres. — X. 3.

Artemisia campestris.—Aurone sauvage.—Roussâtres.— XIX. 2.—Peu commune.

Atriplex hastata.—Arroche en fer de lance.—Blanc sale. — XXIII. 1.

Atriplex littoralis. — Arroche aquatique. — Fleurs d'un blanc sale. — XXIII. 1.

Bidens cernua. — Chanvre aquatique réfléchi. — Jaunes. — XIX. 1.

— *tripartita.* — Cornuet. — Jaune sale.

Brassica erucastrum. — Roquette. — Couleur de soufre. — XV. 1.

Briza eragrostis. — Amourette couchée, brize amoureuse ou élégante. — Herbacées. — III. 2.

Butomus umbellatus. — Jonc fleuri, butome. — Blanchâtres, nuancées de rouge. — IX. 6.

Calendula officinalis. — Souci des boutiques. — Jaunes. — XIX. 4.

Callitriche æstivalis. — Etoile d'eau d'été. — Jaunâtres. — I. 2.

Campanula glomerata. — Campanule à tête ou pelotée, ganteline. — Bleues. — V. 1.

— *rapunculoïdes.* — Fausse raiponce, campanule inclinée.

— *trachelium.* — Campanule à feuilles d'ortie, gant de Notre-Dame.

Centaurea amara. — Centaurée amère. — Rouges. — XIX. 3.

— *calcitrapa.* — Chausse-trape, chardon étoilé.

— *nigra.* — Jacée noire ou brune.

— *pratensis.* — Centaurée des prés.

Chara capillacea. — Charagne capillaire. — Rouge ferrugineux. — XXI. 1.

— *globularis.* — Charagne globulaire.

Chenopodium rubrum. — Pied d'oie sauvage, arroche rustique. — Blanc sale. — V. 2.

Chironia centaurium. — Petite centaurée. — Roses. — V. 1.

— *minima.* — Chirone naine.

Chrysocoma lynosiris. — Chevelure dorée, blondine. — Jaunes. — XIX. 1.

Inula dysenterica. — Herbe de saint Roch. — Fleurs jaunes.— XIX. 2.

— *pilucaria.* —Inule pilucaire.

Juncus fluitans.—Jonc flottant.—Jaune pâle.—VI. 1.

— *pygmœus.*—Jonc pygmée.

Leontodon saxatile. — Dent de lion de rocher.—Jaunes.— XIX. 1.

Lythrum salicaria. — Salicaire des boutiques, lysimachie rouge.—Purpurines.— XI. 1.

Marrubium vulgare. — Marrube blanc, marrochemin. — Blanc sale.— XIV. 1.

Melilotus altissima. — Grand mélilot. — Jaunes ou blanches.— XVII. 10.

Melissa officinalis.—Mélisse officinale, citronelle.—Blanc sale.— XIV. 1.

Mentha arvensis.—Menthe des champs, calament.—Rougeâtres.

— *puligium.* — M. pouliot.

Naïas fluvialis. — Naïade des rivières. — Blanc sale. — XXII. 1.

— *muricata.* — N. muriquée.

— *subulata.*— N. subulée.

OEnanthe pimpinelloïdes. — OEnanthe-boucage. — Blanches.—V. 2.

Ophrys spiralis. — Ophrys en spirale. — Blanches. — XX. 2.

Origanum vulgare. — Origan ordinaire, marjolaine sauvage.— Rougeâtres. — XIV. 1.

Peucedanum officinale. — Queue de cochon, fenouil de porc.—Blanches.—V. 2.

Phellandrium aquaticum. — Ciguë aquatique, fenouil d'eau.

Poa aquatica.—Paturin aquatique.—Herbacées.—III. 2.

Polypodium cristatum. —Fougère à crête. —Fleurs roussâtres. —XXIV. 1.—Rare.

Pteris aquilina. — F. commune, aquiline. — Blanchâtres.

Ruta graveolens. —Rue commune. —Jaunes. — X. 1.

— *sylvestris.* — R. sauvage.

Scabiosa succisa. — Mors du diable, scabieuse des bois.—Bleues.—IV. 1.

Scutellaria galericulata. —Toque, tertianaire.—Bleues ou violettes. — XIV. 1.

Sium latifolium. —Grande berle, ache d'eau.—Blanches.— V. 2.

Spiræa ulmaria. —Reine des prés, ormière.—Blanches.— XII. 5. — Peu commune.

Solanum nigrum. — Morelle noire. — Blanches.—V. 1.

Triglochin palustre. —Triglochine des prés, troscart des marais.—Blanc sale.—VI. 3.

SEPTEMBRE.

Arundo phragmites. —Roseau à balais commun. —Herbacées.— III. 2.

Centaurea solstitialis. — Centaurée jaune. — Jaunes. — XIX. 3.

Cyperus longus. — Souchet odorant. — Brun noirâtre. — III. 1.

Gentiana centaurium. — Petite centaurée, fiel de terre.— Rougeâtres et blanches.—V. 2.

— *cruciata.* —Gentiane croisette.—Bleues.

— *filiformis.* —Centauriette, gentiane filiforme. —Jaunes. —Rare.

— *pneumonanthe.* — Gentiane des marais. — Bleues.

Lepidium iberis. —Petite passerage.—Blanches. — XV. 1.

Ophrys æstivalis. — Ophrys d'été. — Blanches. — XX. 2.

Pimpinella saxifraga. — Petit boucage, bouqueline. — Fleurs blanches.—V. 2.

Plumbago europæa. — Dentelaire, herbe aux cancers, malherbe.—Bleues.—V. 1.—Rare.

Polygonum dumetorum. —Sarrasin des buissons.—Blanc sale.—VIII. 3.

Scabiosa asterocephala.—Scabieuse astérocéphale. —Bleu cendré. — IV. 1.

Stellera passerina. — Herbe à l'hirondelle, passerine. — Herbacées.—VIII. 2.

OCTOBRE.

Bryum scoparium.— Bri à balais. — XXIV. 2.

— *murale.* — B. des murs, mousse commune.

Callitriche autumnalis.—Callitric d'automne.—Jaunâtres. —I. 2.

Colchicum autumnale. —Safran des prés, colchique d'automne, tue-chien, voyeute. — Rosées, lilas; un peu rouge.—VI. 3.

Gentiana amarella.—Gentiane des prés.—Bleues.—V. 2.

Hedera helix. — Lierre à cautère ou grimpant. — Blanc sale.—V. 1.

Hypnum rutabulum. — Hypne fourgon. —XXIV. 2.

— *sericeum.*— H. soyeux.

Jungermania platiphylla. — Jongermanne à feuilles plates. — XXIV. 3.

Lamium hybridum. — Lamier bâtard. — Blanches. — XIV. 1.

— *purpureum.* — Pain de poulet, lamier rouge. — Purpurines.

Lichen pyxidatus.—Lichen pixide.—XXIV. 3.

— *rangiferinus.* — L. des rennes.

(334)

Lichen sanguinaris. — Galette sanguine. — XXIV. 3.

Myagrum paniculatum. — Cameline ou rapistre à pani-
cules.—Fleurs jaunes.—XV. 1.— Rare.

Parnassia palustris. — Gazon du Parnasse. — Blanches,
rayées de gris.—V. 4.

Potentilla verna. — Farcinière.—Jaunes. — XII. 10.

Scilla autumnalis. — Scille d'automne, hyacinthe étoilée,
mineure.—Bleues.—VI. 1,

Ulex europæus.—Ajonc marin, genêt épineux.—Jaunes.
XVII. 10.

N. B. Ceux qui désirent former un herbier feront bien
de suivre la méthode adoptée par J.-J. ROUSSEAU, et dé-
crite dans la VIIIe de ses *Lettres élémentaires sur la botanique,* de choisir les plantes dans leur état le plus beau,
c'est-à-dire qu'elles ne soient ni trop chétives, ni trop
exubérantes, et qu'elles n'offrent aucune lésion, aucune
monstruosité. Je leur conseille de joindre à chaque plante,
qui doit occuper seule une feuille de papier, une étiquette
portant les noms linnéen et populaire, l'indication du lieu
où elle a été trouvée, l'époque de la floraison, la couleur,
la classe et l'ordre auxquels elle appartient, et en général
toutes les notes qui peuvent aider à la mémoire, rendre
l'herbier utile, et consacrer un souvenir agréable. Il faut
visiter deux ou trois fois l'année toutes ses plantes afin de
les purger des larves qui les attaquent, et surtout détruire
l'*Anthrène des cabinets* et le *Ptine voleur,* qui causent de
grands dégâts dans toutes les sortes de collections.

NOTE VIII.

Sur l'usage du café au lait.

DANS l'intérêt de la santé publique, et particulièrement de celle des femmes, je me suis, depuis plusieurs années, élevé contre l'usage, malheureusement trop répandu, de mêler le lait à la liqueur du café. Je crois devoir résumer ici ce que l'expérience m'a dévoilé, ce que les médecins les plus illustres de l'Europe savante m'ont confirmé, ce que notre célèbre HALLÉ, que je m'honore d'avoir eu pour maître et pour ami, m'a sollicité de suivre sous ses yeux.

Je n'ignore pas que le café au lait compte de nombreux sectateurs, et des défenseurs très-zélés, même parmi certains médecins; mais ne sait-on pas que les préjugés les plus absurdes trouvent de puissans appuis? ne sait-on pas que c'est dans les plus mauvaises causes que des hommes, abusant de leurs talens et pour flatter les goûts dépravés de leur siècle, pour suivre la mode tyrannique ou pour acquérir de l'argent, ont déployé toutes les ressources de l'éloquence, mis en jeu tous les intérêts, remué les passions, voire même entraîné la politique toujours astucieuse, toujours prête à profiter des moindres circonstances? Peu m'importe les clameurs, je soutiens le vrai, je le dirai sans cesse; tôt ou tard il frappera les esprits, tôt ou tard ma faible voix se fera jour dans toutes les familles.

Dans son état naturel, le lait est une des boissons alimentaires les plus agréables et les plus salutaires; il est aussi l'une des plus anciennement et des plus généralement accréditées. C'est la première nourriture de l'enfant, et dans tous les âges de la vie on aime à revenir à cette liqueur bienfaisante; mais il ne passe qu'autant qu'il caille dans l'estomac : c'est un des attributs de sa digestion. Lorsque l'estomac pèche par l'absence des sucs digestifs, faits pour opérer la coagulation, le lait doit être rejeté comme nuisible : hors ce cas, il est l'ami de l'estomac, il convient aux adultes et aux vieillards, aux hommes et aux femmes. L'agneau, le cabri, le veau, le faon, et tous les animaux que l'on tue à l'instant où ils viennent de têter, offrent une caillette, c'est-à-dire, le lait caillé par son mélange avec la pressure qui se trouve dans le dernier estomac des ruminans. Le lait rejeté par les enfans est *caillebotté*, il n'est pas caillé ; leur estomac est alors ou trop plein ou paresseux. Les physiologistes ont toujours trouvé le lait caillé dans l'estomac, avant qu'il ne passe dans les intestins pour y subir une dernière digestion.

Les qualités du lait influent autant sur l'organe digestif que la mauvaise disposition de l'estomac lui-même. Selon la saison et la nourriture prise par les animaux qui fournissent cette liqueur, le lait change de propriétés, de consistance, d'odeur, de saveur et même de couleur. Ses effets sont alors plus ou moins sensibles; ils le sont excessivement sur les nouveaux nés; quand il est trop vieux, il leur cause la jaunisse. Le lait aqueux et bleuâtre que donnent les vaches dans le Nord n'est pas le même que celui des vaches de la Suisse et de la Lombardie; le lait des vaches de la Sardaigne fournit la moitié de crême, pendant que celui des vaches de la Catalogne n'en donne que très-peu. La vertu purgative de la tithymale s'imprime au lait de la vache qui en broute; cette liqueur prend aussi le goût de l'ail quand l'animal en a mangé, etc.

Le lait passe aisément, alors qu'on le prend avec tempérance, et qu'on remédie aux inconvéniens que son usage habituel cause à certaines personnes; dans cette circonstance, il donne au corps une nouvelle vigueur. Cette liqueur convient surtout aux habitans des montagnes, aux individus obligés à beaucoup d'exercice : témoins les familles qui peuplent les chalets des Alpes, les

Pyrénées, les déserts de la Tartarie et de l'Arabie. Les anciens, plus sages et plus profonds observateurs qu'on ne le croit de nos jours, où l'on est si présomptueux, les anciens ne faisaient habituellement usage du lait qu'après l'avoir fait bouillir et légèrement mêlé avec du miel : c'était la nourriture des Hippêmolques, peuples de la Thrace, qui passaient leurs jours dans le travail, et sans infirmités jusques aux bornes les plus reculées de la vie (1). Des Grecs et des Romains, adonnés à ce régime, ont vécu plus d'un siècle (2).

Que l'on recherche les moyens de rendre la nature du lait plus parfaite et sa quantité plus grande, en soignant davantage les vaches, les chèvres, les brebis, les ânesses, etc.; en leur administrant les meilleurs fourrages, en les tenant dans des étables spacieuses, bien aérées, en écartant d'elles toutes les causes qui peuvent nuire directement ou indirectement à leur santé, à leur vigueur, rien de plus raisonnable, rien de mieux entendu ; mais on ne doit pas négliger plus long-temps de combattre par toutes les voies de la persuasion l'habitude fâcheuse où l'on est, depuis plus d'un demi-siècle, d'altérer la bonté du lait et de sa crême par leur mélange avec le café, le thé, le chocolat : c'est un point essentiel d'hy-

---

(1) Homère, *Iliade*, XIII, 5, 6.
(2) Galien, *Art de conserver la santé*, V, 7.

giène, c'est un point que l'intérêt des familles recommande impérieusement aux pères et mères et aux médecins.

Le lait allié au riz, aux œufs, aux pommes-de-terre, etc., ne fait qu'ajouter à leur qualité nutritive; mais uni à l'infusion du thé, du café ou de l'écorce du cacao, à l'eau-de-vie ou au vin, comme le font les Anglais dans leurs comptoirs de l'Inde, il est très-nuisible. L'inertie qu'il occasione dans l'estomac augmente de jour en jour, et son influence sur les femmes a les suites les plus cruelles. On peut aisément s'assurer que la coagulation ne se fait pas. En été, l'on ne pourrait conserver plus de dix à douze heures du lait ou de la crême, sans voir l'un tourner en fromage et l'autre s'aigrir, tandis qu'un mélange de crême et de café, telle légère que soit la quantité de la première, ne subit aucune altération : il peut même se réchauffer au bout de trois ou quatre jours, et être bu sans avoir perdu de sa saveur.

Il y a, je le sais, des estomacs qui peuvent user impunément de ce mélange; mais, en général, si l'on veut observer avec attention, il incommode habituellement, surtout les jeunes filles, les femmes, dont les fonctions digestives sont si souvent en défaut, les personnes délicates, trop sensibles, ou dont le système nerveux est d'une grande susceptibilité. Je prie mes lecteurs de se rappeler que je parle d'après une expérience suivie pendant plusieurs années. J'ai vu ce mélange causer d'affreuses crispations à des enfans, et constiper des hommes très-robustes. L'une des indispositions auxquelles le sexe est beaucoup trop sujet (les pertes dites fleurs blanches) tient le plus souvent à l'usage du café au lait, du thé au lait, du chocolat au lait. On peut l'accuser sans crainte de presque toutes les altérations de l'économie animale, surtout des désordres de l'estomac, des aigreurs, des flatuosités, des indigestions. Les praticiens les plus estimés, convaincus de la fâcheuse influence de ces mélanges, ont remarqué, comme moi, que les pulmonies, les phthisies et les maladies si cruelles et si dangereuses de l'utérus ont augmenté de plus de moitié dans les villes et se sont propagées dans les campagnes, où elles étaient infiniment rares, partout où l'on prend du café au lait, etc.

Ce n'est pas le café qu'il faut accuser de ces funestes effets, ainsi que l'ont prétendu quelques esprits superficiels, mais bien son mélange inconsidéré avec le lait, avec ce nuage de crême, qui le rend si agréable à l'œil et au goût de certains amateurs passionnés. Le café seul est une liqueur consolante, joyeuse, j'allais dire spirituelle, amie de l'homme studieux, et dont les bons effets sont en harmonie constante avec la meilleure santé. Le chocolat, mangé seul ou converti en boisson avec de l'eau, est un aliment léger, de facile digestion. Le thé, qui convient si peu aux femmes, et surtout aux jeunes filles pas encore nubiles ou prêtes à l'être; le thé, dont l'infusion n'est pas aussi indifférente qu'on se l'imagine; le thé, qu'on devrait pour cela placer dans le domaine de l'art de guérir, affaiblit, relâche encore plus alors qu'on l'unit au lait : cet effet est très-sensible quand il est pris le soir, surtout chez les personnes qui n'y sont pas habituées.

Il importe donc de repousser le témoignage de celui qui dira que ces mélanges sont une douce et innocente habitude : c'est un imposteur, un empyrique, étranger aux simples notions de la physiologie; sa théorie est essentiellement contraire à l'expérience et à la raison. Un médecin est coupable toutes les fois qu'il flatte les goûts et les habitudes aux dépens de la vérité : c'est le moyen de se faire une clientelle nombreuse, mais c'est aussi déshonorer une profession noble et utile, que l'appât de l'argent, l'audace et l'ignorance tendent aujourd'hui à ne rendre qu'un vil métier.

A l'inspection du teint d'une femme, à la mollesse de ses chairs, on peut juger, si d'ailleurs elle est sage, si ses passions sont douces, qu'elle fait usage de café au lait; on peut même connaître jusqu'au degré d'intensité de l'écoulement d'humeurs séreuses auquel elle est en proie. Recommandez-lui, comme je le fais, de supprimer la boisson qui est la base unique de son déjeuner habituel, et vous la guérirez. Une jeune fille se plaint-elle d'aigreurs sur l'estomac, de pesanteur, de maux de tête, de retards pénibles, ôtez-lui son café au lait et vous la guérirez.

Le soir comme le matin ce mélange est pernicieux. Il est de fait qu'on n'ajoute pas impunément du lait ou de la crême au café que l'on prend après le dîner ; pour beaucoup de personnes, même les plus robustes, ce filet de lait ou de crême atténue l'effet digestif du café. Sur cent individus, dix pourront le boire sans en être incommodés ; mais les autres en souffriront plus ou moins. Ce n'est point un caprice de l'estomac, ainsi que le disait devant moi l'un de ces hommes avides qui avilissent la science ; ce phénomène d'indigestion ou de la mauvaise digestion du café au lait s'explique chimiquement.

Je parle avec la conviction de l'honnête homme ; je parle appuyé sur une longue série de faits ; je parle comme j'agis dans mon ménage. Aucune prévention, aucune vue secrète, aucune ambition blâmable ne me portent à le faire. Je m'adresse donc aux mères de famille, parce qu'elles se doivent à leurs époux, à leurs enfans, et qu'elles sont appelées à faire leur bonheur, à veiller sur leur santé et à conserver la leur pour rendre celle des autres plus robuste.

NOTE IX.

Sur Dusaulx *et son livre relatif à* Jean-Jacques.

La remarque que j'ai faite relativement aux personnes qui recherchèrent l'amitié de **J.-J. Rousseau**, pour ensuite se venger sur lui des torts réels de leur méchanceté, de leur amour-propre blessé ou de leur criminelle association avec ses ennemis, m'amène naturellement à parler ici du livre que le célèbre traducteur de Juvénal crut pouvoir publier en 1798, sous le titre de : *De mes rapports avec J.-J. Rousseau et de notre correspondance* (1), et qu'il offrit à la postérité du haut de cette même tribune nationale qu'il avait plus d'une fois honorée par son éloquence, par les nobles élans d'un cœur généreux et ami de son pays.

---

(1) Un vol. in-8°. Paris, an VI (1798), avec cette épigraphe : *Sine ira et studio quorum causas procul habeo.* Tacite.

Dans cette circonstance, Dusaulx qu'environnaient l'estime de ses contemporains, l'admiration des savans, la reconnaissance des vrais patriotes et le respect que commandent l'âge, les titres littéraires les plus honorables et l'habitude des grandes pensées, Dusaulx devint l'écho des ennemis du grand homme ; et pour avoir voulu le représenter se jouant toute sa vie de sa conscience, il s'est lui-même fait un tort réel, un tort irréparable. Son livre, quoique rempli d'exclamations admiratives, ne trompa personne ; ses amis en furent affligés, et craignant de découvrir le motif vrai, le motif secret d'une diatribe semblable, ils employèrent tout leur crédit auprès de lui pour en obtenir aussitôt la suppression. Je fus de ce nombre. N'ayant pu atteindre ce but, je réfutai le livre, je le fis avec véhémence ; et pénétré d'une sainte indignation, je cédai au premier mouvement en livrant mon manuscrit à l'impression.

Aussitôt que ma brochure fut imprimée (1), j'écrivis à Dusaulx, j'en obtins dès le jour même la lettre suivante :

« Paris, le 14 thermidor, VIe année républicaine.

» Digne et cher concitoyen, puisque vous avez lu mon ouvrage, vous pouvez vous rappeler que

______

(1) *Observations sur le livre de J. Dusaulx*, etc. Paris, an VI (1798), brochure in-8º de 72 pages.

je me suis proposé d'expliquer Rousseau et non
de l'inculper. D'ailleurs, n'ai-je pas solennellement déclaré que je lui devais une partie et la
plus belle de mon existence morale, etc.? Vous
jugez bien, après cela, que je serai toujours prêt
à ouvrir et mon cœur et mes bras à quiconque,
comme vous, chérit la mémoire de ce grand
homme.

» Venez donc, venez chez moi le plus tôt que
vous pourrez, je vous attends avec impatience.
Soyez bien sûr que vous ne verrez dans ma maison que des marques de respect pour l'image de
Jean-Jacques; et que vous n'y entendrez rien
qui tende à diminuer la juste vénération que vous
lui avez vouée de si bonne foi.

» Salut, estime et sincère fraternité.

» J. Dusaulx. »

Le soir même je me présentai chez lui; je fus reçu avec cordialité, non-seulement par Dusaulx,
mais encore par son épouse. Nous causâmes
long-temps et chaudement. Il ne put me convaincre. Madame Dusaulx parla des enfans de
Rousseau; je plaidai cette cause à peu près dans
les mêmes termes que je l'ai fait à la page 78 ci-
dessus : nous ne pûmes nous mettre d'accord,
alors je tirai de ma poche la petite réponse imprimée que je faisais au livre de Dusaulx. En
l'acceptant, ce vénérable vieillard me parut ému;

il ne put que me dire ces mots : *Et vous aussi*. Je le pris alors par les mains, mes yeux lui peignirent ce que mon cœur éprouvait ; il m'embrassa et promit de me lire. Nous descendîmes ensemble, et du Louvre, où il demeurait alors, nous nous rendîmes avec madame Dusaulx sur la terrasse des Tuileries, où l'on voyait la statue de Jean-Jacques sous un dôme de verdure : c'était sa promenade accoutumée. La seule question relative au sujet de ma visite que Dusaulx me fit, eut pour but de savoir à quel nombre j'avais tiré ma brochure, et si j'en avais distribué beaucoup d'exemplaires. Il parut satisfait d'apprendre que, la destinant aux vrais amis du citoyen de Genève, j'en avais tiré seulement *cent* exemplaires, dont dix étaient entre les mains de Jean-François Rousseau, fils de Théodore, le cousin-germain de Jean-Jacques, que je voyais habituellement à cette époque, et qui m'a fourni des notes importantes, dont je ferai usage quelque jour.

Le lendemain, à sept heures du matin, je reçus la visite de Dusaulx. J'éprouvai de l'orgueil à recevoir dans mon cabinet un savant aussi distingué, un membre aussi respectable du Conseil des Anciens. Je devinai le motif de sa démarche ; il était affecté du rôle qu'il jouait, dans ma brochure, parmi les détracteurs de Rousseau. Il me demanda de ne point la distribuer ; je le lui promis, et pour rendre ma parole inviolable, je mis devant lui le feu aux quatre-vingt-sept exemplaires que je lui montrais. Un seul m'était resté, il s'est perdu pendant mes voyages en Italie. Ce léger sacrifice, je l'ai fait de grand cœur; j'en ai été récompensé par le plaisir qu'il a causé à un vieillard qui m'honorait de son estime, et qui m'avait rendu des services d'ami.

Je m'abstiendrai d'examiner le motif qui dicta l'ouvrage de DUSAULX; mais je me demanderai toujours comment il a pu l'écrire après avoir rapporté la touchante réponse que DUCIS lui fit, quand il l'entretint des nuages qui s'élevaient entre lui et ROUSSEAU : « Qu'est-ce que » nous? Je vous recommande ce pauvre JEAN- » JACQUES, que vous avez si tendrement aimé : » songez qu'il n'a plus en quelque sorte que vous » dans le monde; c'est un ami qui dort, veillez » sur son sommeil; s'il vient à se réveiller, ne » l'abandonnez pas à lui-même (1). »

Ce qu'il y a de certain, c'est que cet ouvrage causa de profonds chagrins à DUSAULX, qu'ils ont hâté l'époque de sa mort, arrivée onze mois après (le 16 mars 1799), et que l'on peut regarder la lettre qu'il m'écrivit comme une sorte de rétractation des interprétations injurieuses renfermées dans son livre.

---

(1) Page 127 du livre de DUSAULX.

NOTE X.

Notice sur ALEXANDRE - PASCAL TISSOT.

ALEXANDRE-PASCAL TISSOT naquit à Mornas, département de Vaucluse, le 5 octobre 1782, et mourut à Paris, le 7 mai 1823, âgé de quarante ans et sept mois. Personne ne fut plus digne de l'estime des hommes ; personne ne justifia mieux la confiance et les tendres affections de l'amitié. Bon fils, bon frère, bon époux, excellent père, encore meilleur ami, il sut unir aux qualités du cœur un esprit juste et éclairé, la probité la plus austère, le dévoûment le plus absolu, l'habitude de la vérité et un désintéressement à toute épreuve. La logique profonde qui présidait à ses méditations lui fit surmonter en très-peu de temps les difficultés attachées à l'étude des langues. La possession du latin, du grec et de l'hébreu le rendit plus apte à saisir et à développer les idées les plus abstraites ; par elle, il doubla

la puissance de sa raison, et put exécuter tout
ce qu'il voulait. Vivant, pour ainsi dire, tout entier dans le passé, il s'était fait une douce habitude de la morale des anciens, il trouva dans le
malheur même un nouveau stimulant pour ses
savantes recherches, et une source intarissable de
joies, de forces et de plaisirs.

Victime de l'injustice des hommes, je l'ai vu
s'en venger en se dévouant à ceux que les misères du temps livraient au désespoir, et arracher
à l'échafaud qui l'attendait un camarade d'enfance qu'une circonstance atroce avait rendu
coupable aux yeux farouches de la politique de
1815. Je l'ai vu chercher ensuite dans les élémens
du corps social les moyens pour étouffer sans secousse violente l'esprit de parti, pour réunir toutes
les sectes religieuses et indiquer aux magistrats
la marche convenable pour arriver sûrement au
point de confondre tous les vœux dans celui du
bien général, dans le besoin d'une douce liberté,
dans le noble exercice de toutes nos facultés.
Cette réforme, que sollicitent les vrais philan-
thropes, ne peut être que le résultat, toujours lent,
de bonnes lois et d'un gouvernement sage, que
l'effet presque insensible de l'habitude des belles
actions, de l'égalité des droits et de l'accomplissement de tous les devoirs publics et privés.

L'instruction est la base essentielle du bon emploi des forces physiques et morales. Pour aider

à l'inoculer dans toutes les classes, Tissot s'adressa aux médecins en publiant une nouvelle édition des œuvres complètes du célèbre auteur de l'*Avis au peuple* (1) ; il rendait en même temps hommage à un digne parent et au véritable médecin des pauvres. Il s'adressa aux jurisconsultes en leur faisant connaître tout ce que l'ancienne jurisprudence des Romains renferme d'utile à conserver (2) ; aux négocians, il offrit un manuel dans lequel ils puisent des notions importantes pour exercer leur industrie (3) ; aux politiques, il expliqua les profondes théories de Montesquieu (4), et fit suivre, pendant quelque temps, tous les mouvemens de l'administration (5).

Dans le silence du cabinet, il attaqua la manie du duel (6), reste impur de la barbarie des temps

---

(1) En 8 vol. in-8o, précédés d'un précis historique sur la vie du docteur Tissot, et accompagnés de notes par le célèbre Hallé, qui fut mon maître et mon ami.

(2) *Traduction des douze livres du Code de Justinien*, 4 vol. in-4o ou 10 vol. in-12 ; Metz, 1806. — *Le trésor de l'ancienne jurisprudence romaine*, 1 vol. in-4o ; Metz, 1806.

(3) *Manuel du négociant* ; Paris, 1808, un vol. in-4o.

(4) *La politique de Montesquieu*, sans nom d'auteur ; Paris, 1820 ; un vol. in-8o.

(5) *Voyez* les *Tablettes universelles*, tomes I, II, III et IV, année 1820.

(6) Rédigé pour le concours, sans résultat réel, ouvert sur ce sujet, en 1819, par l'Académie des sciences de Dijon.

féodaux ; il écrivit pour les jurés sur le danger qu'il y a à condamner sur des paroles et sur des opinions : c'est d'après les actions, qui n'ont besoin d'aucun commentaire, que la justice doit prononcer, et non sur des mots dits sans conséquence, et sur le secret des consciences souvent arraché dans un moment d'humeur ou d'une confiance indiscrète.

Pour le bonheur de tous les hommes, il rédigea un petit traité de l'amitié, dont il connut si bien les devoirs, et dont il m'a donné les plus touchantes preuves ; et pour celui des familles, un traité de l'éducation considérée dans ses rapports avec le besoin de la société et la nature des gouvernemens.

La mort l'a surpris revisant, avec soin, avec l'œil d'une saine critique, les différens textes hébreux, grecs et latins du code des Chrétiens, qu'il regardait comme le modèle le plus parfait de l'humaine législation. Ce travail long, difficile, sur lequel il fondait l'espoir de sa réputation scientifique, a uniquement occupé les trois dernières années de sa vie. Il n'a rien négligé pour le rendre complet. Il a consulté tous les manuscrits connus et les éditions les plus savantes et les plus estimées, réuni tous les ouvrages susceptibles d'éclairer ses recherches, et mis à contribution les hommes les plus versés dans cette sorte d'étude. Supérieur à MICHAELIS en franchise et en indépendance, à Hug en méthode et en clarté, il me paraît avoir laissé bien loin derrière lui tous ses devanciers, et avoir découvert le sens mystique de certains préceptes, de certaines paraboles.

Tous ces ouvrages sont demeurés inédits, ainsi qu'une histoire des bibliothèques chez les divers peuples de l'antiquité, sujet jusqu'ici traité sans goût et sans véritable érudition ; un livre sur la noblesse, et un mémoire relatif à l'influence exercée par la découverte de l'imprimerie sur la liberté des peuples. Ils sont condamnés à un oubli éternel ; pour paraître, il faudrait plus de lumières dans la masse, plus de franchise dans l'autorité et plus de probité dans ses divers agens ; il faudrait qu'il y eût moins de passions, moins de fanatisme, et que les lecteurs fussent habitués à entendre la vérité, à la fixer dans tout son éclat.

J'ai fait connaître le travail important de Tissot sur le code des Chrétiens dans une lettre confidentielle écrite au révérend Robert Aspland, pasteur de la Congrégation unitérienne à Hackney, près de Londres. Cette lettre a été insérée dans le XVIIIe volume, page 623 à 626, du *Monthley repository of theology and general literature* (n° 225, novembre 1823). Comme on le voit dans l'exposé que j'en fais, cet ouvrage ne paraîtra jamais : il dérange trop de systèmes établis, trop de préjugés reçus, trop de croyances, trop d'habitudes, et puis il demanderait à être revu et même réduit par une plume philosophe, pleine d'une érudition sagement digérée et possédant la tradition, disons mieux, la pensée tout entière de l'auteur.

Mon ami a vu sa dernière heure approcher avec le calme que donnent une conscience pure et le sentiment d'une vie sans reproche, il a élevé sur la mort des regards initiés depuis long-temps aux mystères de l'éternité, et il a reçu le coup fatal sans autre regret que celui si poignant de se séparer d'un fils et d'une fille qu'il chérissait tendrement, d'un fils qui l'a suivi peu de temps après, frappé de la même maladie, et d'une fille trop jeune encore pour sentir le vide affreux que doit laisser dans son bonheur et son éducation la perte d'un aussi bon père.

Né dans une honnête aisance, ayant occupé des postes honorables au ministère des cultes, à son origine, à celui de l'intérieur et à l'université, rien ne put l'éloigner de la modération des désirs, qui rend tout facile à l'homme juste. Simple dans sa manière de vivre, il a dédaigné la richesse et n'a pas même songé aux besoins de l'avenir. Comme il se contentait de peu, il avait du superflu, qu'il employait à son instruction et à faire du bien : souvent pour rendre service, il s'est refusé le stricte nécessaire. Il a donné, bien avant son mariage, tout ce qu'il devait recueillir à la mort de sa mère, pour l'aider à passer le fleuve de la vie sans craindre les besoins qui assiégent la vieillesse. Cet abandon généreux est respectable et selon la loi : la main seule du sacrilége peut y porter atteinte.

Doué d'une constitution robuste, la bonne santé dont il jouissait et son âge autorisaient Tissot à penser qu'il verrait se réaliser les rêves qui soutenaient son courage, qu'il verrait l'humanité profiter un jour de ses généreux efforts, et ses enfans recueillir la gloire de ses études et le profit de ses travaux assidus. Il s'est, hélas! cruellement trompé. En huit jours tout s'est évanoui, comme l'ombre aux approches de l'astre radieux; en huit jours son génie s'est éteint dans les brasiers d'une fièvre cérébrale, le souffle de la mort a desséché les sources de cette vie si active, a glacé ce cœur aimant qui ne battait que pour le bonheur de sa famille et de ses amis. Il ne reste plus de lui que le souvenir de ses vertus modestes.

ÉPILOGUE.

ÉPILOGUE.

Air : *Contentons-nous d'une simple bouteille* (1).

Sur cette mer qu'on appelle le monde,
Où, malgré moi, l'on me fit passager,
Triste jouet et des vents et de l'onde,
J'ai maintes fois couru plus d'un danger.
Aux bords rians dont m'éloigna l'orage
En vain l'espoir fait luire encor ses feux;
Je ne crois plus aux rêves du bel âge...
Mais je souris en voyant des heureux.

---

(1) Chantée le 24 mai 1824, à la fête anniversaire du
grand Linné, que célèbrent chaque année, dans les bois,
les Membres de la Société Linnéenne de Paris.

Du doux printemps séduisantes chimères,
Amours, plaisirs ont enivré mon cœur;
Mais du destin ces faveurs passagères,
Sans le donner, promettent le bonheur.
Aimez pourtant, riez, vive jeunesse;
Que mes regrets ne troublent pas vos jeux!
Ne faites trève à vos chants d'allégresse,
Car je m'égaie en voyant des heureux.

Quand cependant, lassés de la folie,
Au vent du soir vous rentrerez au port;
Pour y rester faites-vous une amie,
A son destin enchaînez votre sort.
J'en avais une; elle me fut ravie,
Et je n'ai plus que des jours nébuleux :
Dans les regrets qui tourmentent ma vie,
Mon seul bonheur est de voir des heureux.

TABLE

DES MATIÈRES.

(364)

(365)

FIN.